VERLAG ANTJE
KUNSTMANN

**DER AUTOR:**

Hermann Scheer (1944–2010) war Wirtschafts- und Sozialwissenschaftler und dreißig Jahre lang Mitglied des Deutschen Bundestags. Er war Wegbereiter des Erneuerbare-Energien-Gesetzes, Präsident von EUROSOLAR, Vorsitzender des Weltrats für Erneuerbare Energien und Initiator der International Renewable Energy Agency (IRENA). Zahlreiche Preise, u.a. Alternativer Nobelpreis, Weltsolarpreis, Weltpreis für Bioenergie und Windenergie sowie Solar World Einstein Award.

HERMANN SCHEER

# 100 PROZENT JETZT!

## Der energethische Imperativ: Wie der vollständige Wechsel zu erneuerbaren Energien zu realisieren ist

Verlag Antje Kunstmann

Für Lilli Scheer
geb. 21.2.2004

# INHALT

# VORWORT

In Sachbüchern kommt das Wörtchen »ich« selten vor, auch in diesem. Aber da, wo es vorkommt, liegt der Schlüssel zum Verständnis dieses Buches, auch seines Autors Hermann Scheer, der noch erleben musste, wie eine deutsche Regierung den Ausstieg aus dem Ausstieg probte, aber nicht mehr erleben konnte, wie – nach Fukushima – der Deutsche Bundestag im Konsens den beschleunigten Ausstieg beschloss.

Am Schluss der Einleitung zu diesem Buch, das er als »Navigationshilfe für Durchbruchsstrategien« verstanden wissen will, bekennt Scheer:

> »Mein Ausgangspunkt sind nicht die erneuerbaren Energien, sondern ist die Gesellschaft – aus der Erkenntnis, welche elementare Bedeutung der Energiewechsel für deren Zukunftsfähigkeit hat. Ich bin nicht von den erneuerbaren Energien zur Politik für diese gekommen, sondern aus meiner Problemsicht und von meinem Verständnis politischer Verantwortung zu den erneuerbaren Energien. Der Wechsel zu erneuerbaren Energien hat eine zivilisationsgeschichtliche Bedeutung. Deshalb müssen wir wissen, wie wir ihn beschleunigen können. Knapp sind nicht die erneuerbaren Energien, knapp ist die Zeit.« (S. 31f.)

Scheer hätte auch schreiben können: »Ich bin kein Fan einer neuen Technik, erst recht kein Technokrat. Ich bin ein durch und durch politischer Mensch, der sich Sorgen macht um seine Gesellschaft und ihre Zukunft. Deshalb ist dieses Buch auch einem sechsjährigen Kind gewidmet.«

Weil Hermann Scheer ein politischer Mensch war, fragte er, welche Interessen für und gegen den Umstieg auf erneuerbare Energien zu mobilisieren wären. Und er befand, dass eine dezentrale Erzeugung von Energie notwendig mit den Interessen – und der Macht – der Energieriesen zusammenprallen musste, die von wenigen Zentralen aus das Land mit Strom oder Öl versorgten. Er setzte daher von Anfang an auf die vielen wachen Bürgerinnen und Bürger, die täglich vom drohenden Klimawandel und alle paar Jahre von gescheiterten Klimakonferenzen erfuhren. Deshalb hatte er in einem Buch nach dem anderen für die Energie geworben, die direkt oder indirekt von der Sonne kommt. Deshalb hatte er der ersten rot-grünen Bundesregierung jenes Gesetz über die erneuerbaren Energien abgerungen, das inzwischen zum Exportschlager geworden ist, weil es nicht auf irgendwelche Behörden setzt, sondern auf die Häuslebauer, die sich ausrechnen können, was die Solaranlage auf dem Dach kostet und was sie einbringt. Und auf die Kommunen, die rasch begreifen, dass der Umstieg auf erneuerbare Energien ihnen endlich die Chance bietet, sich aus der Abhängigkeit von den Konzernen zu lösen.

Schließlich war Hermann Scheer auch Ökonom. Er hielt wenig von Eingriffen einer Bürokratie in das Marktgeschehen, aber sehr viel von der Pflicht des Staates, den Märkten den Rahmen zu zimmern, der einerseits den Marktteilnehmern volle Freiheit der Entscheidung lässt und garantiert, sie andererseits aber anhält, im Sinne des Gemeinwohls zu handeln. Scheer hielt nichts von den Marktradikalen, die davon träumten, dass sich die Märkte selbst regulieren könnten, aber genauso wenig von denen, die meinten, ein Oberregierungsrat in einer Behörde wisse besser als ein Unternehmer, was und wie zu investieren sei. Der Gesetzgeber müsse nur den Vorrang der erneuerbaren Energien festschreiben – und das Gesetz über die erneuerbaren Energien ist genauso angelegt –, das Übrige sollten freie Bürgerinnen und Bürger selbst erledigen.

Daher ließ sich Hermann Scheer auch nie entmutigen vom Scheitern der Klimakonferenzen. Er war der Meinung, nahezu 200 Staaten hätten so verschiedene Interessen, dass sie sich niemals auf etwas einigen könnten, was der raschen Energiewende dient. Stattdessen setzte er auf den Wettbewerb der Staaten, auf solche, die vorpreschten und andere nachzogen. Er hielt auch nichts vom Handel mit Zertifikaten für den Ausstoß von Kohlendioxyd. Dieser führe nur zu einem Nullsummenspiel: Wenn ein Land Treibhausgas einspart, kann sich ein anderes die Erlaubnis kaufen, das Gegenteil zu tun. Es könnte durchaus sein, dass Historiker diese Methode des Klimaschutzes dereinst als Produkt einer extrem marktgläubigen Epoche einstufen.

Weil Hermann Scheer politisch dachte, warnte er vor dem, was er den »Scheinkonsens« nannte. Vielleicht hätte er auch das, was bald nach seinem Tod im Bundestag beschlossen wurde, so eingeordnet. Zumindest würde er auch jetzt warnen vor der »Allianz der Aufschieber«, vor denen, die vorgeben, jene »Brücken« zum Zeitalter der erneuerbaren Energien zu bauen, die er für überflüssig hielt. In dem Maße, wie die neuen Energieträger sich durchsetzen, so kalkulierte er, werden die alten überflüssig. Scheer wollte einen »Systemwechsel«, und das bedeutet 100 Prozent erneuerbare Energien. Dieses Ziel zu erreichen ist möglich, sagte er, auch ohne langwierige Großprojekte wie Desertec oder Off-shore-Windparks, die doch wieder zu einer zentral gesteuerten Energieversorgung führen.

Für Scheer mussten die erneuerbaren Energien auch der Wachstumsdebatte eine neue Richtung geben: »Wirtschaftliches Wachstum wird mit Umwelterhaltung und Naturwachstum verknüpft – und damit mit dem einzigen tatsächlichen Wachstumsvorgang auf der Erde: dem von der Sonne bewirkten.« (S. 205) Plötzlich bekommt der Begriff Wachstum einen neuen Sinn.

Als politischer Mensch dachte Scheer weit über die nationalen Grenzen hinaus – was ihm international mehr Anerkennung gebracht hat als im eigenen Land. Erneuerbare Energien waren für ihn die große Chance der Entwicklungsländer. »Ihre Energietragödie begann damit, dass die zentralisierte Struktur der Energieversorgung … in die Entwicklungsländer implantiert wurde.« (S. 218) Zum einen mussten nun die meisten armen Länder ihre kostbaren Devisen für Ölimporte ausgeben. Außerdem erreichte die Energieversorgung nur die großen Städte, nicht die Mehrheit der Menschen auf dem Land. Mit erneuerbaren Energien lässt sich das flache Land sogar besser versorgen als die Megastädte. Man kann auf dem Land Werkstätten mit modernen Maschinen aufbauen.

Vom Desertec-Projekt sagt Scheer einmal, dieses Projekt sei technokratisch konzipiert, »unter Außerachtlassung aller soziologischen Faktoren.« (S. 150) Und auf diese »soziologischen Faktoren«, die für ihn eine eigene »Soziologik« bilden, kam es ihm an. Eine Gesellschaft, die auf dezentral gewonnene erneuerbare Energien angewiesen ist, sieht anders aus: freier, gleicher, gerechter und – weil sie gemeinsames Handeln, etwa in Genossenschaften braucht – auch solidarischer als eine, in der die Lobbyisten der Öl- und Elektrogiganten in den Wirtschaftsministerien ein- und ausgehen. Menschen werden selbständiger, selbstbewusster, aber auch bereit zur Zusammenarbeit mit Gleichgesinnten und Gleichberechtigten. Die Gemeinden werden wichtiger, aktiver, verbinden sich untereinander. Aus einer »passiven Energiegesellschaft« (S. 170) wird eine aktive. Und das alles macht die Gesellschaft demokratischer. Scheer benutzte dabei sogar den Begriff der »Emanzipation« (S. 173). Und Emanzipationen geschehen nun einmal von unten nach oben, nicht umgekehrt. Die erneuerbaren Energien sind »Systembrecher«, und um ein System zu brechen, bedarf es einer »Revolution«. Daher fehlt auch dieser Begriff nicht.

Der Amerikaner Jeremy Rifkin hat 2011, ohne Scheer zu erwähnen, dessen Gedanken in einem Buch fortgeführt, dem er den Titel »Die dritte industrielle Revolution« gab. Dort ist zu lesen: »Die Demokra tisierung von Energie hat tiefgreifende Implikationen für die Art und Weise, wie wir in diesem Jahrhundert unser Leben an sich orchestrieren.« (S. 135) Rifkin, der Deutschland und seine föderale Geschichte gut kennt, fügt hinzu: »Das dezentrale, kooperative Konzept der dritten industriellen Revolution passt in die deutsche Politik.« Man könnte anfügen: »Wo sie auch konzipiert wurde.«

Selten erreicht ein Politiker – sei es zu seiner Lebenszeit oder später – genau das, was er ursprünglich wollte. Dazu ist die Welt zu kompliziert, sind die politischen Kräfte zu vielfältig. So wird man in zwanzig Jahren auch nicht feststellen können: Es ist alles so gelaufen, wie Hermann Scheer es wollte. Aber eines wird man sicher sagen können: Ohne Hermann Scheer, ohne seine gedankliche Radikalität wären wir nicht so weit gekommen.

ERHARD EPPLER

EINLEITUNG

# ENERGIEWECHSEL: Die ultimative Herausforderung

Alle Welt redet neuerdings von erneuerbaren Energien, mit Sympathie wie für schönes Wetter. Kaum jemand bestreitet noch, dass erneuerbare Energien die Perspektive für die Energieversorgung der Menschheit darstellen. Diese Einsicht galt lange Zeit als Hirngespinst.

Dieser Wahrnehmungswandel ist erst wenige Jahre alt. Im Mai 2002 war ich von der UN zu einer Sitzung in ihrem New Yorker Hauptquartier eingeladen, um in einer kleinen Gruppe ausgewählter Personen ein Problem bereinigen zu helfen, das dem damaligen UN-Generalsekretär Annan aufgefallen war. Die UN stand in der letzten Phase ihrer Vorbereitungen zur »Weltkonferenz über nachhaltige Entwicklung«, die dann im August in Johannesburg stattfand. Aber in dem auf mehreren Vorbereitungskonferenzen erarbeiteten Entwurf für die Abschlusserklärung fehlte jeder Hinweis auf die schlüsselhafte Bedeutung erneuerbarer Energien für eine nachhaltige Entwicklung der Weltzivilisation. Wir sollten nun Formulierungsvorschläge erarbeiten, um diese Lücke zu füllen. Die Episode zeigt, wie tief und verbreitet die Ignoranz gegenüber erneuerbaren Energien noch zu Beginn des 21. Jahrhunderts war.

Die heutige weltweite Aufmerksamkeit für erneuerbare Energien entstand gegen den politischen, wirtschaftlichen und publizistischen Mainstream der Energiediskussion. Dieser ist nach wie vor gefangen im Weltbild einer Energieversorgung, die von fossilen Energien und der Atomenergie geprägt ist. Die wenigen Wegbereiter eines »Solarzeitalters«, in dem weder Atomenergie noch fossile Energien gebraucht werden, stießen noch in den 1990er Jahren auf tiefsitzende mentale und massive praktische Barrieren. Diese scheinen heute überwunden, aber mehr in Worten als im Denken und in Taten. Vollmundige Bekenntnisse von Regierungen und Energiekonzernen, in denen der Eindruck vollen Engagements für erneuerbare Energien erweckt wird, trüben den Blick für die praktischen Prioritäten. Obwohl Energiekonzerne inzwischen auch in erneuerbare Energien investieren, setzen sie immer noch in erster Linie auf die konventionellen Energien – möglichst bis zum letzten Tropfen Öl, bis zur letzten Tonne Kohle oder Uran und zum letzten Kubikmeter Erdgas, den für sie höherwertigen Energien, weil sich Sonnenwärme oder Wind nicht als Ressourcen verkaufen lassen. Aus dem Widerstand gegen erneuerbare Energien ist eher eine Vereinnahmungs- und Hinhaltestrategie geworden. Die immer dringlichere Umorientierung soll nur in vorsichtigen und dabei oft fragwürdigen Schritten in die Wege geleitet werden.

Immerhin: Inzwischen wird allseits anerkannt, dass die Zukunft der Energieversorgung in den erneuerbaren Energien liegen muss. Die vielfältigen Gefahren und Grenzen der Förderung und Produktion fossiler und atomarer Energien sind unübersehbar geworden. Schon deshalb können erneuerbare Energien nicht länger übergangen werden, zumal sie mit beeindruckenden Zuwachsraten aufwarten. Allein zwischen den Jahren 2006 und 2008 haben sich die weltweiten jährlichen Investitionen in erneuerbare Energien von 63 Mrd. auf 120 Mrd. US-Dollar verdoppelt. Die weltweit installierte Kapazität an Windkraftanlagen wuchs zwischen 2006 und 2009 von 74.000 auf 135.000 MW und die der netzverbundenen Photovoltaik-Anlagen von 5.100 auf 19.000 MW. Mit dem Eingeständnis ihres umfassend nutzbaren Potenzials hat die Auflösung des atomar/fossilen Weltbildes begonnen. Ihre psychologische Kraft ist, dass sich mit ihnen die realistische Hoffnung einer auf Dauer gesicherten und gefahrlosen Energieversorgung verbindet. Sie repräsentieren daher einen den atomaren und fossilen Energien überlegenen gesellschaftlichen Wert. Für das Denken über Energie ist das der springende Punkt.

Wer erkennt, dass erneuerbare Energien nicht nur eine Ergänzung zur gegenwärtigen Energieversorgung darstellen, sondern eine greifbare und umfassende Alternative, kann sich dieser kaum noch verweigern. Bei tatsächlich freier Wahlmöglichkeit werden sich die meisten Menschen für erneuerbare Energien und gegen Atomkraft oder fossile Energien entscheiden. Deutschland liefert dafür das praktische Beispiel. Nach dem im Jahr 2000 in Kraft getretenen Erneuerbare-Energien-Gesetz stieg deren Anteil an der Stromversorgung bis 2009 trotz anhaltender Widerstände von 4,5 auf 17 Prozent und ihr Anteil an der gesamten Energieversorgung von 3 auf 10 Prozent. Parallel dazu wuchs das Vertrauen der Menschen in dieses Energiepotenzial – und damit die Hoffnung und Erwartung, möglichst bald ganz darauf setzen zu können. 90 Prozent der Menschen in Deutschland sind nach Umfragen für einen weiteren massiven Ausbau, 75 Prozent wollen diesen in ihrer Heimatregion – und würden dafür sogar höhere Energiekosten akzeptieren. Weniger als 10 Prozent befürworten neue Atom- oder Kohlekraftwerke![1] Diese hohe Popularität ist trotz ausgiebiger Denunzierung erneuerbarer Energien entstanden, wie sie von konventionellen Energieunternehmen und dem Gros der Energieexperten in der Öffentlichkeit jahrzehntelang mit hohem medialem Aufwand betrieben wurde und notorisch weiter betrieben wird. Dennoch sind beide im Kampf um die öffentliche Meinung in Rückstand geraten – einem Kampf, der unvermindert anhält, inzwischen jedoch mit subtileren Methoden fortgesetzt wird.

Die Diskussion rankt sich heute vor allem um die Frage, wie groß der Zeitbedarf für einen vollständigen Wechsel zu erneuerbaren Energien ist. Kann dieser erst bis 2100 erfolgen? Oder bereits bis 2050? Meiner Überzeugung nach kann dieser Wechsel schneller realisiert werden, wenn wir alle dafür notwendigen Kräfte mobilisieren: weltweit im Zeitraum etwa eines Vierteljahrhunderts und in einigen Ländern und Regionen auch schon früher. Realisierbar ist dieser Wandel nicht nur aufgrund des enormen natürlichen Potenzials der erneuerbaren Energien, sondern auch angesichts des bereits verfügbaren technologischen Potenzials. Er ist nicht nur aus ökologischen Gründen geboten, sondern auch aus klar erkennbaren Gründen wirtschaftlicher Existenzsicherung. Er ist keine untragbare Belastung, sondern eine umfassende neue wirtschaftliche Chance für die Industrieländer und *die* große Chance für die Entwicklungsländer. Das wichtigste Potenzial dafür ist jedoch das der Menschen. Sie für erneuerbare Energien zu aktivieren, vor allem »die Politik« und »die Wirtschaft«, ist entscheidend. Es erfordert eine beispiellose politisch-kulturelle Kraftanstrengung. Doch historisch beispiellos ist auch die Herausforderung, vor der wir stehen. Sie ist umso schwieriger zu bewältigen, je länger wir sie vor uns herschieben. Zu viel Zeit ist schon verspielt worden.

### Warum, wann und wie?

Wird der Wechsel von atomaren und fossilen zu erneuerbaren Energien nur bruchstückhaft und schrittweise vollzogen, stürzt die Weltzivilisation mit hoher Wahrscheinlichkeit in einen alle und alles erfassenden Krisentaumel: Dramatische Klimaveränderungen drohen ganze Lebensräume unbewohnbar zu machen und lösen Massenelend und Wanderungsbewegungen von Hunderten Millionen Menschen aus. Dies bürdet den Gesellschaften mehr Anstrengungen und Kosten für Schadensbegrenzungen auf, als für den Wechsel zu erneuerbaren Energien nötig sind. Schon rufen die Verknappung und Verteuerung atomarer und fossiler Energieressourcen einschneidende wirtschaftliche und damit soziale Brüche in den Industrieländern hervor und lassen die Entwicklungsländer immer weiter verarmen. Es drohen zunehmende internationale Konflikte über die Zugänge zu den Restressourcen, bis hin zu Ressourcenkriegen. Ungelöst und auch unlösbar bleiben die Probleme der Atomenergie, von den ständig schwelenden Sicherheitsgefahren des laufenden Betriebs bis zu denen des Atomterrorismus und dem Jahrtausendmenetekel des Atommülls. Der enorme Wasserverbrauch atomarer und fossiler Kraftwerke verschärft in immer mehr Regionen die Wasserkrise. Die Gesundheitsgefahren der atomaren und fossilen Energieversorgung mehren sich, und die Verseuchung der Meeresbiologie durch Erdöle erstreckt sich bis in die Nahrungskette. All diese gleichzeitig auftretenden und sich gegenseitig verschärfenden Krisen treffen die Gesellschaften ins Mark. Sie signalisieren, weit mehr als die globale Finanzkrise, die Einsturzgefahr des auf fossiler und atomarer Energiebasis entstandenen industriellen Zivilisationsmodells. Dieses hat sowohl in seiner kapitalistisch-marktwirtschaftlichen wie in seiner sozialistisch-planwirtschaftlichen Variante die Lebensgrundlagen bereits schwer beschädigt.

Jedes für den umfassend angelegten und vollständigen Wechsel zu erneuerbaren Energien versäumte Jahr ist deshalb ein verlorenes. Dieser Wechsel ist die *ultima ratio*: der letztmögliche Weg, existenzielle Gefahren abzuwenden, die irreversibel werden können. Er hat einen ultimativen Stellenwert, weil es keine andere Möglichkeit zur naturgemäßen und dauerhaften Energieversorgung der Menschen gibt. Die Folgen der überkommenen Energieversorgung zwingen uns daher zu unverzüglichem konsequenten Handeln.

Wohlfeile Bekenntnisse zu erneuerbaren Energien sagen wenig darüber aus, welcher Stellenwert ihnen tatsächlich zuerkannt wird: ein erst-, zweit- oder drittrangiger? Bei wem stellt dieses Bekenntnis lediglich ein Zugeständnis an eine besorgte Öffentlichkeit dar? Sind tatsächlich alle bekehrt, die die erneuerbaren Energien so lange negierten? Wird der Wechsel als zwingend geboten oder als aufschiebbar betrachtet? Von Mahatma Gandhi stammt der Satz: »First they ignore you, then they laugh at you, then they fight you, then you win.« In welcher der drei erstgenannten Phasen wir uns befinden, ist je nach Land und dessen Diskussions- und Entwicklungsstand unterschiedlich. Mehr als die Hälfte der weltweit eingeführten Windkraftkapazitäten wird in nur sechs Ländern eingesetzt (USA, Deutschland, China, Dänemark, Spanien und Indien). Etwa die Hälfte der weltweit netzintegrierten Photovoltaik-Anlagen ist allein in Deutschland installiert. Die installierten Kapazitäten für solarthermische Energieversorgung konzentrieren sich zu über 80 Prozent auf China und die Länder der Europäischen Union. Offensichtlich gibt es in zu vielen Ländern immer noch allzu viele, die die erneuerbaren Energien praktisch ignorieren.

Die einen entschuldigen ihr Zaudern damit, dass der Wechsel zu erneuerbaren Energien »viel Zeit« brauche und zu große und schnelle Schritte dahin eine unzumutbare wirtschaftliche Belastung darstellen würden. Manche glauben das wirklich, andere wollen mit dieser Ausrede nur Zeit gewinnen, um möglichst lange weitermachen zu können wie bisher. Den einen mangelt es an Mut, die Strukturen der konventionellen Energieversorgung aufzubrechen; andere sind hilf- und konzeptlos, wie der Energiewechsel praktisch umgesetzt werden könnte. Gute Absichten sind noch keine Handlungskompetenz, sondern nur eine Vorbedingung dafür.

Immerhin ist die Zeit vorüber, in der es bereits heftiges Sperrfeuer gab, wenn jemand nur öffentlich deklarierte, dass erneuerbare Energien eine durchgängige Alternative zur Atomenergie und zu fossilen Energien sein könnten. Selbst das Ignorieren und Belächeln, die beiden ersten von Gandhi definierten Phasen einer sich letztlich durchsetzenden Idee, waren ja bereits gezielte Methoden des Bekämpfens erneuerbarer Energien. Weil heute die Frage, *ob* eine Energieversorgung allein mit erneuerbaren Energien möglich sein könnte, grundsätzlich überwiegend mit »ja« beantwortet wird, haben viele den Eindruck, dass der Konflikt über sie abgeflaut sei und sich ein grundsätzlicher Konsens herausgebildet habe. Nunmehr gehe es »nur noch« um das *Wann* und das *Wie*. Hier stellen sich allerdings entscheidende Fragen:

- Auf welche Altenergien – also Atomenergie und/oder fossile Energien – soll gesetzt werden, bis alle Energiebedürfnisse allein von erneuerbaren Energien befriedigt werden können?
- Welche der verschiedenen Optionen erneuerbarer Energien sind vorzuziehen und wie können sie sich gegebenenfalls wechselseitig ergänzen? Wie groß ist der Bedarf an Energiespeichern tatsächlich?
- In welchen Strukturen sollen die erneuerbaren Energien verfügbar gemacht werden: in dezentralen und/oder zentralen?
- Welche politischen Konzepte sind für die generelle Transformation zu erneuerbaren Energien ausschlaggebend? Muss der Schwerpunkt auf lokaler, nationaler oder internationaler Ebene liegen?
- Welche Akteure können den Energiewechsel vorantreiben, und welche Rolle spielt dabei die konventionelle Energiewirtschaft?

Welche Antworten gegeben werden, ist von höchster politischer und wirtschaftlicher Brisanz und hat entscheidenden Einfluss darauf, wie die wichtigste Frage beantwortet wird: die *Zeitfrage*. Kann der historisch fällige, vollständige Wechsel zu erneuerbaren Energien so rechtzeitig realisiert werden, dass wir den von der konventionellen Energieversorgung verursachten Tragödien noch entkommen können? Wer und was bremst, und wie kann die Entwicklung beschleunigt werden? Vor allem an dieser Frage müssen sich alle zuvor gestellten messen lassen.

### Scheinkonsens

Der suggerierte Konsens über erneuerbare Energien lenkt davon ab, dass die eigentlichen Konflikte erst begonnen haben, allerdings in veränderter Gemengelage. Er verführt dazu, die mit dem Energiewechsel zwangsläufig verbundenen Konflikte zu unterschätzen – was bedeutet, sich ihnen nicht zu stellen. Diese Konflikte unterscheiden sich zwar von den früheren um erneuerbare Energien, sind jedoch auch tiefgreifender geworden. Wo der Wechsel zu erneuerbaren Energien praktisch eingeleitet ist, geht es jetzt ans »Eingemachte«: Die praktische Ablösung atomarer und fossiler Energien betrifft unmittelbar die Struktur des etablierten Energiesystems, die eng mit den herrschenden Produktions- und Konsumbedingungen, Wirtschaftsordnungen und politischen Institutionen verwoben ist. Sie rührt unmittelbar an die Existenzinteressen der etablierten Energiewirtschaft, die der größte und vor allem politisch einflussreichste Sektor der Weltwirtschaft ist. Dies lässt sich an den widersprüchlichen Entwicklungen der weltweiten Energieaktivitäten ablesen.

Neben den bereits skizzierten Aufbrüchen zu erneuerbaren Energien stehen politische Initiativen wie die von US-Präsident Obama, der chinesischen und der indischen Regierung, ja sogar von Öl- und Gasexportländern in der Golfregion. Die Europäische Union hat mittlerweile gesetzlich festgeschrieben, dass ab 2012 alle geplanten öffentlichen Gebäude einen Null-Emissionsstandard haben müssen, und ab 2020 alle neu zu errichtenden privaten Gebäude – was nur mit erneuerbaren Energien und energieeffizienten Bauweisen erreichbar ist. China bildet in Afrika zehntausend Techniker für Solarenergie aus. In Bangladesh werden mithilfe von Mikrokrediten und der Ausbildung von technischen Servicekräften jährlich mehr als hunderttausend kleine Solaranlagen installiert. In Deutschland, das im ersten Jahrzehnt dieses Jahrhunderts mit dem Erneuerbare-Energien-Gesetz zum internationalen Vorreiter für die Stromerzeugung aus erneuerbaren Energien geworden ist, wird inzwischen in allen Parteien davon gesprochen, bis Mitte des Jahrhunderts die gesamte Stromversorgung auf erneuerbare Energien umzustellen. Zahlreiche deutsche Städte und Landkreise haben sich entschlossen, innerhalb von zehn bis fünfzehn Jahren die vollständige Umstellung auf erneuerbare Energien zu realisieren; einige haben dies in der Strom- und Wärmeversorgung bereits erreicht, ebenso wie Kommunen in Österreich oder Dänemark.

Große Weltfirmen wie Bosch, General Electric und Siemens haben einen strategischen Schwerpunkt auf erneuerbare Energien gelegt. Auch Stromkonzerne wie die deutschen E.ON und RWE investieren größere Summen in erneuerbare Energien. Automobilkonzerne rüsten sich für die Produktion von Elektromobilen und votieren dafür, deren Strombedarf mit erneuerbaren Energien zu decken. Große Banken, von der New Yorker Wallstreet bis zu den Bankenplätzen in Frankfurt und London, haben ansehnliche Kreditportfolios für erneuerbare Energien bereitgestellt, und Investmentfonds für erneuerbare Energien sprießen wie Pilze aus dem Boden. Die überwiegend kleineren und mittleren Unternehmen, die sich auf erneuerbare Energien spezialisiert haben und zu Pionieren wurden, sind nicht mehr unter sich. Einige wachsen zu großen Unternehmen, andere werden von großen Konzernen übernommen, die damit Versäumtes aufholen wollen.

Doch andererseits sind gegenläufige Entwicklungen nicht zu übersehen, die immer noch ganz andere Prioritäten verraten: Weltweit wird immer noch deutlich mehr in konventionelle Energien investiert; 2009 war es das Vierfache. Es sind Investitionen in konventionelle Großkraftwerke und Pipelines, teilweise in zweistelliger Milliardenhöhe und mit langen Amortisationszeiten, die die bestehenden Verhältnisse für mehrere Jahrzehnte festschreiben. Präsident Obama musste sich für seine Initiativen die weitere Förderung von Atomenergie, den Bau neuer Kohlekraftwerke und umstrittene Genehmigungen für neue Ölbohrungen und Pipelines vom US-Kongress abringen lassen. In China liegt der Schwerpunkt auf dem Bau neuer Kohlekraftwerke, ebenso in Indien. Eine milliardenschwere Subventionswelle für die Abscheidung von $CO_2$ in Kohlekraftwerken läuft bereits – gefördert werden sogenannte CCS-Kraftwerke, um das $CO_2$ anschließend in Erdlager zu pressen. Schon hat die EU-Kommission für diese Technologie mehr Investitionshilfen bereitgestellt als für die direkte Investitionsförderung in erneuerbare Energien. Der Energiekonzern Shell hat seine in den 1990er Jahren begonnene Solarinitiativen schon wieder weitgehend aufgegeben und verkündet stattdessen sein Engagement für CCS-Investitionen. In der kanadischen Provinz Alberta graben gigantische Bagger Teersände in einem dafür vorgesehenen Fördergebiet von 20.000 qkm aus, um daraus fossile Kraftstoffe zu produzieren; mit erschreckenden Eingriffen in den natürlichen Wasserhaushalt, weil für die Produktion von einem Liter Erdöl 20 l Wasser gebraucht werden. In West Virginia, der US-Kohleregion, werden ganze Berge weggesprengt, um mit immer größeren Baggern noch mehr Kohle zu fördern. Die katastrophalen Folgen von Tiefenbohrungen auf dem Meeresboden konnte die Weltöffentlichkeit im Golf von Mexiko vor der US-amerikanischen Küste verfolgen. Schon hoffen einige auf schmelzendes Nordpoleis, um die unter der Eisdecke liegenden fossilen Ressourcen fördern zu können.

Der französische Staatspräsident Sarkozy hat zwar mehr Initiativen für erneuerbare Energien eingeleitet als seine Vorgänger, betätigt sich aber vorwiegend als internationaler Handlungsreisender, um Aufträge für Atomkraftwerke nach Frankreich zu holen. Die britische Regierung hat zwar im April 2010 ein Einspeisegesetz für erneuerbare Energien nach deutschem Vorbild beschlossen, betreibt aber gleichzeitig den Bau neuer Atomkraftwerke. Die finnische Regierung hat im April 2010 die Baugenehmigung für zwei neue Atomreaktoren beschlossen, obwohl die Partei der Grünen an der Regierung beteiligt ist. Polen plant aktuell zwei Atomkraftwerke. Die italienische Regierung unter Ministerpräsident Berlusconi hat den Bau von Atomreaktoren angekündigt, obwohl 1987 eine Volksabstimmung gegen Atomkraftwerke votierte. Russland und die Ukraine vereinbarten im Frühjahr

2010 einen gemeinsamen Plan, ihr atomtechnisches Know-how zu bündeln, innerhalb eines Jahrzehnts ihre Atomstromproduktion zu verdoppeln und diese international anzubieten. Abu Dhabi hat Anfang 2010 vier Atomreaktoren in Korea bestellt, und Vietnam will in die Atomproduktion einsteigen. Selbst Brasilien – das Land, das zusammen mit Russland, Kanada und Australien das üppigste natürliche Potenzial erneuerbarer Energien besitzt – plant neue Atomkraftwerke. Die Internationale Energieagentur (IEA) fordert bis 2050 den Bau von jährlich zweiunddreißig neuen Atomkraftwerken, was bedeuten würde, dass alle elf Tage ein neues hinzukäme. Ein aggressives Weitermachen, selbst wenn diese Energien nachweislich kostspieliger werden als erneuerbare Energien: Was gefunden wird, muss gefördert und verkauft werden. Die globale »Pyromanie«, wie ich diese Zwangsvorstellung in meinem Buch »Solare Weltwirtschaft« nannte, wird unverdrossen fortgesetzt: »drill, drill, drill« ist die von »big oil« intonierte Parole des Krieges gegen die Umwelt, die selbst während der Bohrkatastrophe im Golf von Mexiko nicht verstummte. Das Schicksalsspiel mit der Erde wird fortgesetzt, immer mit der Rechtfertigung, dass das Potenzial erneuerbarer Energien »derzeit« nicht ausreichend sei.

Obwohl also erneuerbare Energien salonfähig geworden sind, sollen sie keinesfalls den Bestand des fossilen und atomaren Energiesystems antasten, sondern nur für den zusätzlichen Energiebedarf zur Verfügung stehen: Es soll also möglichst keine Substitution atomarer und fossiler Energien stattfinden! Dieses Bestandsinteresse wird auch in Deutschland geltend gemacht. Es schlägt sich nieder im Versuch, den 2001 beschlossenen Ausstieg aus der Atomenergie rückgängig zu machen, ebenso in zahlreichen Plänen für den Bau neuer Kohlekraftwerke – mit Kapazitäten, als wären die erneuerbaren Energien kaum noch weiter ausbaufähig. Gleichzeitig häufen sich orchestrierte Attacken auf das Erneuerbare-Energien-Gesetz, das einen schnellen Ausbau begünstigt. Zum Chor der Abwiegler erneuerbarer Energien gehören auch wirtschaftswissenschaftliche Institute. Der neue Konsens über erneuerbare Energien ist ein Scheinkonsens. Die etablierten Kräfte der Energieversorgung zielen allenfalls auf eine Koexistenz von atomaren und fossilen mit erneuerbaren Energien – mit möglichst großem Anteil für erstere und der Forderung, dass erneuerbare Energien in die Strukturen der herkömmlichen Energieversorgung eingepasst und entsprechend kanalisiert und beschränkt werden müssten.

Das Grundmuster des eigentlichen Energiekonflikts hat sich also kaum geändert. Es ging dabei immer nur vordergründig um das Pro oder Contra zu erneuerbaren Energien, im Kern doch stets um die Strukturen der Energieversorgung und die Verfügungsmacht darüber. Die Ausrichtung auf die fossilen Energiequellen und später auf die Atomenergie ließ das heutige System der Energieversorgung entstehen. Die Umorientierung auf erneuerbare Energien gefährdet seine Struktur. Deshalb richten sich – nach der Phase der Ablehnung und des Belächelns ihrer Wegbereiter – nunmehr die Kräfte darauf, das Tempo des Energiewechsels zu drosseln. Deshalb mehren sich auch die Versuche der traditionellen Energiewirtschaft, Einfluss auf politische Entscheidungen, die Medien und die öffentliche Meinung zu nehmen. In den USA wurden unmittelbar mit dem Beginn der Präsidentschaft von Barack Obama mehr als zweitausend hochbezahlte Lobbyisten der amerikanischen Energiewirtschaft zusätzlich nach Washington geschickt, mit dem Auftrag, die angekündigte Energiewende durch gezielte Bearbeitung von Kongressabgeordneten und Medien zu durchkreuzen. Viel Geld wird für »greenwashing« ausgegeben, wie es Toralf Staud in seinem Buch »Grün, grün, grün ist alles, was wir kaufen« beschreibt.[2] Dass ehemalige Regierungsmitglieder unmittelbar nach ihrem Ausscheiden aus dem Amt ins Management von Energiekonzernen überwechseln, nimmt ebenso auffällig zu wie die Zahl von Journalisten, die von Energiekonzernen als Medienberater angestellt werden, um öffentliche Landschaftspflege zu betreiben. Hinter dem Nebengeschäft für erneuerbare Energien wird das Hauptgeschäft mit konventionellen Energien weiter verfolgt.

## Der »nervus rerum«

Der »neue« Energiekonflikt bricht vor allem dort aus, wo die Einführung erneuerbarer Energien schon so weit fortgeschritten ist, dass sie konventionelle Energien in größeren Anteilen ersetzen können.

Das wahre Problem unter der Decke des Scheinkonsenses, der *nervus rerum* des Konflikts, besteht darin, dass die Systemerfordernisse – gemeint ist damit der technische, infrastrukturelle, organisatorische, finanzielle und nicht zuletzt politische Gesamtaufwand – der Bereitstellung von Atomenergie und fossilen Energien mit den Erfordernissen der erneuerbaren Energien nicht vereinbar sind. Das Ziel muss jedoch die vollständige Ablösung des bestehenden Energiesystems sein. Nur auf einen begrenzten Anteil erneuerbarer Energien zu setzen, wäre eine nicht zu rechtfertigende strategische Selbstbeschränkung mit der Konsequenz, das konventionelle System langfristig fortzuschreiben und es sogar politisch weiter stützen zu müssen. Und es bedeutet, über einen längeren Zeitraum zwei unterschiedliche Systeme der Energieversorgung unterhalten zu müssen, die sich ab einem bestimmten Punkt gegenseitig im Weg stehen.

Zweifellos muss auf dem Weg zu hundert Prozent erneuerbaren Energien eine Übergangsphase durchschritten werden, mit wachsenden Anteilen erneuerbarer Energien an der Energieversorgung bei sinkenden Anteilen der konventionellen Energien, bis diese schließlich insgesamt ersetzt sind. In dieser Phase ist jedoch entscheidend, welche Systemerfordernisse maßgeblich sind: die des eingespielten Energiesystems oder die für erneuerbare Energien angemessenen. Damit ist ein Konflikt vorprogrammiert, der in der Geschichte der modernen Energieversorgung einmalig ist. Auf der einen Seite steht das konventionelle Energiesystem, das die gesamte Energieversorgung nach seinen Funktionserfordernissen durchstrukturiert hat und auf das alle entsprechenden Gesetze zugeschnitten sind. Auf der anderen Seite steht die Perspektive eines vollständig auf erneuerbaren Energien basierenden Systems mit großenteils konträren Funktionserfordernissen, für das politische Systemregeln bisher nur in Ansätzen entwickelt wurden.

Zwischen dem jetzigen und dem anzustrebenden Zustand liegt eine Phase vieler Friktionen und Widersprüche. Nennen wir sie eine *Hybridphase* in Analogie zum Hybridauto, das mit zwei Motoren für zwei unterschiedliche Antriebsenergien ausgestattet ist. Das überkommene Energiesystem hält die Trumpfkarte eines eingespielten

Konzepts und verlangt einen nur langsamen Energiewechsel, der nach seinen Regeln vollzogen werden soll. Die Trumpfkarte der erneuerbaren Energien ist nicht nur, dass es zu ihnen perspektivisch keine Alternative gibt, sondern dass sie tendenziell unabhängig vom konventionellen Energiesystem genutzt werden können und gesellschaftlich höher bewertet werden. Derzeit befinden wir uns jedoch noch in einer trial-and-error-Situation – mit einer Vielzahl konkurrierender Konzepte, die mehr oder weniger durchdacht sind und deshalb leicht gegeneinander ausgespielt werden können. Darin liegt das eigentliche Realisierungsproblem des Energiewechsels.

Die Frage, wie diese Klippen überwunden werden können, um erneuerbare Energien schnell zur Entfaltung zu bringen, hat schlüsselhafte Bedeutung. Entscheidend ist einerseits, die Schwächen wie auch die Stärken des überkommenen Energiesystems zu erkennen. Umgekehrt muss jede Durchsetzungsstrategie auf die eigentlichen Stärken der erneuerbaren Energien bauen und sie zur Geltung bringen. Die jeweiligen Stärken und Schwächen sind nicht nur technischer und wirtschaftlicher Art, sondern auch mentale und nicht zuletzt politische. Weil das systemische Spannungsverhältnis der nervus rerum des Energiewechsels ist, steht der Systemkonflikt im Zentrum dieses Buches.

### Alte und neue Fronten

In der »Hybridphase« der Umstellung verändern sich die Konstellationen und auch die Akteure. Lange Zeit waren die Fronten zwischen den Protagonisten erneuerbarer und konventioneller Energien klar und überschaubar. Auf der einen Seite die anfangs noch geringe Zahl von Wegbereitern erneuerbarer Energien: Organisationen für erneuerbare Energien, Umweltverbände, Umweltinstitute, einzelne Akteure in der Politik, Pionierunternehmen und Sympathisanten in den Medien. Auf der anderen Seite eine fast einhellige Ablehnungsfront, bestehend aus der Energieindustrie, den mit ihr traditionell eng kooperierenden Regierungen, den etablierten Forschungsinstituten und Wirtschaftsverbänden sowie dem Gros der Industrieunternehmen und Wirtschaftsmedien. Diese Fronten sind inzwischen aufgeweicht, und dabei haben auch Akteure die Seiten gewechselt.

Industrieunternehmen, Kreditinstitute und Investmentgruppen haben erkannt, dass die Anlagenproduktion und die Finanzierung von Projekten für erneuerbare Energien für sie eine attraktive und wirtschaftliche Perspektive darstellt. In Wirtschafts- und Industrieverbänden, die lange Zeit fest an der Seite der etablierten Energiewirtschaft standen und mit dieser die Untauglichkeit der erneuerbaren Energien sowie die »Wirtschaftsfeindlichkeit« ihrer Verfechter anprangerten, werden inzwischen Loblieder auf die mit erneuerbaren Energien verbundenen Marktchancen laut. Kommunale Energieunternehmen, die zum Anhängsel der konventionellen Energieversorgung geworden waren, sehen neue Chancen, mit erneuerbaren Energien in Zukunft eine eigenständige Rolle zu spielen. Je populärer erneuerbare Energien werden, desto mehr stellen sich die politischen Parteien und Institutionen auf sie ein.

Auch in der etablierten Energiewirtschaft wächst eine neue Generation von Entscheidungsträgern heran, die erkennt, dass Atomenergie und fossile Energien in eine Sackgasse führen. Sie versuchen deshalb, den Einstieg in erneuerbare Energien in einer Weise zu gestalten, die in die Struktur der überkommenen Energieversorgung passt. Die alte Methode der Verweigerung hat sich verbraucht. Jetzt geht es ums Mitmachen, darum, in den anfahrenden Zug einzusteigen und zumindest noch dessen Fahrplan und Geschwindigkeit beeinflussen zu können. Außerdem versuchen Energiekonzerne ihr Festhalten an Atomenergie und fossilen Energien öffentlich damit zu rechtfertigen, dass sie selbst auch in erneuerbare Energien investieren.

Parallel zur Auflösung der bisherigen Verweigerungsfront hat sich auch das Spektrum der Protagonisten erneuerbarer Energien differenziert. Politische Ansätze, die die Entwicklung angestoßen haben, müssen modifiziert werden. Dazu gibt es vielerlei Vorschläge, denen es aber oft an Konsistenz und vorausschauender Konzeptklarheit mangelt. Konkurrierende Interessen, die sich im Zuge der Entfaltung erneuerbarer Energien herausgebildet haben, brechen auf, sobald es um die Anteile am sich vergrößernden Kuchen geht. Befürworter erneuerbarer Energien, die gleichwohl die überkommene Energiewirtschaft als Dreh- und Angelpunkt der Energieversorgung betrachten, sehen in deren verändertem Tonfall Kooperationsbereitschaft. Produzenten von Erneuerbare-Energien-Anlagen erhalten Bestellungen von Energiekonzernen und werden Geschäftspartner. Forschungsinstitute für erneuerbare Energien erhalten inzwischen auch Studienaufträge von etablierten Energieunternehmen. Regierungen laden zu Konsensgesprächen ein, in denen es um ein Nebeneinander und Miteinander von konventionellen und erneuerbaren Energien und um das wechselseitige Abstecken von Claims geht. Vielen Verfechtern erneuerbarer Energien, die sich lange in einer verachteten Außenseiterrolle befanden, erscheint das als großer Fortschritt. Und weil Konsens immer angenehmer ist als Konflikt, entsteht daraus auch praktische Kompromissbereitschaft, in der oft unversehens die meist unsichtbare Grenze überschritten wird, an der ein Kompromiss aufhört und die Kompromittierung beginnt.

Dies alles ist typisch für Übergangsphasen, in denen sich alle Beteiligten auf eine neue Situation einstellen und viele auf einen Konsens hoffen, der ihnen gewisse Sicherheiten gibt. Nicht jeder kann oder will dabei an die Gesamtentwicklung denken. So hilfreich und konstruktiv ein Konsens sein kann, so sehr kann er auch lähmen. Die Frage muss stets sein: Konsens für was und mit wem, und wer sitzt dabei am längeren Hebel? Ein Konsens unter allen, die von dem Wandel in sehr unterschiedlicher Weise tangiert sind, führt zwangsläufig zur Verlangsamung. Oder Konsens unter denjenigen Kräften, die ein gemeinsames Ziel anstreben und sich dafür verbünden? Ein Konsens aller Betroffenen für einen schnellen Energiewechsel wäre nur denkbar, wenn das damit verfolgte Ziel eine »win-win«-Perspektive für alle eröffnete. Dieses Versprechen wird gerne von denen geäußert, die notwendigen Konflikten ausweichen wollen. Bei der Umorientierung zu erneuerbaren Energien ist jedoch ein »win-win« objektiv unmöglich.

Der Wechsel zu hundert Prozent erneuerbaren Energien bedeutet den umfassendsten wirtschaftlichen Strukturwandel seit dem Beginn des Industriezeitalters. Ein Strukturwandel ohne Verlierer und Gewinner ist undenkbar. Verlierer werden unweigerlich die Anbieter der konventionellen Energien sein – in welchem Ausmaß das der Fall ist, hängt von ihrer Einsicht, Bereitschaft und Fähigkeit ab, sich an Haupt und Gliedern umzustrukturieren, sich mit drastisch sinkenden Marktanteilen abzufinden und neue Tätigkeitsfelder für sich zu finden, die keine energiewirtschaftlichen mehr sein werden. Versuche, der Verliererrolle in diesem Wandlungsprozess zu entkommen und ihre zentrale energiewirtschaftliche Rolle zu behalten, führen zu widersprüchlichen, untauglichen und teuren Verlangsamungsstrategien. Die Gewinner des Wechsels werden die Weltzivilisation insgesamt und ihre Gesellschaften und Volkswirtschaften sein, und in diesen die Technologieunternehmen sowie viele lokale und regionale Unternehmen. Es wird in jedem Fall entschieden mehr Gewinner des Energiewechsels als Verlierer geben. Einem großen Teil der potenziellen Gewinner sind die Chancen noch nicht bewusst, weshalb sie noch auf der Gegenseite stehen. Den größeren Einfluss auf das praktische Geschehen haben derzeit noch die etablierten potenziellen Verlierer, den geringeren die noch längst nicht etablierten Gewinner.

### Realer Realismus

Zwar treibt jede wirtschaftliche wie auch politische Initiative für erneuerbare Energien, unabhängig von dem jeweiligen handlungsleitenden Motiv, die Entwicklung irgendwie voran. Dennoch sind nicht alle gleichwertig und für die Realisierung eines schnellen Energiewechsels gleich geeignet. Deshalb ist es entscheidend, die Spreu vom Weizen zu trennen und zu erkennen,

- welche Initiativen die uneingeschränkte Entfaltung erneuerbarer Energien ermöglichen und welche sie nur in einem beschränkten Ausmaß erlauben – und ob sie sich ergänzen oder wechselseitig im Wege stehen;
- welche Konzepte die Zahl der Akteure für erneuerbare Energien erweitern und ihnen die erforderlichen Handlungsspielräume geben, und welche demgegenüber das Spektrum auf wenige Akteure reduzieren, von denen dann der weitere Verlauf abhängig ist;
- welche Initiativen den vielfältigen Motiven für die Umorientierung auf erneuerbare Energien gerecht werden, statt sie auf einen

Zweck – etwa ihre Bedeutung für den Klimaschutz – zu verengen, was automatisch zu beschränkten Konzepten führt.

Der Katalog strittiger Fragen ist groß: Was muss von internationalen Vertragsbemühungen abhängig gemacht werden? Sind die Weltklimaverhandlungen der Königsweg, von dem alles weitere abhängt, oder ein Trampelpfad, auf dem kaum etwas vorankommen kann? Fördert der Emissionshandel den Energiewechsel oder bremst er ihn? Sind umfassendere multilaterale Ansätze nötig oder mehr einzelne Schrittmacher? Welchen Stellenwert haben die verschiedenen Optionen für erneuerbare Energien? Sollen erneuerbare Energien vorwiegend dort gewonnen werden, wo mehr Sonne scheint oder mehr Wind weht, also in räumlicher Konzentration, oder überall? Was ist unter einer »kostengünstigen« und »wirtschaftlichen« Energieversorgung zu verstehen? In den Vordergrung der strittigen Fragen rückt dabei zunehmend die Diskussion über »dezentrale« oder »zentrale« Strukturen einer Energieversorgung mit erneuerbaren Energien: Sind Großkraftwerke dafür überhaupt notwendig, und wenn, unter welchen Bedingungen? Ist ein weiträumiger Netzausbau mit »Supergrids« auch für eine überwiegend dezentrale Bereitstellung erneuerbarer Energien unverzichtbar, oder muss der Schwerpunkt bei regionalen und lokalen »smart grids« liegen? Aus diesen Streitfragen ergeben sich nicht nur unterschiedliche Handlungskonzepte, sondern auch Zielkonflikte über die Einführung erneuerbarer Energien, die angesprochen und ausgetragen werden müssen. Davor scheuen nicht nur Parteien und Regierungen, sondern auch viele Verfechter erneuerbarer Energien zurück und erklären aus Gründen der Konfliktvermeidung alle divergierenden Konzepte für gleich wichtig und förderungswürdig.

Kontroversen über die Mittel und Wege zu erneuerbaren Energien werden nicht nur in politischen Institutionen ausgetragen, sondern auch in Umweltorganisationen und Organisationen für erneuerbare Energien. Sie verwirren viele und führen zu öffentlicher und politischer Verunsicherung darüber, welcher Weg zum Energiewechsel eingeschlagen werden soll. Deshalb ist eine kritische Bestandsaufnahme überfällig, die die verschiedenen Ansätze nach ihren praktischen Erfolgsaussichten und Konsequenzen bewertet. Über allem steht dabei die Frage, warum die unübersehbar und unaufschiebbar gewordene energetische Existenzfrage – die nicht zuletzt eine ethische ist – immer noch überwiegend halbherzig behandelt wird, obwohl die dafür angegebenen Gründe fadenscheinig sind und ein konsequent forcierter Energiewechsel unerlässlich geworden ist. Es gibt kürzere und längere Wege, die »nach Rom führen«. Sie sind mit vielerlei unterschiedlichen Widerständen und Umsetzungsproblemen gepflastert und haben verschiedenartige politische, wirtschaftliche, soziale und kulturelle Auswirkungen. Umso wichtiger ist es, diejenigen Wege klar zu erkennen, auf denen das Ziel des Energiewechsels am schnellsten erreichbar ist. Ob diese Wege eingeschlagen werden, darf nicht nur betriebswirtschaftlich oder »energiepolitisch«, sondern muss volkswirtschaftlich, gesamtpolitisch und nicht zuletzt nach ethischen Grundsätzen entschieden werden.

Die systematische Bestandsaufnahme, die ich in diesem Buch versuche, ist als Navigationshilfe für Durchbruchsstrategien gedacht. Ihr liegen meine Erfahrungen in der Entwicklung und im Durchsetzen der bisher national und international erfolgreichsten politischen Initiativen für erneuerbare Energien zugrunde – und ebenso meine Beobachtungen über Erfolge und Misserfolge von Konzepten in vielen Ländern. Um etwas durchzusetzen, muss man erkennen, mit welchen Hindernissen zu rechnen ist und wie sie überwunden werden können. Dazu muss man wissen, welche Interessen und Absichten hinter den Widerständen stehen und welche Kräfte dagegen gesetzt werden müssen. Dabei steht jeder einzelne Akteur vor der Frage, welches Grundverständnis von Realismus seinem eigenen Handeln zugrunde liegt: Zu viele verstehen darunter, nur das zu verfolgen, was im bestehenden Rahmen und in den gegebenen Kräfteverhältnissen realisierbar scheint. Wenn sich aus der Analyse eines Ist-Zustands aber nur beschränkte Handlungsmöglichkeiten ergeben, die auf die reale Herausforderung keine angemessene Antwort erlauben, ist ein anderes Verständnis von Realismus gefordert, das auf die Veränderung des Parallelogramms der Kräfte zielt, um den Handlungsrahmen erweitern zu können. Angesichts der sich zuspitzenden Gefahren aus der überkommenen Energieversorgung geht es nicht mehr nur um eine Politik als »Kunst des Möglichen«, sondern um eine möglich zu machende Politik der »Kunst des Notwendigen«. Das ist der *reale Realismus*, der für den Energiewechsel notwendig ist. Analysen und Konzepte müssen kompromisslos durchdacht werden. Kompromisse, die in der Regel unvermeidlich sind, gehören in das Feld der praktischen Umsetzung. Deshalb zeige ich, welche Engpässe bewältigt werden müssen und warum eindimensionale Betrachtungen nicht weiterführen. Gedankliche Öffnungen sind die Voraussetzung für praktische Durchbrüche.

Der politische Schlüssel für den Energiewechsel besteht darin, den bestehenden energiewirtschaftlichen Handlungsrahmen aufzubrechen. Dieser ist zwangsläufig partikular und engt die umfassenden wirtschaftlichen, sozialen und kulturellen Chancen des Wechsels zu erneuerbaren Energien ein. Als gesamtwirtschaftliches und -gesellschaftliches Zukunftsprojekt kann der Energiewechsel nicht nur mit energiewirtschaftlichen Methoden und Kalkulationen realisiert werden. Die laufend vielfältiger werdenden technologischen Möglichkeiten machen ihn in einer Rasanz realisierbar, die Gegenwartspragmatiker für unmöglich halten. Ein schneller Energiewechsel bedarf zahlreicher autonomer Akteure, die mit ihren Initiativen nicht warten wollen und auch nicht abwarten müssen, was andere tun. Diese These, die ich in meinem Buch »Energieautonomie« (2005) vertreten und begründet habe, hat sich in der Praxis mittlerweile einschlägig bestätigt, entgegen den Unkenrufen der üblichen Sachzwangexperten. Um den Kleinmut zu überwinden, bedarf es weiterer politischer Schneisenschläge. Diese sind schon deshalb erforderlich, weil die konventionelle Energiewirtschaft ihre dominante Rolle nur durch vielfältige politische Protektion erringen konnte und aufrechterhalten kann. Diese Protektion, von der kaum gesprochen und die weit weniger kritisch betrachtet wird als politische Initiativen für erneuerbare Energien, muss politisch aufgekündigt werden.

Mein Ausgangspunkt sind nicht die erneuerbaren Energien, sondern ist die Gesellschaft – aus der Erkenntnis, welche elementare Bedeutung der Energiewechsel für deren Zukunftsfähigkeit hat. Ich bin nicht von den erneuerbaren Energien zur Politik für diese gekommen, sondern aus meiner Problemsicht und von meinem Verständnis politischer Verantwortung zu den erneuerbaren Energien. Der Wechsel zu erneuerbaren Energien hat eine zivilisationsgeschichtliche Bedeutung. Deshalb müssen wir wissen, wie wir ihn beschleunigen können. Knapp sind nicht die erneuerbaren Energien, knapp ist die Zeit.

TEIL I

# BESTANDSAUFNAHME

# 1. KEINE ALTERNATIVE ZU ERNEUERBAREN ENERGIEN: Der lange verdrängte naturgesetzliche Imperativ

Wie konnte es zu der dramatischen Zuspitzung auf eine Entscheidungssituation kommen, in der der Wechsel zu erneuerbaren Energien unter einem existenziellen Zeitdruck steht? Warum wurden erneuerbare Energien so lange negiert oder gering geschätzt? Diese Fragen müssen gestellt werden, trotz des Satzes von Albert Einstein: »Mehr als die Vergangenheit interessiert mich die Zukunft, denn in ihr gedenke ich zu leben.« Um jedoch auf das richtige Zukunftsgleis zu kommen, ist das Diktum des Philosophen Sören Kierkegaard zu beachten: »Leben muss man das Leben vorwärts, verstehen kann man es nur rückwärts.« Der Rückblick hilft, die geistigen und strukturellen Widerstände, die der Zukunftsentwicklung im Wege stehen, klar genug zu erfassen. Jede Vergangenheit hinterlässt ihre gedanklichen, realen und psychologischen Spuren, ob sie uns bewusst sind oder nicht. Bemerkenswert ist nicht die in den letzten Jahren sprunghaft gewachsene Erkenntnis des grundlegenden Stellenwerts der erneuerbaren Energien, sondern vielmehr, wie lange dieser Erkenntnisprozess gedauert hat und dass es nicht längst viel mehr erprobte Technologien und konkrete Initiativen dafür gibt.

Naturgesetzlich war immer schon vorgegeben, dass die Nutzung fossiler Energien nur ein Übergangsstadium sein konnte. Kristallklar und unwiderlegbar hat Wilhelm Ostwald, der 1909 den Nobelpreis für Chemie erhielt, in seinem 1912 publizierten Buch »Der energetische Imperativ« darauf hingewiesen, dass die »unverhoffte Erbschaft der fossilen Brennmaterialien« dazu verführt, »die Grundsätze einer dauerhaften Wirtschaft vorläufig aus dem Auge zu verlieren und in den Tag hinein zu leben«. Da sich diese Brennmaterialien unweigerlich aufbrauchen würden, ergebe sich daraus zwingend die Erkenntnis, dass eine »dauerhafte Wirtschaft ausschließlich auf die regelmäßige Energiezufuhr der Sonnenstrahlung gegründet werden kann.« So kam er zu seinem Imperativ: »Vergeude keine Energie, verwerte sie.« Mit Vergeudung meinte er die Verbrennung der fossilen Energien, die ein zerstörender Vorgang ist, weil die verwendeten Ressourcen dadurch für den Energieeinsatz unwiederbringlich verloren sind. Dagegen setzt er die Verwertung der immer vorhandenen Energie, die wir heute erneuerbare Energie nennen und die in Dänemark treffender »bleibende Energie« genannt wird. Dem »energetischen Imperativ« räumt Ostwald einen höheren gesellschaftlichen Stellenwert ein als dem »kategorischen Imperativ« des Philosophen Immanuel Kant: »Handle so, dass die Maxime deines Willens jederzeit zugleich als Prinzip einer allgemeinen Gesetzgebung gelten könne.«[3]

Einfacher ausgedrückt, in einem alten Sprichwort: »Was du nicht willst, das man dir tu, das füge keinem andern zu.« Jeder will in sauberer Luft leben, weshalb auch keiner die Luft anderer verschmutzen dürfte. Jeder Mensch braucht Energieressourcen, weshalb keiner so viel Energie beanspruchen darf, dass für andere nichts mehr übrig bleibt. Fest steht: Schon bisher reichte die fossile und die atomare Energie nicht aus, um die Energiebedürfnisse der gesamten Menschheit zu befriedigen. In naher Zukunft wird dies, angesichts der sich erschöpfenden Reserven bei gleichzeitig wachsendem Energiebedarf, immer weniger möglich sein. Ostwald sieht in Kants Imperativ ein Sittengesetz, während sein Imperativ naturgesetzlich ist. Ob ein Sittengesetz beachtet wird oder nicht, ist eine moralische Frage. Sie entscheidet über die Qualität des gesellschaftlichen Zusammenlebens. Ein Naturgesetz lässt uns dagegen keine Wahl. Seine Nichtbeachtung hat für die Gesellschaft so schwerwiegende Folgen, dass sie auch eine Verwirklichung der ethischen Grundsätze Kants letztlich unmöglich machen würde.

Ostwalds elementare Warnungen wurden überhört, obwohl er zu den weltweit anerkannten Wissenschaftlern seiner Zeit zählte. Dabei war der Energieverbrauch am Beginn des 20. Jahrhunderts noch vergleichsweise gering. Es gab nur 1,5 Milliarden Menschen auf der Erde statt 6,5 wie heute. Die Elektrifizierung steckte noch in den Anfängen, ebenso der Automobilverkehr. Es gab noch keinen Flugverkehr und ein deutlich geringeres Handels- und damit Transportvolumen, nur wenige energieverbrauchende Haushaltsgeräte und weder Radio noch Fernsehen. Die elementaren Warnungen Ostwalds kamen, je nach Blickwinkel, zu früh oder zu spät. Zu früh, weil das Problem noch nicht unter den Nägeln brannte. Und zu spät, weil die fossile Energiewirtschaft schon fest etabliert war und auf die Politik, die Industrieunternehmen und nicht zuletzt auf die technologische Entwicklung entscheidenden Einfluss ausübte.

Die fossile Energiewirtschaft hatte schon zu Beginn des 20. Jahrhunderts eine über hundert Jahre lange Geschichte, beginnend mit einer technologischen Revolution: der Dampfmaschine von James Watt. 1769 patentiert, wurde sie anfangs mit Holzkohle und dann mehr und mehr mit Steinkohle befeuert. Sie wurde zum Motor der industriellen Revolution, eingesetzt in der Industrieproduktion, dann in der Dampfschifffahrt und in Dampflokomotiven für die aufkommenden Eisenbahnen, und schließlich in Dampfkraftwerken, die noch heute die Technologie der meisten Großkraftwerke darstellen, von Kohle- bis zu Atomkraftwerken. Die Dampfmaschine begründete das Entstehen der modernen Energiewirtschaft, die zunächst eine Kohlewirtschaft war und sich dann zu einer Öl- und Gaswirtschaft ausweitete: zu einer Energieverbrennungswirtschaft. Nur eine zweite energietechnische Entwicklung hatte eine ebenso tief greifende Bedeutung: der Verbrennungsmotor, mit dem die Automobil-Revolution ausgelöst und der Flugverkehr möglich wurde. Aber auch diese Revolution richtete sich in ihrer technologischen Ausformung und Spezialisierung an den fossilen Energien aus, die bereits das Energieangebot stellten, was der fossilen Energiewirtschaft einen noch größeren Auftrieb gab. So gesehen hat eine Technologie für nunmehr zwei Jahrhunderte die Weichen gestellt, zufällig und in bester Absicht, jedoch mit unvorhergesehenen Kettenwirkungen.

Die Büchse der Pandora war geöffnet. Die Figur der Pandora symbolisiert in der griechischen Mythologie zusammen mit Prometheus das Energiedrama der Menschheit. Prometheus steht für einen neuen Energieentwurf oder die Suche danach, als derjenige, der das Feuer vom Himmel stahl und die Menschen lehrte, es zu gebrauchen. Der Göttervater Zeus betrachtete das als Frevel, weil den Menschen damit ein großes Unglück beschert wurde, ohne dass sie es in ihrer Begeisterung ahnten, und kettete Prometheus an einen Felsen. Da es aber nicht mehr möglich war, den Menschen das Feuer wieder wegzunehmen, wollte Zeus auch sie bestrafen. Er schuf die Figur der Pandora und schenkte ihr eine verschlossene Büchse, in der alle bösartigen Versuchungen enthalten waren. Diese verstreuten sich über die ganze Welt, als Pandora die Büchse neugierig öffnete. In der Büchse blieb nur die Hoffnung auf eine bessere Welt. Prometheus steht also für das vermessene Streben nach Möglichkeiten, die das menschliche Maß überschreiten, Pandora für die Verlockung, die sich daraus ergebenden Übel leichtsinnig freizusetzen.

Alle Sorgen, dass sich die Energieversorgung in umfassender und alle Bereiche des gesellschaftlichen Lebens durchdringender Weise auf endliche fossile Energievorkommen eingelassen hatte, wurden in den 1950er Jahren durch die Atomenergie zerstreut. Diese wurde als saubere und tendenziell spottbillige Alternative zu den versiegenden fossilen Energien gepriesen. Sie erschien als ein neues, menschengemachtes prometheisches Geschenk. In der atomaren Euphorie überhörte man alle Warnungen, dass die Gesellschaft nun von der fossilen in eine atomare Sackgasse gelenkt werden könnte. Die hochkomplexe Atomenergie faszinierte. Den Atomphysikern wurde höchster Respekt gezollt. Es galt als unvorstellbar, dass die alle bisherigen physikalischen Errungenschaften weit überragende Kernspaltung, die für die Konstruktion von Atombomben entwickelt worden war, nicht auch einen überragenden zivilen Nutzwert haben könnte. Frühe Kritiker der Atomenergie wurden zu Randfiguren erklärt. Das musste z.B. Karl Bechert erleben, ein renommierter Professor der Naturwissenschaften, der zugleich Mitglied des Deutschen Bundestages war. Eindringlich warnte er vor den unlösbaren Gefahren der Atomenergie. Als 1957 das Atomgesetz beschlossen wurde, das ihr die Wege ebnete, stimmt er als einziger dagegen. Selbst in seiner eigenen Partei, der SPD, stieß er auf taube Ohren. Sein Widerspruch wurde als Ärgernis empfunden.

Die erste Nachkriegsgeneration stand unter dem Schock der Atombombenabwürfe auf Hiroshima und Nagasaki vom August 1945. Sie lebte im kurz danach beginnenden »Kalten Krieg« zwischen »West« und »Ost« in akuter Angst vor einem Atomkrieg. Auch das erklärt die Hoffnung auf eine »friedliche Nutzung der Atomenergie«: angesichts des atomaren Wettrüstens und der atomaren Abschreckungsstrategien sollte der destruktiven Technologie der Atomspaltung eine konstruktive Seite abgewonnen werden. So wurde aus der Bewegung gegen die Atombombe eine für Atomkraftwerke. Erst später, ab den 1970er Jahren, reifte und verbreitete sich das Bewusstsein, dass auch diese Hoffnung eine gefährliche Schimäre ist. Aber die sich spätestens jetzt aufdrängende Konsequenz wurde immer noch nicht gezogen, das volle Augenmerk auf die erneuerbaren Energien – also auf die nichtfossile Alternative zur Atomenergie – zu richten. Noch erschien es selbst der aufkeimenden Umweltbewegung unvorstellbar, dass erneuerbare Energien allein die Energiebedürfnisse der Menschen befriedigen könnten. Bis in die 1990er Jahre hinein scheuten sich die meisten Wissenschaftler und Politiker, sich offen für erneuerbare Energien als ebenbürtige und sogar überlegene und höherwertige Option für die Energieversorgung auszusprechen. Selbst Verfechter der erneuerbaren Energien beugten sich der herrschenden Meinung und warben für ihre Projekte oftmals in einem entschuldigenden Ton. Ihnen war bewusst, dass sie damit Häresie gegen das ausgerufene »Atomzeitalter« begingen.

## A. Die Macht des Bestehenden:
### Das Weltbild der fossilen und atomaren Energieversorgung

Jahrzehntelang hat die Atomenergie davon abgelenkt, dass die erneuerbaren Energien die originäre Alternative zu fossilen Energien darstellen. Der Atomenergie wurde die tragende Rolle für das nachfossile Zeitalter zugedacht, sogar mit Ausschließlichkeitsanspruch. Wäre stattdessen vor einem halben Jahrhundert mit derselben Intensität auf erneuerbare Energien gesetzt worden, so hätten wir wahrscheinlich heute kein die Weltzivilisation bedrohendes Klimaproblem. Wir hätten dann keine Energiekriege erleben müssen wie den Golfkrieg oder den Irakkrieg. Es gäbe deutlich weniger Luftverschmutzung und weniger Krankheiten – und keinen Atommüll, von dem wir nicht wissen, wo, wann und wie wir ihn dauerhaft und sicher lagern sollen und welche Probleme und Kosten er für undenkbar lange Zeiträume hinterlässt. Wir hätten wahrscheinlich längst eine Industrie mit Cleantech-Produkten, kaum Umweltflüchtlinge und weniger Armut in den Entwicklungsländern. Wir würden heute in einer Welt ohne kollektive Zukunftsängste leben. Die Weltzivilisation könnte sicher sein, den folgenden Generationen gleiche Lebenschancen zu hinterlassen, statt ihnen untragbare Lasten aufzubürden.

Dieses Gedankenspiel ist mehr als ein wehmütiger Rückblick: Den erneuerbaren Energien standen tatsächlich schon in den 1950er Jahren mehr greifbare technologische Möglichkeiten offen als der Atomenergie. Noch bevor ein einziges Atomkraftwerk gebaut war, gab es auf diesem Feld vielerlei praktische Erfahrungen. Wie Strom aus Wind produziert wird, wusste man bereits, seit der dänische Schulmeister Paul la Cour 1891 die erste Anlage in Betrieb genommen hatte. In den USA gab es in den 1930er Jahren schon mehrere Millionen Windräder in den Farmregionen.[4] Wie man Strom in solarthermischen Kraftwerken produziert, hatte Frankreich bereits demonstriert, nachzulesen in dem Buch »Das goldene Öl« von Marcel Perrot.[5] Auch die Stromerzeugung durch Lichtumwandlung (Photovoltaik) machte ab Mitte der 1950er Jahre erste Fortschritte. Zunächst war sie für die Raumfahrt entwickelt worden, wie in dem wegweisenden Buch von Wolfgang Palz über die Geschichte dieser Technologie rekapituliert wird.[6] Dass Strom mit von Wasser angetriebenen Turbinen produziert werden kann, war ohnehin Allgemeingut, denn die Geschichte der Stromproduktion begann mit vielen kleinen Wasserkraftwerken, bevor der Trend zu Großwasserkraftwerken mit immer größeren Stauseen einsetzte. Dezentrale Anlagen in Fließgewässern stellten längst ein großes Potenzial dar, das jedoch zunehmend vernachlässigt wurde. Auch für die Nutzung von Biogas gab es schon viele Beispiele, ebenso wie für Kraftstoffe aus Biomasse. Die technologischen Erfordernisse, um aus solchen Optionen ein zuverlässiges System der Stromversorgung zu machen, waren stets weniger komplex und aufwendig als bei der Atomenergie. Heute sind – trotz immer noch anhaltender Benachteiligung der erneuerbaren Energien in der staatlichen Forschungspolitik im Verhältnis zur Atomenergie – die technischen und wirtschaftlichen Möglichkeiten einer Umorientierung auf erneuerbare Energien so weit entwickelt, dass die vollständige Transformation der Energieversorgung ohne weitere Verzögerung zügig vorangetrieben und damit die atomare und fossile Epoche beendet werden kann.

Die auf fossile und Atomenergie gestützte Energieversorgung wurde im Laufe des 20. Jahrhunderts zum Leitbild der Energieversorgung. Zu diesem gehört die Fixierung auf Großkraftwerke und dafür ausgelegte Stromnetze. Leitbilder, denen mehrere Generationen gefolgt sind, werden zu Axiomen – d. h. zu Grundannahmen, die keines weiteren Beweises mehr bedürfen und deren Infragestellung tabuisiert wird. In der Wissenschaft wurde daraus ein Paradigma, das die Denkrichtung bestimmte und Widerspruch ausschloss. Der Konsens der Wissenschaft übertrug sich auf die Politik, die Wirtschaft und die Gesellschaft insgesamt. Er bestimmt Entscheidungen, die physische Gestalt annehmen und für breite Bevölkerungskreise zur Selbstverständlichkeit werden. Menschen versuchen gewöhnlich, die Welt über das zu verstehen, was sie sehen und was ihr Verhalten geprägt hat. Das Paradigma wird zum Weltbild, das das Denken und Handeln selbst dann noch unbewusst bestimmt, wenn es Alternativen gibt. Es hält sich umso hartnäckiger, wenn starke Interessen mit meinungsbildendem Einfluss unbedingt daran festhalten wollen. Das Ergebnis ist dann eine hermetische Sicht der Dinge mit beschränkter Außenwahrnehmung.

Das bekannteste historische Beispiel einer hartnäckigen Weltbildverhaftung ist das der katholischen Kirche gegenüber der Erkenntnis, dass sich die Erde um die Sonne dreht. Diese Entdeckung des Astronomen Nikolaus Kopernikus (1473–1543) widersprach dem geozentrischen Weltbild, das zum Glaubenssatz der Kirche geworden war, die die Erde als Zentrum des Universums und den Menschen als Zentralfigur der Schöpfung sah. Der Konflikt darüber entbrannte jedoch erst, als die neue heliozentrische Weltsicht von Galileo Galilei (1564 – 1642), dem berühmtesten Wissenschaftler seiner Zeit, bestätigt und öffentlich verbreitet wurde. Deshalb wurde er der Häresie beschuldigt. Es dauerte dreihundertsechzig Jahre, bis Galilei im Jahr 1992 von Papst Johannes Paul II. – nach einer dreizehn Jahre dauernden Untersuchung! – öffentlich rehabilitiert wurde, zu einem Zeitpunkt also, als das heliozentrische Weltbild längst Allgemeingut geworden war. Das Eingeständnis, dass die erneuerbaren Energien die durchgängige Perspektive für die Energieversorgung der Menschen sind, bedeutet eine kopernikanisch-galiläische Wende im Denken über Energie und in der Praxis der Energiebereitstellung. Die Negierung der erneuerbaren Energien und die Verketzerung ihrer Protagonisten hat nicht so lange gedauert wie bei Galilei. Sie wurde aber für die jüngere Weltentwicklung entschieden folgenreicher.

Auch die Verfechter der überkommenen Energieversorgung haben ihre Kurie, ihre Theologen und ein gut etabliertes Organisationsgefüge: Energiekonzerne, internationale Energieinstitutionen (Internationale Atomenergie-Agentur, Internationale Energie-Agentur, Nuclear Energy Agency, EURATOM) sowie nationale Institutionen. Diese monopolisierten jahrzehntelang die Energiediskussion und repräsentieren bis heute das überkommene Energiedenken. Die Umstellung auf erneuerbare Energien erfordert – schon aus physikalischen Gründen – ein neues Denken. Kein System der Energiebereitstellung – gemeint ist damit der technologische, organisatorische, finanzwirtschaftliche und politische Gesamtaufwand, um Energie verfügbar zu machen – kann neutral gegenüber seinen Energiequellen sein. Es wäre eine krasse Fehlentwicklung, die auf die fossilen und atomaren Energien zugeschnittenen Strukturen beizubehalten und innerhalb dieser lediglich die Energiequellen auszutauschen. Die jeweiligen technologischen, organisatorischen, finanziellen und politischen Anforderungen an eine Energiebereitstellung können nicht unabhängig von den jeweiligen Energiequellen gesehen und verstanden werden. Ohne energie-, technik- und wirtschaftssoziologische Sichtweise werden wir blind gegenüber den weit über die Energieversorgung hinausgehenden Unterschieden zwischen den Energiequellen. Wir haben nur eine Entscheidung: die über die Energiequelle selbst, die das »Gen« eines Energiesystems ist. Nach der Wahl der Energiequelle bestimmt indirekt diese, was alles zu tun ist, um sie verfügbar zu machen und zu halten. Unweigerlich muss dann den unterschiedlichen physikalisch-technischen Gesetzmäßigkeiten der jeweiligen Energiequelle gefolgt werden, entlang des gesamten Energieflusses vom Ort der Aneignung bis zu den Energiekonsumenten.

Die Adressaten jedweder Energiebereitstellung sind die Energiekonsumenten. Konsumiert wird letztlich immer dezentral – ob in größeren Mengen, etwa in einer Fabrik, in räumlicher Verdichtung, etwa in einer Großstadt, oder in vielen kleineren Formen und Mengen, im Haushalt oder Automobil. Dezentraler Energiekonsum ist die einzige zwingende Gemeinsamkeit der konventionellen mit einer erneuerbaren Energieversorgung. Die Primärressourcen atomarer und fossiler Energien finden wir an nur wenigen Plätzen des Globus, wo Kohle-, Uran-, Erdöl- und Erdgasreserven konzentriert unter der Erde liegen. Von dort werden diese Energien über lange Transportstrecken zu Kraftwerken und Raffinerien und zu Milliarden Energiekonsumenten an nahezu jedem Ort der Erde transportiert, wo Menschen arbeiten und leben: Es findet also eine Entkoppelung der Räume der Energieförderung von den Räumen des Energiekonsums statt. Diesen Energiefluss von den wenigen Förderplätzen in wenigen Ländern zu Milliarden Energiekonsumenten in aller Welt können nur große, transnational tätige oder kooperierende Energiekonzerne leisten. Und da es an keiner Stelle der Kette eine Unterbrechung geben darf, sind diese auf eine enge Zusammenarbeit mit Regierungen angewiesen – und umgekehrt. Daher sind Regierungen zum integralen Bestandteil der atomaren/fossilen Energiewirtschaft geworden. So entstand, in begrifflicher Analogie zum »politisch-militärischen Komplex«, der »politisch-energiewirtschaftliche Komplex«. Die konventionelle Energiewirtschaft konnte sich unverzichtbar machen und bleibt unverzichtbar, solange fossile und atomare Energien nicht durch erneuerbare Energien ersetzt sind. Sie hat die Gesellschaften angekettet und das Selbstverständnis einer »Hüterin der Volkswirtschaft« annektiert, während Regierungen zu »Hütern der Energiewirtschaft« wurden. Sie errang nicht nur eine bereits von ihren Energiequellen vorbestimmte Monopol- bzw. Oligopolstellung, sondern auch ein geistiges Monopol. Sie hat das Weltbild der Energieversorgung geprägt, das nicht aus einer Verschwörung entstand, sondern aus den inhärenten Erfordernissen der gewählten Energiequellen.

Dies ist auch der Grund, warum den erneuerbaren Energien – soweit sie nicht in die von den konventionellen Förderplätzen vorgegebene zentralisierte Energieversorgung passen wie die Großwasserkraftwerke – überall mit dem gleichen Unverständnis und den gleichen Vorbehalten mangelnder Effizienz begegnet wurde und noch wird. Obwohl auch die konventionelle Energiewirtschaft auf eine breite dezentrale Verteilung ausgerichtet sein muss, ist für sie die mit den erneuerbaren Energien entstehende breit gestreute dezentrale Erzeugung praktisch unvorstellbar. Die Primärenergie ist kostenlos, was Franz Alt, der weltweit für erneuerbare Energien engagierteste Journalist, mit dem Satz »Die Sonne schickt uns keine Rechnung« auf den Punkt gebracht hat. Niemand kann also erneuerbare Energien monopolisieren. Als natürliche Energieangebote sind sie vorhanden, ob wir sie aktiv nutzen oder nicht. Ihr Weltpotenzial ist unvorstellbar groß. Der Astrophysiker Klaus Fuhrmann hat vorgerechnet: Jede Sekunde wandelt die Sonne vier Mio. Tonnen Materie in Energie um und strahlt diese ab: 386.000.000.000.000.000.000.000 (386 Trilliarden) Watt pro Sekunde; ein halbes Milliardstel davon trifft unseren Planeten.[7] Dies sind täglich immer noch 20.000 Mal mehr als der derzeitige tägliche Energiebedarf der Menschen. Zweifel daran, dass dieses Potenzial für die Energieversorgung der Menschheit ausreichen könnte, sind lächerlich.

Als natürliche Umgebungsenergie sind die erneuerbaren Energien überall auf dem Erdball vorhanden, in allerdings unterschiedlicher Intensität. Sie ermöglichen eine dezentrale Energiegewinnung für dezentralen Energiekonsum, also das Zusammenfallen der Räume der Energiegewinnung mit denen der Energienutzung. Primärenergietransporte sind – außer bei der Bioenergie – weder nötig noch möglich. Es geht nicht mehr um die physikwissenschaftliche Ambition zu immer höherer »Energiedichte«, von den fossilen Energien hin zu der noch viel höheren der Kernspaltung und dann der höchsten der Kernfusion – als zwangläufige Folge der Aneignung und Umwandlung dieser Energie durch wenige zentralisierte Energieversorger und deren Veräußerung und Verteilung an alle. Mit erneuerbaren Energien wird es möglich, den umgekehrten Weg einzuschlagen: die Aneignung und Umwandlung von Energie potenziell durch alle und damit die umfassende Befreiung von existenziellen Abhängigkeiten. Es ist ein Weg von zunehmender energetischer Fremdbestimmung zu wachsender energetischer Selbstbestimmung, für Individuen und für Gesellschaften. Es ist ein Wechsel von der Desintegration der Menschen aus den Naturkreisläufen zu ihrer Re-Integrierung, von globalisierter struktureller Einfalt der Energiebereitstellung zu struktureller Vielfalt und zu einer neuartigen weltwirtschaftlichen Arbeitsteilung.

Für die Hochenergiephysiker ist das ein Rückschritt. Gleiches gilt für die Energiewirtschaft und die Energiepolitik, die sich von kleinen Kraftwerken und kommunalen Versorgungsstrukturen zu immer größeren entwickelt hat. Und nun soll es umgekehrt sein? Alle Kosten für erneuerbare Energien sind Technikkosten. Man muss ihre Aneignung aber nicht zentralisieren. Es muss also kein »upstream« organisiert werden, wie es in der Erdölsprache heißt, um sie anschließend im »downstream« auf Milliarden Menschen zu verteilen. Der Wechsel zu erneuerbaren Energien erfordert ein neues Energiedenken, das die Energieversorgung, samt der dafür notwendigen spezifischen Umwandlungs- und Bereitstellungstechnik und Nutzungs- und Unternehmensformen, auf viele Füße stellt. Nicht nur den mit den konventionellen Energiestrukturen verhafteten Interessengruppen fällt es schwer, die besondere Techno- und Sozio-Logik erneuerbarer Energien zu verstehen und ihr wahres Potenzial zu erkennen.

## B. Fehleinschätzungen:
### Die Hermetik konventionellen Energiedenkens

Die unbewusste oder bewusste Verhaftung im überkommenen Energiedenken ist der wesentliche Grund für zahlreiche wissenschaftliche und politische Fehleinschätzungen bezüglich erneuerbarer Energien. So erklärte Hans-Karl Schneider, der frühere Direktor des Energiewirtschaftlichen Instituts der Universität Köln, der auch eine Zeitlang Vorsitzender des »Sachverständigenrats der Bundesregierung zur Begutachtung der gesamtwirtschaftlichen Entwicklung« war, 1977: »Mehr als fünf Prozent sind bei Sonnenenergie, Windenergie, Erdwärme und anderen ›exotischen‹ Energien einfach nicht drin.« 1990 verlautbarte der »Informationskreis Kernenergie«, der von den deutschen Stromkonzernen finanziert wird: »1988 wurde in Dänemark fast jede hundertste Kilowattstunde aus Wind erzeugt – das entspricht einem Anteil von 0,9 Prozent am gesamten Stromverbrauch. Eine vergleichbar intensive Nutzung der Windkraft ist in der Bundesrepublik wegen anderer klimatischer Bedingungen nicht möglich«. 1993 hieß es in einer in allen großen Zeitungen veröffentlichten Anzeige der deutschen Stromwirtschaft: »Kann Deutschland aus der Kernenergie aussteigen? Ja. Die Folge wäre allerdings eine enorme Steigerung der Kohleverbrennung, mithin der Emissionen des Treibhausgases $CO_2$. Denn regenerative Energien wie Sonne, Wasser und Wind können auch langfristig nicht mehr als 4 Prozent unseres Strombedarfs decken. Können wir ein solches Vorgehen verantworten? Nein.«[8]

Im Juni 2005 erklärte die CDU-Vorsitzende Angela Merkel: »Den Anteil erneuerbarer Energien am Stromverbrauch auf 20 Prozent zu steigern, ist wenig realistisch.« Zwei Jahre später setzte sie, inzwischen Bundeskanzlerin, als Ratsvorsitzende der EU einen Beschluss durch, der bis 2020 einen Anteil von 20 Prozent erneuerbarer Energien am gesamten Energieverbrauch vorschreibt. 2006 behauptete Bundesumweltminister Sigmar Gabriel, gestützt auf Gutachten, dass der Anteil erneuerbarer Energien an der Stromversorgung bis 2025 nur bei maximal 27 Prozent liegen könne, was etwa dem Anteil der Atomenergie an der deutschen Stromversorgung entspricht. Drei Jahre später, im Wahlprogramm der SPD für die Bundestagswahl 2009, wurde gefordert, den Ausbau der erneuerbaren Energien zur Stromversorgung bis 2020 auf mindestens 35 Prozent und bis 2030 auf »mindestens die Hälfte« zu steigern. Der Mut zu erneuerbaren Energien war also in kurzer Zeit erheblich gestiegen.

Auch wissenschaftliche Prognosen haben durchgehend zu kurz gegriffen, selbst wenn sie von Verbänden für erneuerbare Energien kamen. 1990 prognostizierte die EWEA (European Wind Energy Association) für das Jahr 2000 eine installierte Windkraftkapazität in den damaligen fünfzehn EU-Mitgliedsländern von 4.089 MW – realisiert waren bis dahin aber schon 12.887 MW. 1998 legte sie eine neue Prognose vor und gab darin 36.378 MW Windkraft bis 2007 an, tatsächlich waren es dann aber schon 56.535 MW. Auch die Prognosen der EU-Kommission, die sich auf renommierte wissenschaftliche Institute stützt, lagen weit hinter der tatsächlich eingetretenen Entwicklung. 1996 veröffentlichte sie ein »baseline-scenario« und ein optimistischeres »advanced scenario«. In ersterem sprach sie von 6.799 MW installierter Windkraft-Kapazität in der »EU-15« bis zum Jahr 2007 und hatte damit eine Fehlerquote von 732 Prozent gegenüber dem dann bereits real erreichten Ausbau. In letzterem sprach sie von einem Anteil des Wind- und Solarstroms von 30.280 MW bis 2020 – ein Wert, der im Jahr 2008 mit realisierten 73.504 MW weit überschritten war. 1998 legte die EU-Kommission eine weitere Prognose vor, in der 47.100 MW Windkraft bis 2020 genannt wurden, was bereits im Jahr 2008 mit 64.173 MW übertroffen war. Für die solarthermische Energie wurden 10.440 MW bis 2020 angekündigt, was jedoch schon 2007 erreicht war.

Auch die Prognosen der Internationalen Energieagentur (IEA) hinken regelmäßig hinter der tatsächlichen Entwicklung her. So sagte sie 2002 in ihrem »World Energy Outlook« für die »EU-15« bis 2030 eine Windkraftkapazität von 71.000 MW voraus, die aber im Jahr 2009 erreicht war. Für die Photovoltaik prognostizierte sie bis 2020 eine Kapazität von 4000 MW – aber im Jahr 2008 waren es schon 9.331 MW. Weltweit sagte sie bis 2020 eine Windkraftkapazität von 100.000 MW voraus, die 2008 mit 121.188 MW längst übertroffen war. Der systematischen Unterschätzung erneuerbarer Energien stellt die IEA regelmäßig Überschätzungen fossiler Energien und der Atomenergie gegenüber. So erklärte sie im Jahr 2007, als der Preis für das Barrel Erdöl bei etwa 100 US-Dollar lag, dass sich bis zum Jahr 2030 der Ölpreis auf durchschnittlich 62 US-Dollar einpendeln werde. Zwei Jahre zuvor hatte sie noch einen Durchschnittspreis von 30 Dollar für die folgenden zwanzig Jahre angekündigt. Die IEA ist eine internationale Regierungsorganisation der OECD-Staaten, an deren »Expertise« sich Regierungen in ihren Entscheidungen ebenso orientieren wie investierende Unternehmen und Kreditinstitute; sie liegt auch zahlreichen energiewissenschaftlichen Veröffentlichungen zugrunde. Mit ihren Fehlprognosen hat sie in erheblichem Maße zu politischen Fehlentscheidungen, zu Fehlinvestitionen im Bereich konventioneller Energien und zu unterlassenen Entscheidungen für erneuerbare Energien beigetragen. Dennoch wird sie nach wie vor von den Regierungen – insbesondere von den Weltwirtschaftsgipfeln (G8 bzw. G20) – mit neuen Studien beauftragt.

Die zitierten Einschätzungen und Prognosen zum Nutzungspotenzial der erneuerbaren Energien zeigen, wie sehr sich gerade anerkannte Energieexperten blamiert haben. Entweder geschah dies, weil andere Ergebnisse nicht erwünscht waren, oder weil es außerhalb ihres Denkfeldes liegt, dass der Ausbau der erneuerbaren Energien mit dezentralen Anlagen völlig anders verläuft als die Investitionsplanung mit Großanlagen. Wenn nun neuere Prognosen von höheren Ausbauraten als bisher sprechen und diese wiederum als Grenze realer Möglichkeiten darstellen, müssen sie sich die Frage gefallen lassen, ob sie sich dabei nicht wiederum irren.

Selbst die Prognose des deutschen Bundesverbandes Erneuerbare Energien (BEE), der zu den aktiven Vorreitern gehört, ist zurückhaltender, als sie sein könnte. Sie nennt für das Jahr 2020 einen möglichen Anteil der erneuerbaren Energien an der deutschen Stromversorgung von 47 Prozent. Das bedeutet eine Verdreifachung des im Jahr 2009 erreichten Anteils von 17 Prozent innerhalb von zehn Jahren. Diese deutlich optimistischere Zahl wird – wie üblich – von vielen als unrealistisch eingestuft. Dabei lässt sich relativ einfach berechnen, warum der Anteil bis 2020 schon deutlich höher liegen könnte. Nehmen wir nur das Beispiel der Einführung der Windkraft, die zum Jahresende 2009 etwa 9 Prozent des deutschen Nettostromverbrauchs stellte, mit insgesamt 25.777 MW installierter Leistung aus 21.164 Anlagen.[9] Dies bedeutet eine Kapazität der Einzelanlagen von durchschnittlich 1,2 MW. Würde nur diese Zahl einzelner Anlagen leistungsverstärkt (»Repowering«), indem höher gestellte Anlagen zugelassen werden, um dadurch den Kapazitätsdurchschnitt der Anlagen auf etwa 2,5 MW anzuheben, so würde allein dadurch der Windkraftanteil an der Stromversorgung verdreifacht – von 9 auf 27 Prozent. Technisch spricht nichts dagegen, dass dies in kurzer Zeit realisiert werden könnte, und in wirtschaftlicher Hinsicht würden dadurch die Kosten für Windstrom sinken.

Aber selbst diese Zielmarke wäre kurzfristig noch weiter überbietbar, da die installierten Windkraftanlagen sehr ungleich über die Bundesländer verteilt sind. Dies liegt nicht in erster Linie an unterschiedlichen Windverhältnissen, sondern an den sehr unterschiedlichen politischen Genehmigungskriterien.

In der folgenden Tabelle wird die Zahl der installierten Anlagen mit der Flächengröße des jeweiligen Bundeslandes in Beziehung gesetzt. Das Ergebnis ist äußerst aufschlussreich: Die Bandbreite unter den Flächenländern reicht von einer Anlage pro 5,6 qkm Fläche in Schleswig-Holstein bis zu einer pro 183,7 qkm in Bayern. Der Anteil der Windkraft am Nettostromverbrauch der Bundesländer reicht von etwa 47 Prozent in Sachsen-Anhalt, 41 Prozent in Mecklenburg-Vorpommern, fast 40 Prozent in Schleswig-Holstein und 38 Prozent in Brandenburg – darunter mit Sachsen-Anhalt und Brandenburg zwei Binnenländer – bis zu nur 2 Prozent in Hessen, 0,8 Prozent in Bayern und Baden-Württemberg. Diese Unterschiede sind nur politisch erklärbar: In den schlusslichternden Bundesländern herrscht eine gezielte politische Verhinderungsplanung.

**Anteil des potenziellen Jahresenergieertrags aus Windkraftanlagen am Brutto-Nettostromverbrauch**

| Bundesland | Anzahl WKA bis 31.12.2009 | Inst. Leistung bis 31.12.2009 in MW | Anteil am Nettostrom-verbrauch in Prozent | qkm | Anzahl qkm pro WKA |
|---|---|---|---|---|---|
| Sachsen-Anhalt | 2.238 | 3.354,36 | 47,08 | 20.445 | 9,1 |
| Mecklenburg-Vorpommern | 1.336 | 1.497,90 | 41,29 | 23.180 | 17,3 |
| Schleswig-Holstein | 2.784 | 2.858,51 | 39,82 | 15.763 | 5,6 |
| Brandenburg | 2.853 | 4.170,36 | 38,12 | 29.470 | 10,3 |
| Niedersachsen | 5.268 | 6.407,19 | 22,78 | 47.618 | 9,0 |
| Thüringen | 559 | 717,38 | 11,04 | 16.172 | 29,0 |
| Sachsen | 800 | 900,92 | 7,75 | 18.413 | 23,0 |
| Rheinland-Pfalz | 1.021 | 1.300,98 | 7,40 | 19.853 | 19,4 |
| Nordrhein-Westfalen | 2.770 | 2.831,66 | 3,63 | 34.088 | 12,3 |
| Bremen | 60 | 94,60 | 3,02 | 400 | 6,7 |
| Hessen | 592 | 534,06 | 2,15 | 21.115 | 35,6 |
| Saarland | 67 | 82,60 | 1,67 | 2.569 | 38,3 |
| Bayern | 384 | 467,03 | 0,83 | 70.549 | 183,7 |
| Baden-Württemberg | 360 | 451,78 | 0,81 | 35.753 | 99,3 |
| Hamburg | 59 | 45,68 | 0,54 | 755 | 12,8 |
| Berlin | 1 | 2,00 | 0,03 | 892 | 892,0 |
| **Bundesrepublik Deutschland** | **21.164** | **25.777,01** | **8,63** | **357.112** | **16,9** |

Wenn alle Bundesländer in den vergangenen Jahren die gleiche Genehmigungspraxis gehabt hätten wie Sachsen-Anhalt mit einer Anlagendichte von einer Anlage pro 9,1 qkm, so könnten in Deutschland im Jahr 2009 statt 21.164 bereits 37.000 Windkraftanlagen mit einer installierten Leistung – bei einem Kapazitätsdurchschnitt von 1,2 MW – von 44.000 MW stehen. Der Anteil der Windkraft am Nettostromverbrauch läge bei 16 statt nur neun Prozent! Mehr noch: Würde die bisher behinderte Entwicklung in den zurückliegenden Ländern in den nächsten zehn Jahren nachgeholt, und dies gleich mit einem Kapazitätsdurchschnitt von 2,5 MW, so würde sich daraus – bei gleichzeitig vorgenommener Kapazitätsanhebung der bereits installierten Anlagen – ein Anteil der Windkraft an der Stromversorgung von fast 50 Prozent ergeben. Zusammen mit dem bis dahin weiter anwachsenden Potenzial an Solarstrom sowie Strom aus Biogas und geothermischer Energie, einem wachsenden Anteil von Kleinwindkraftanlagen neben und auf Gebäuden (wofür es eine Reihe neuer, aktuell in den Markt drängender Anlagentechniken gibt) und – nicht zu vergessen – einer Steigerung des Anteils an Kleinwasserkraftanlagen bedeutet das: Die Steigerung des Anteils erneuerbarer Energien von 16 auf weit über 60 Prozent der Stromversorgung allein innerhalb eines Jahrzehnts ist keine Utopie, sondern eine greifbare Möglichkeit. Der Anteil erneuerbarer Energien am gesamten Energieverbrauch in Deutschland würde allein damit von gegenwärtig zehn auf 40 Prozent ansteigen. Wenn gleichzeitig eine generelle Steigerung der Energieeffizienz um etwa 30 Prozent innerhalb von zehn Jahren eingeleitet wird, könnte der Anteil erneuerbarer Energien am Stromverbrauch bereits auf über 70 Prozent anwachsen. Eine volle Umstellung der Energieversorgung könnte dann unschwer bis 2030 folgen. Die Anstrengung dafür– und die für diesen Ausbau der Windkraft oft unterstellte ästhetische Zumutung – ist deutlich geringer als die Zumutung für die Gesellschaft, wenn stattdessen weiter auf Atomkraft oder auf Kohlekraftwerke gesetzt wird.

### Affirmativer Expertenpessimismus

Bei neuen Technologien sind später unglaublich klingende Einschätzungsfehler nicht ungewöhnlich. Sie gehören zur Politik-, Wirtschafts- und Technologiegeschichte und drücken einen Pessimismus aus, der für Experten konventioneller Ansätze typisch ist. 1878 erklärte die Western Union, die seinerzeit größte US-amerikanische Telekommunikationsgesellschaft: »Das Telefon hat zu viele ernsthaft zu bedenkende Mängel für ein Kommunikationsmittel. Das Gerät ist von Natur aus von keinem Wert für uns.« Lord Kelvin, Präsident der britischen Royal Society, erklärte 1895, dass niemand Flugmaschinen konstruieren könne, die schwerer seien als Luft. Harry M. Warner, einer der größten Filmproduzenten der USA, meinte 1927 zur Tonfilmtechnik: »Wer zur Hölle will die Schauspieler sprechen hören?« Ken Olsen, Chef der Digital Equipment Corporation (DEC), einer der ersten großen Computerfirmen in den USA, sagte 1977: »Es gibt keinen Grund für irgendein Individuum, einen Computer zu Hause haben zu wollen.« 1982 lehnte IBM, seinerzeit noch das führende Weltunternehmen für Informationstechnologien, den Kauf des noch jungen Unternehmens Microsoft ab, weil dieses nicht die geforderten 100 Mio. Dollar wert sei; IBM war der festen Überzeugung, die Computerzukunft liege in Zentralrechnern. Die weltweit bekannte Beratungsfirma McKinsey prognostizierte 1980 im Auftrag des US-Telekommunikationskonzerns ATT, dass es bis zum Jahr 2000 in den USA nur 0,9 Mio. Mobiltelefone geben werde; tatsächlich waren es zu diesem Zeitpunkt schon 109 Mio. Alle Automobilkonzerne haben bis weit über das Jahr 2000 hinaus die Bedeutung des Elektroautos verkannt und bereiten sich erst seit kurzem eilig darauf vor, diese Automobiltechnik in die Serienproduktion zu bringen. Derartige Irrtümer resultieren aus strukturkonservativem Denken, Tunnelblicken anerkannter Experten und der Fehleinschätzung menschlicher Bedürfnisse. Nicht zuletzt entstehen sie aus einer Unterschätzung der Marktdynamik, wenn die Einführung einer Technologie nicht von wenigen Großabnehmern abhängig ist, sondern über zahllose Nachfrager erfolgt, die deren Gebrauchswert für sich selbst erkennen.

## C. 100 Prozent-Szenarien: Von technischen Möglichkeiten zu Strategien

Als EUROSOLAR bei seiner Gründung 1988 das »solare Energiezeitalter«, in dem nur noch erneuerbare Energien genutzt werden, als »reale Vision« für das 21. Jahrhundert zum Ziel erklärte, galt das noch als verstiegener Traum. Ein Bundestagsabgeordneter, der der Partei der Grünen angehörte und als einer ihrer Vordenker galt, wunderte sich mit den Worten, dass nach seinem Wissen mehr als zehn Prozent kaum möglich seien. Als EUROSOLAR 1995 in Bonn ein Symposium über Ansätze einer Vollversorgung mit erneuerbaren Energien durchführte, war eine solche Veranstaltung noch ein Novum. Doch gab es zu diesem Zeitpunkt längst eine Reihe wissenschaftlicher Szenarien, die diese Möglichkeit detailliert darstellten. Das erste »100 Prozent-Szenario«, das die Möglichkeit einer vollständigen Energieversorgung aus erneuerbaren Energien beleuchtet, wurde bereits 1975 für Schweden erstellt (»Solar Sweden«), weitere folgten 1978 für Frankreich (ohne Zieljahr), 1980 für die USA mit dem Zieljahr 2050, 1982 für Westeuropa mit dem Zieljahr 2100 und 1983 für Dänemark für 2030. Im Auftrag des Deutschen Bundestages erstellte Harry Lehmann 2002 ein Szenario, das eine Energieversorgung beschreibt, die 2050 zu 95 Prozent auf erneuerbaren Energien gründet.[10] EUROSOLAR erstellte 2007 eine Studie, wie im Bundesland Hessen bis 2025 eine vollständige Stromversorgung durch erneuerbare Energien erreicht werden könne. Keines dieser Szenarien wurde jedoch öffentlich wahrgenommen, selbst wenn sie – wie 1980 in den USA – von Regierungsorganisationen (wie in diesem Fall von der Federal Emergency Management Agency, FEMA) veröffentlicht und mit Hilfe der Union of Concerned Scientists, einer unabhängigen Wissenschaftsorganisation mit zahlreichen Nobelpreisträgern unter ihren Mitgliedern, erstellt wurde. Im Mainstream der Energiediskussion waren solche Szenarien tabu. Selbst ein deutscher Greenpeace-Vertreter antwortete mir noch im Jahr 2006 auf die Frage, warum seine Organisation sich in ihren Veröffentlichungen nicht auf solche Szenarien beziehe: »Wir wollen ernst genommen werden.« Mittlerweile veröffentlicht Greenpeace selbst 100 Prozent-Szenarien.

Erst neuerdings werden solche Szenarien häufiger erstellt und etwas stärker beachtet, so das im April 2010 von der Beratungsfirma McKinsey erstellte und von der *European Climate Foundation* (ECF) veröffentlichte Szenario, in dem eine Vollversorgung Europas mit erneuerbaren Energien bis 2050 skizziert ist. Es kommt zum Ergebnis, dass diese nicht mehr Energiekosten verursachen würde als das gegenwärtige Energiesystem.[11]

Für Deutschland sind aktuell mehrere unterschiedliche 100 Prozent-Szenarien vorgestellt worden. Der *Sachverständigenrat der Bun-*

*desregierung für Umweltfragen* (SRU) stellte im Mai 2010 – bezogen auf die Stromversorgung – drei verschiedene realisierbare Optionen mit dem Zieljahr 2050 vor:[12] Die erste stützt sich allein auf nationale Quellen und wird als die kostspieligste bewertet, was vor allem mit dem Mangel an Speicherpotenzialen begründet wird, wobei allerdings nur Druckluft- und Pumpwasserspeicher in Betracht gezogen werden. Die zweite Option bezieht sich auf einen deutsch-dänisch-norwegischen Stromverbund, in dem die norwegische Wasserkraft eine Schlüsselrolle als Reserve- und Ausgleichsenergie spielt, dafür müssten die Übertragungskapazitäten von gegenwärtig 1000 MW auf 16.000 MW bis zum Jahr 2020 und auf 46.000 MW bis zum Jahr 2050 ausgebaut werden; eine dritte Option setzt auf die Einbeziehung von Solarstrom aus Nordafrika (siehe dazu das 3. Kapitel).

Ebenfalls mit dem Zieljahr 2050 hat der deutsche *Forschungs-Verbund Erneuerbare Energien* im Juni ein Gesamtkonzept für eine Energieversorgung ausschließlich mit erneuerbaren Energien vorgestellt.[13] Bei der Stromversorgung geht das Konzept von einer europäischen Stromvernetzung aus. Für den Verkehrsbereich nimmt es eine weitgehende Umstellung auf Elektromobilität an, und für den Schiffs- und Flugverkehr die Umstellung auf synthetische Kraftstoffe aus erneuerbaren Energien, während es für die Wärmeversorgung vor allem solarthermische Kollektoren zugrunde legt. Auch der Forschungs-Verbund kommt zu dem Ergebnis, dass die Vollversorgung mit erneuerbaren Energien im »Energiesystem 2050« nicht teurer werde als die gegenwärtige Energieversorgung. Es könnten sogar »allein in den Sektoren Strom und Wärme Kosten von insgesamt 730 Mrd. EUR eingespart« werden.

Das deutsche *Umweltbundesamt* kommt in seinem »Energieziel 2050«[14] – bezogen auf die Stromversorgung – ebenfalls zum Ergebnis, dass eine »vollständige auf erneuerbaren Energien beruhende Stromversorgung im Jahr 2050 in Deutschland als hoch entwickeltem Industrieland mit heutigem Lebensstil, Konsum- und Verhaltensmuster technisch möglich ist.« Es stellt dafür drei verschiedene Optionen vor: »Regionenverbund«, »Internationale Großtechnik« und »Lokal-Autark«. Die volle Umstellung der Stromversorgung wird wiederum als

»ökonomisch vorteilhaft« gewertet. Sie führe zu geringeren Kosten als diejenigen, »die bei einem ungebremsten Klimawandel auf uns und künftige Generationen zukommen würden«. Im Zentrum der Betrachtung steht der »Regionenverbund«, der im Wesentlichen aus dem Ausschöpfen der regionalen Potenziale erneuerbarer Energien besteht. Der angenommene Strombedarf von 687 Mrd. Kilowattstunden im Jahr 2050 würde darin zu 36 Prozent aus Photovoltaik gedeckt, zu je 26 Prozent aus Windstrom an Land und auf See, zu 3,5 Prozent aus Wasserkraft, zu 7 Prozent aus geothermischer Energie und zu ebenfalls 3,5 Prozent aus Abfallbiomasse. Als Maßnahmen werden die Stärkung des Emissionshandels vorgeschlagen, die stärkere Ausrichtung der Energiebesteuerung an den $CO_2$-Emissionen und die Förderung der Markt- und Systemintegration erneuerbarer Energien.

100 Prozent-Initiativen gibt es zunehmend bereits in *Städten und Landkreisen.* Einen Überblick vermittelt das Buch von Peter Droege »100 Prozent Renewable Energy«, das solche Konzepte für große Städte wie München oder für neue Städte wie Masdar City im arabischen Emirat Abu Dhabi enthält.[15] Ein Überblick über regionale Initiativen findet sich auch in dem vom Bundesarbeitskreis für umweltbewusstes Management (BAUM) herausgegebenen Buch »Auf dem Weg zu 100 Prozent-Regionen«.[16] All dies belegt klar, bei allen Unterschieden im Detail und auch der Konsistenz: Was für einzelne Länder, auch hochindustrialisierte, als Möglichkeit konkret beschrieben wird, ist prinzipiell überall möglich. Dies gilt umso mehr, als fast alle Szenarien und praktischen Konzepte zeigen, dass sie das breite Spektrum aller Optionen erneuerbarer Energien nicht im vollen bereits möglichen Umfang berücksichtigt haben, weil dies die Berechnungen kompliziert hätte.

Ein auf die gesamte Welt bezogenes 100 Prozent-Szenario wurde 2009 in der Zeitschrift »Scientific American« von Mark Z. Jacobson von der Stanford University und Mark A. Delucchi von der University of California unter dem Titel »Plan for a Sustainable Future« veröffentlicht[17]. Es zielt auf eine vollständige Umstellung bis zum Jahr 2030. Dafür seien etwa 3,8 Mio. Windkraftanlagen mit jeweils 5 MW Kapazität; 490.000 Gezeitenkraftwerke zu je 1 MW; 5350 geothermische

Kraftwerke zu je 100 MW; 900 große Wasserkraftwerke zu je 1.300 MW (wovon bereits 70Prozent existieren), 720.000 Wellenkraftwerke zu je 0,75 MW sowie 1,7 Mrd. Photovoltaikanlagen auf Dächern zu je 3 KW, 40.000 Photovoltaik-Kraftwerke zu je 300 MW und 49.000 solarthermische Kraftwerke zu je 300 MW erforderlich. Der Weltenergiebedarf im Jahr 2030 wird mit 16,9 TW veranschlagt, wenn er mit konventionellen Energien gedeckt würde – aber nur mit 11,5 TW unter der Bedingung erneuerbarer Energien, weil diese deutliche Effizienzvorteile haben, z.B. durch die Vermeidung von Energieverlusten bei Elektromobilen. Die Kosten pro Kilowattstunde wären im Vergleich zu den Kosten fossiler oder atomarer Energiebereitstellung niedriger. Die Bioenergie wird von Jacobson und Delucchi als Option ausgeschlossen, aufgrund ökologischer Befürchtungen für die landwirtschaftlichen Strukturen und wegen der anfallenden Emissionen. Als politisches Handlungsinstrument empfehlen sie ein »feed-in-tariff«-Konzept, wie es vor allem in Deutschland (und gegenwärtig etwa 50 anderen Ländern) praktiziert wird. Die wichtigste Aussage dieses Weltszenarios ist, dass die dafür aufzubringenden Investitionskosten bei 100 Billionen US-Dollar liegen würden. Diese Summe wird mit den weltweiten Ausgaben für Brennstoffe, Kraftstoffe und Strom verglichen, die im Jahr 2009 nach unterschiedlichen Schätzungen zwischen 5,5 und 7,75 Billionen US-Dollar lagen. Das bedeutet: Der Energiewechsel ist selbst dann die »wirtschaftlichere« Lösung, wenn nur die direkten Energiekosten konventioneller Energien berechnet werden und die externen Kosten in Form von Klima-, Umwelt- und Gesundheitsschäden außer Betracht bleiben.

Gleiches gilt für die im Juni 2010 von *Greenpeace* vorgelegte Studie »energy (r)evolution«[18]. Sie nimmt bis 2050 einen Weltbedarf von jährlich 13,2 TW an, der zu 95 Prozent von erneubaren Energien gedeckt würde. Der größte Beitrag unter den erneuerbaren Energien wird der Windkraft (24,7Prozent) zugerechnet, gefolgt von solarthermischen Kraftwerken (20,5 Prozent), photovoltaisch erzeugtem Strom (15 Prozent), Wasserkraft (11,6 Prozent), geothermischer Energie (9,7 ), Meeresenergie (4,4 Prozent) und Bioenergie (4,2 Prozent). Als Maßnahmen empfiehlt die Greenpeace-Studie Einspeisegesetze, die flexiblen Instrumente des Emissionshandels und die Beendigung der Energiesubventionen für fossile Energien und Atomenergie.

Man darf keines der Szenarien wörtlich nehmen, als würde oder könnte es so wie beschrieben – also 1:1 – realisiert werden. Die Prognostizierung der jeweiligen Prozentanteile erneuerbarer Energien, teilweise bis auf Ziffern nach dem Komma und über Zeiträume von mehreren Jahrzehnten hinweg, ist weder möglich noch nötig. Niemand kann die Kostenentwicklung, geschweige denn die Preisentwicklung der jeweiligen Technologien über so lange Zeiträume voraussagen, weil man deren Produktivitätskurve und Technologiesprünge und vor allem die potenziellen Akteure und ihre Motive nicht kennen kann. Niemand kann Investorenmotive nur nach technischen oder Kostenaspekten bewerten. Und niemand kann politische Entwicklungen voraussagen, die den Wechsel zu erneuerbaren Energien begünstigen oder erschweren, in eine dezentrale oder in eine zentralisierte Richtung lenken. Ebenso wenig liefern Szenarien Hilfestellung, wie Widerstände überwunden und Widersprüche zwischen verschiedenen Handlungsempfehlungen vermieden werden können. Mit anderen Worten: Szenarien sind kein Ersatz für politische Zielfindung und darauf bezogenes Handeln. Sicher ist, dass das Mischungsverhältnis der erneuerbaren Energien anders aussehen wird, als jedes Szenario vorhersagen kann.

Nicht alle eingeführten Anlagen werden überdies den jeweils – der Einfachheit und Berechenbarkeit halber – errechneten Kapazitätsgrößen entsprechen. Eine Reihe von technischen Optionen bleibt deshalb auch in allen Großszenarien unberücksichtigt. Vor allem bleiben in allen auf ganze Staaten, auf Europa oder auf die Welt insgesamt bezogenen Szenarien die potenziell zahllosen Kleinanlagen außer Betracht, ob für Solarstrom, Windstrom, Wasserstrom, geothermische Energienutzung oder Anlagen für die kombinierte Erzeugung von Strom, Wärme und Kühlung – und ebenso die Potenziale integrierter Energiegewinnung in Gebäuden und Geräten und unterschiedlicher Speichermethoden. Sie sind aber diejenigen, die am schnellsten und sehr breit – weil unabhängig nutzbar – realisiert werden können und daher für den kulturellen Wandel der Energieversorgung stehen. Auffallend ist deshalb, dass die meisten auf ganze Länder bezogenen neueren Szenarien demgegenüber einen großräumigen internationalisierten Netzverbund vorsehen – mit Ausnahme des Szenarios »Regionenverbund« und »Lokal-Autark« des Umweltbundesamts und einer von drei vorgestellten Optionen des deutschen Sachverständigenrats für Umweltfragen. Ganz im Gegensatz zu Großverbundentwürfen stehen die kommunalen und regionalen 100 Prozent-Entwürfe und Initiativen, die bereits mitten in der praktischen Umsetzung sind.

Wie also ein alle Energiebedürfnisse erfassender Wechsel zu erneuerbaren Energien tatsächlich realisiert wird – d. h. mit welchen Anteilen der jeweils zur Verfügung stehenden Technikoptionen, in welchen Kapazitätsgrößen und in welchem Land oder welcher Region – wird und kann sich erst im konkret praktizierten Energiewechsel herauskristallisieren. Der Vollzug des Energiewechsels wird jeweils von Land zu Land, von Region zu Region anders sein, je nach politischen, geografischen, wirtschaftlichen und kulturellen Bedingungen. Alle Szenarien sind deshalb auf ihre Art Glasperlenspiele. Ihr Stellenwert ist ein anderer: Sie zeigen die prinzipielle technische und wirtschaftliche Realisierbarkeit einer Vollversorgung mit erneuerbaren Energien auf. Die praktische Realisierung selbst kann dann dank der wachsenden Vielfalt der Technologien und deren Produktivitätssteigerung nur noch günstiger und vor allem vielfältiger ausfallen.

Damit sind solche Szenarien realistischer als diejenigen, die sogar von öffentlichen Institutionen – Forschungszentren und internationalen Energieorganisationen wie der IEA – für fossile Energien und die Atomenergie bis heute vorgelegt werden: Szenarien etwa, in denen fossile Energiereserven in Größenordnungen angenommen werden, für die es keine empirischen Belege gibt. Die zum Beispiel Atomanlagen wie den »Schnellen Brüter« in Zukunftsprojektionen einbeziehen, obwohl es bis heute keinen operationsfähigen Reaktor dieser Art gibt. Oder wenn, wie bereits erwähnt, die IEA den Bau neuer Atomreaktoren empfiehlt – ohne angeben zu können, woher die dafür erforderlichen Uranmengen kommen könnten und wie eine auf Dauer gesicherte Endlagerung der anfallenden gigantischen Atommüllmengen gewährleistet werden kann. Die von der IEA am 1. Juli 2010 veröffentlichten »Energy Technology Perspectives 2010« gehen sogar so weit, für die Weltenergieversorgung des Jahres 2050 einen Anteil von 19 Prozent durch CCS-Ansätze – mit weltweit 3000 Kraftwerken – zu prognostizieren, obwohl höchste Zweifel an der politischen und wirtschaftlichen Umsetzbarkeit dieser Technik bestehen. Und die Kernfusion, an der mit einem uferlosen Milliardenaufwand gearbeitet wird? Niemand weiß, ob sie jemals funktionieren wird, über ihre Risiken wird geschwiegen, und selbst ihre Befürworter sagen, dass sie nicht vor Mitte des 21. Jahrhunderts zur Verfügung stehen kann. Zu diesem Zeitpunkt muss der Wechsel zu erneuerbaren Energien längst vollzogen sein. Die Kernfusion ist die Resthoffnung des alten Energiedenkens, das die Weltzivilisation in eine schon fast ausweglos scheinende Situation geführt hat.

Die Uhr der unterirdischen, in Kohle und Uran, Erdöl und Erdgas gebundenen Energien läuft unweigerlich ab. Die Stunde schlägt für die oberirdischen erneuerbaren Energien. Deren vorhandenes Potenzial war vor hundert, tausend oder zehntausend Jahren schon genauso groß wie jetzt, und es wird in zehn, fünfzig, hundert oder wesentlich mehr Jahren nicht größer. Um das fossile und atomare Zeitalter schnell hinter uns zu lassen, sind 100 Prozent-Szenarien eine gedankliche Hilfestellung. Einen Plan oder gar eine Strategie liefern sie nicht. Auch das Buch »Wir haben die Wahl« von Al Gore, das den Untertitel »Ein Plan zur Lösung der Klimakrise« trägt, erfüllt die damit geweckten Erwartungen nicht. Es enthält einen anschaulichen Überblick über alle Energiequellen mit klarer Favorisierung der erneuerbaren Energien und fokussiert seine Handlungsempfehlungen auf eine $CO_2$-Steuer und den Handel mit Emissionszertifikaten.[19] Für die Realisierung des Energiewechsels geben solche Skizzen nicht viel her. Die Frage, *wie* und *von wem* er realisiert werden könnte, wird nicht beantwortet. Um einen politischen Plan durchzusetzen, bedarf es jedoch strategischer Kompetenz für die Auseinandersetzung mit konterkarierenden Interessen und Strukturen.

## D. Strukturkonflikt:
### Das Spannungsverhältnis zwischen konträren Energiesystemen

Die Systemdifferenz ist der dritte große Unterschied zwischen konventionellen und erneuerbaren Energien, neben dem Unterschied zwischen nur noch begrenzter und dauerhafter Verfügbarkeit und dem zwischen Emissionen einerseits und Nullemissionen andererseits. Sie ist objektiver Natur und darf deshalb nicht aus subjektiven Gründen der Konfliktvermeidung verwischt oder aus Gedankenlosigkeit unbedacht bleiben. Die mangelnde Beachtung dieser Systemdifferenz führt zu schweren strategischen Denkfehlern.

Dazu gehört der Denkfehler, dass der Bann der Energiewirtschaft gegen erneuerbare Energien gebrochen wäre, sobald diese »wettbewerbsfähig« seien oder gar kostengünstiger produzierten. Dies ist jedoch ein systemischer Irrtum. Das konventionelle Energiesystem ist entlang des von ihm organisierten Energieflusses organisiert. Wenn aus diesem das wichtigste einzelne Element – das Kraftwerk – herausgenommen und durch eine Stromproduktion aus erneuerbarer Energie ersetzt wird, hat das unmittelbare Auswirkungen auf die diesem Kraftwerk vor- und nachgelagerten Einrichtungen. Die zuvor eingesetzte Primärenergie muss einen anderen Abnehmer finden oder wird gar nicht mehr nachgefragt. Das hat Auswirkungen auf die Primärenergiepreise und auf die Wirtschaftlichkeit der Transportinfrastrukturen. Gleiches gilt für den nachgelagerten Bereich, vor allem für das auf die Kraftwerkstandorte zugeschnittene Stromübertragungsnetz. Fällt ein Standort aus, weil der alternative Strom an anderer Stelle produziert werden kann, wird auch ein Teil des bestehenden Übertragungsnetzes überflüssig. Strom aus erneuerbaren Energien wird aber praktisch nie an denselben Standorten produziert wie konventionell erzeugter Strom, sondern in der Regel an vielen Standorten in kleinen Produktionseinheiten.

Ob, wann und wie also ein Energiekonzern herkömmliche Energieangebote durch erneuerbare Energien ersetzen wird, ergibt sich nicht in erster Linie aus einer isolierten Kostenbetrachtung der Stromerzeugung. Die Entscheidungskriterien der Energiekonzerne haben andere Hintergründe. Sie erklären, warum z. B. ein Energiekonzern, der Kohlekraftwerke betreibt, zugleich im Kohlebergbau tätig ist (sich also selbst mit Brennstoffen beliefert) und auch noch Eigentümer des Übertragungsnetzes ist, sich gegenüber erneuerbaren Energien zögerlich verhalten wird, weil sie das eingespielte System stören. Wenn dieser Energiekonzern dennoch in erneuerbare Energien investiert, dann vorzugsweise außerhalb seines Bezugssystems. Der deutsche Stromkonzern E.ON investiert in Windkraftprojekte in Großbritannien statt in Deutschland, weil er so seine angestammten Kreise nicht stört. Er verhält sich systemlogisch, ebenso wie es auch andere Stromkonzerne tun.

Mit anderen Worten: Die Stromerzeugungskosten oder auch die Brennstoffkosten für herkömmliche Energien sind für einen Stromkonzern nicht die einzigen Entscheidungskriterien, und nicht einmal die unbedingt wichtigsten. Entscheidend sind die jeweiligen Systemkosten des Unternehmens. Gleiches gilt für den Kraftstoffsektor: Benzin, Diesel und Kerosin werden in Ölraffinerien produziert. Die jeweiligen Derivate dieser Produktionssegmente stellen Sekundärstoffe dar, die etwa für die Produktion von Schmierölen, Düngemitteln und Kunststoffen genutzt werden. Fällt eines dieser Nebenprodukte aus der Verwertung, wird es zu Abfall. Solche internen Rückkopplungen erklären die geringe Flexibilität des etablierten Energiesystems gegenüber Substituten durch andere Anbieter, die den Betrieb stören. Die Energiekonzerne sind Gefangene ihres eigenen Systems. Ihr spezifisches Problem stellen sie jedoch gern als allgemeines dar, indem sie ihre Unternehmensratio zur volkswirtschaftlichen oder gesellschaftlichen Rationalität verklären. Sie sehen die Einführung erneuerbarer Energien aus ihrem Blickwinkel, aber nicht aus dem des gesellschaftlichen Gesamtinteresses. Wenn sie sich daher auf erneuerbare Energien zubewegen, dann nur in dem Maße, wie sie das eingespielte System nicht durcheinander bringen. Erneuerbare Energien sind dann zunächst nur Ersatz oder Ergänzung. Der systemische »worst case« für die etablierten Energiekonzerne trifft ein, wenn der Durchbruch zu erneuerbaren Energien durch andere schnell und auf breiter Front erfolgt, so dass ihnen das Geschehen aus den Händen gleitet. Um nicht abgehängt zu werden, sind sie deshalb aktuell zu Eigenaktivitäten für erneuerbare Energien gezwungen, werden dabei aber immer für sie »systemgerechte« Ansätze bevorzugen.

Wie bedrohlich der Wechsel zu erneuerbaren Energien für die Energiekonzerne ist, kann jeder ermessen, der sich konkret vor Augen führt, was geschieht, sobald dieser an Fahrt gewinnt. Jeder kann sich selbst die Frage beantworten, für wen die jeweilige Entwicklung vorteilhaft oder nachteilig ist. Es ist ein Wechsel

- von Importenergie zu »heimischer Energie«, in allen Energieimportländern, wozu die Mehrzahl der Länder gehört;
- von kommerzieller zu nichtkommerzieller Primärenergie, die weder gefördert noch aufbereitet werden muss und außerdem nichts kostet;
- von einer teilweise über den halben Erdball reichenden Transportinfrastruktur für die Lieferung von Primärenergie (Pipelines, Schiffe, Züge, Tankwagen) zu einer Primärenergie, die keine Transportinfrastruktur braucht;
- von konventionellen Energiespeichern zu neuen Speicherformen für die bereits in Strom und Wärme umgewandelten erneuerbaren Energien;
- von wenigen Großkraftwerken zu zahlreichen Kraftwerken an vielen Standorten, und damit von wenigen Anbietern und konzentrierter Kapitalakkumulation zu vielen Anbietern, breit gestreuter Kapitalbildung und Wertschöpfung;
- von vielen Hochspannungsleitungen, ausgehend von Großkraftwerken, zu einer Netzstruktur, die von regional breit gestreuten Produktionseinheiten ausgehen muss;
- von der gegebenen Energielieferwirtschaft zur Produktion von Technologien, um erneuerbare Energien ernten, umwandeln und nutzen zu können.

Die einzige Ausnahme bildet die Bioenergie, weil hier die Primärenergie produziert, aufbereitet und bezahlt werden muss, was sowohl im klein- wie im großunternehmerischen Format denkbar ist. Auch hier werden sich jedoch Lieferströme bzw. Bereitstellungsketten grundlegend von denen der fossilen Energien unterscheiden.

Das konventionelle Energiesystem musste aufgrund der im globalen Maßstab notwendig gewordenen Entkoppelung von Energieförderung und Energieverbrauch zwangsläufig zu einem Reservat von Großunternehmen werden, die sich aus Gründen eigener Systemerhaltung immer mehr internationalisieren. Sie folgen damit der Systemlogik der konventionellen Energiequellen – ob als Importeur oder als Exporteur. Mit dem Wechsel zu erneuerbaren Energien werden fast alle Elemente des bisherigen Systems nach und nach funktionslos, mit den Zwischenstadien sinkender Kapazitätsauslastung. Der Wechsel zu erneuerbaren Energien geht zu Lasten der bisherigen Energiewirtschaft und von deren Zulieferern, weil deren herkömmliche Systemelemente Zug um Zug unwirtschaftlich werden. Einen Zeitpunkt, an dem ihre Anlagen gleichzeitig abgeschrieben sind, gibt es nicht einmal theoretisch. Bereits Abgeschriebenes oder Veraltetes steht neben Neuinvestitionen.

Ein schneller Energiewechsel, der objektiv möglich ist, erscheint konventionellen Energiekonzernen deshalb unmöglich – und ist es aus ihrer Sicht auch, wenn sie Kapitalvernichtung vermeiden wollen. Deshalb versuchen sie, den Wechsel zu erneuerbaren Energien entweder zu verhindern oder zu verschleppen und in jedem Fall unter ihre Kontrolle zu bringen. Weil sie selbst behindert sind, behindern sie andere. Sie folgen einer konzernwirtschaftlichen Ratio, die weder eine industriewirtschaftliche noch eine volkswirtschaftliche oder gesellschaftliche Rationalität sein kann. Sie sind die Verlierer des schnellen Energiewechsels – es sei denn, sie wären zu einer radikalen Selbstreform an Haupt und Gliedern unter Inkaufnahme schwerwiegender aktueller Verluste fähig und bereit. Aber welches Konzernsystem war dazu je in der Lage – zumal, wenn es mit so vielen räumlich weit auseinander liegenden Systemelementen verkettet ist? Dass ein Stromkonzern – wenn schon, denn schon – solare Großkraftwerke oder große Windparks auf hoher See vorzieht, kann daher nicht überraschen. Er wird das damit begründen, dass dies der »wirtschaftlichere« Ansatz sei. Aber wirtschaftlich für wen? Diese Vorlieben haben systemische Gründe und nicht allgemeingültig wirtschaftliche. Welche Technologie der erneuerbaren Energien – und damit welche ihrer Quellen – die wirtschaftlichere ist, hängt immer mit von deren Anwendungszweck und den Systembedingungen des Investors ab.

Der Wechsel zu erneuerbaren Energien ist also unweigerlich ein Konflikt zwischen zwei unterschiedlich funktionierenden Energiesystemen. Erneuerbare Energien erfordern andere Techniken, Anwendungen, Standorte, Infrastrukturen, Kalkulationen, industrielle Schwerpunkte, Unternehmensformen, Eigentumsverhältnisse und vor allem andere rechtliche Rahmenbedingungen! Die Schrittmacherrolle für erneuerbare Energien kann nicht bei den Systemträgern der konventionellen Energieversorgung liegen, also der gegenwärtigen Energiewirtschaft. Diese kann sich nicht neutral gegenüber allen Energiequellen verhalten, weil ihr Systemzuschnitt auf die herkömmlichen Energien ausgerichtet ist. Weil der Energiewechsel schnell gehen muss, kann er nicht von denjenigen abhängig gemacht werden, die ein wirtschaftliches Eigeninteresse an seiner Verlangsamung haben. Nach einer äußerst kontroversen Fernsehdiskussion, die ich mit dem Vorstandsvorsitzenden eines deutschen Stromkonzerns darüber hatte, sagte dieser mir anschließend »persönlich vertraulich«: »Sie haben leider recht. Aber wenn ich das öffentlich zugebe, bin ich morgen draußen. Was würden Sie denn tun, wenn Sie auf meinem Stuhl säßen?« Ich konnte ihm nur sagen, dass ich mich nicht auf seinen Stuhl setzen würde, allerdings auch kein Mitleid habe, weil er für seine Berufslüge eine Entschädigung in Millionenhöhe bezieht.

Die bestehenden strukturellen Barrieren gegenüber erneuerbaren Energien würden in der Praxis selbst dann weiterwirken, wenn die Konzerne sich vom Weltbild der konventionellen Energieversorgung gelöst hätten. Die treibenden Kräfte für den Wandel sind dagegen jene, die am wenigsten mit der etablierten Energiewirtschaft verflochten sind. Jede Strategie, die das übersieht, verfehlt ihr Ziel.

## E. Mobilmachung:
### Der Energiewechsel als gesamtpolitische Herausforderung

Lester Brown, der Gründer des World-Watch-Institute und heutige Direktor des Earth Policy Institute in Washington, fordert in seinem Buch »Plan B« den Wechsel zu erneuerbaren Energien mit einer politischen Kraftanstrengung, die einer »wartime mobilization« in »Blitzgeschwindigkeit« entspricht. Er erinnert daran, wie US-Präsident Franklin D. Roosevelt Anfang 1942, nach dem japanischen Überfall auf Pearl Harbour und Hitlers Kriegserklärung gegen die USA im Dezember 1941, die militärische Mobilmachung einleitete und die sofortige massive Produktion von Kriegsschiffen, Flugzeugen und Panzern veranlasste: »Und niemand soll zu sagen wagen, das sei nicht möglich.« Unter anderem wurde der Verkauf privater Autos für fast drei Jahre verboten, um das gesamte Produktionspotenzial der Automobilindustrie für die Produktion von Kriegsfahrzeugen einzusetzen.[20]

Eine außergewöhnliche Kraftanstrengung ist auch geboten, um den faktisch stattfindenden atomar-fossilen Krieg gegen die Lebenschancen der menschlichen Zivilisation zu beenden. Doch ist dies die einzige Analogie zu Roosevelts militärtechnischer Mobilmachung. Die Mobilisierung für den Energiewechsel bedarf gänzlich anderer Ansätze als des von Roosevelt gewählten, denn sie richtet sich gegen völlig andere Kontrahenten. Sie zielt auch auf die Produktion neuer Technologien, auf einen umfassenden wirtschaftlichen Strukturwandel, eine neue Kultur des Wirtschaftens unter neuartigen Rahmenbedingungen – und nicht auf staatsdirigistische Eingriffe in Unternehmensentscheidungen. Stattdessen zielt sie darauf, den strukturellen Dirigismus der konventionellen Energieversorgung außer Kraft zu setzen.

Vorbildlich ist Roosevelt jedoch mit dem Konzept der zielbewussten Bündelung aller notwendigen Kräfte mit unkonventionellen Methoden. Er wollte keine Situation zulassen, in der er hätte sagen müssen: »Leider können wir die Kriegsführung Japans und Hitler-

Deutschlands nicht angemessen durchkreuzen, weil dies den bestehenden Wirtschaftsstrukturen zu viel abverlangt.« Genauso wenig dürfen wir die strategische Mobilisierung für den Energiewechsel davon abhängig machen, ob diese mit den der konventionellen Energieversorgung verhafteten Interessen und Strukturen vereinbar ist. Die nächste Generation, die mit den katastrophalen Folgen fossiler und atomarer Energien zurechtkommen muss, wird sich nicht mit der Entschuldigung besänftigen lassen: »Wir hätten sie durch den konsequenten Wechsel zu erneuerbaren Energien abwenden können, aber wir mussten auf entgegenstehende Interessen Rücksicht nehmen. Das war wichtiger. Wir bitten um Verständnis.«

Jede Strategie für den Energiewechsel verlangt, Hindernisse zu beseitigen, die jedoch von Land zu Land unterschiedlich sind. Aufgrund des jeweils unterschiedlichen natürlichen Angebots erneuerbarer Energien können die Gestaltungsschwerpunkte des Energiewechsels nicht weltweit die gleichen sein. Aus den Monokulturen der konventionellen Energieversorgung, die sich im internationalen Vergleich stark ähneln, entstehen verschiedenartige Multikulturen erneuerbarer Energien. Die strategische Mobilisierung erneuerbarer Energien muss schon deshalb vor allem eine einzelstaatliche sein – nicht aus engen nationalistischen Gründen, sondern weil sie sich auf das jeweilige natürliche Angebot erneuerbarer Energien sowie auf die jeweiligen Wirtschaftsstrukturen und Rechtsordnungen beziehen muss, die mit der konventionellen Energieversorgung vielfältig verquickt sind.

Hinzu kommen die sehr unterschiedlichen wirtschaftlichen Entwicklungsstadien: Es gibt Entwicklungsländer, Schwellenländer und Industrieländer, Länder mit einem durchstrukturierten Strommarkt und solche, in denen nur spärliche Netze existieren. Es gibt Energieexport- und Energieimportländer, großflächige Länder mit geringer und kleinflächige mit hoher Siedlungsdichte. Für den durchgehenden Energiewechsel kann es also nicht *eine* Strategie geben, die auf alle übertragbar ist. Erfolgreiche Konzepte, wie etwa das deutsche Erneuerbare-Energien-Gesetz, können zwar vielen Ländern zum Vorbild werden. Aber auch dies ist nur möglich, wo Netzinfrastrukturen bestehen – und nur, wenn es um Strom- oder Gaslieferungen geht. Ein flächendeckender Ausbau eines Stromnetzes, woran es in vielen Entwicklungsländern fehlt, ist aber dort für die Mobilisierung der erneuerbaren Energien gar nicht mehr nötig und würde sie erheblich verzögern. Überdies geht es nicht allein um die Stromversorgung und um den Strommarkt, sondern auch um Fragen der Wärme- und Kraftstoffversorgung, um Marktordnung, Raumordnung, um das Bau- oder Steuerrecht, und nicht zuletzt um Fragen der jeweiligen politischen Handlungskompetenzen in unterschiedlichen Verfassungsordnungen.

Für jede politische Mobilisierungsstrategie zu erneuerbaren Energien sind zwei Handlungsgrundsätze von maßgeblicher Bedeutung:

- Zum einen muss über den konventionellen energiewirtschaftlichen Kalkulationsrahmen hinausgegangen werden, der sich nur auf aktuelle Kostenvergleiche zwischen konventionellen und erneuerbaren Energietechniken bezieht. Die größten volkswirtschaftlichen Kostenfaktoren der konventionellen Energieversorgung bleiben dabei in der Regel unbeachtet und tauchen in den Energiepreisen nicht auf, nämlich die Belastung der Zahlungsbilanz durch Energieimporte sowie Gesundheits-, Umwelt- und Klimaschäden. Unberücksichtigt bleiben auch die über die Kraftwerks- oder Raffineriekosten hinausgehenden Infrastrukturkosten der konventionellen Energielieferkette. Das Maß der Dinge sind die volkswirtschaftlichen Vorteile, die sich durch erneuerbare Energien ergeben. Sie gelten jedoch nicht für alle Wirtschaftsteilnehmer gleichermaßen. *Politische Konzepte zur Mobilisierung erneuerbarer Energien müssen deshalb die volkswirtschaftlichen Vorteile in einzelwirtschaftliche Anreize übersetzen.* Diese Vorteile – und damit die eigenen volkswirtschaftlichen Spielräume für einen Energiewechsel – gehen aber verloren, wenn erneuerbare Energien aus anderen Ländern importiert würden, wo sie kostengünstiger produziert werden können. Volks- und regionalwirtschaftliche statt isolierter betriebswirtschaftlicher Kalkulationen müssen deshalb der Maßstab für Transformationsstrategien sein.

- Zum anderen muss durch eindeutige, vom höheren gesellschaftlichen Wert der erneuerbaren Energien legitimierte Vorrangregelungen gewährleistet sein, dass die konventionellen Energieangebote in dem Maße verdrängt werden, in dem der Beitrag der erneuerbaren Energien zur Energieversorgung wächst. *Die Anpassung der Systemfunktionen der überkommenen Energieversorgung an die erneuerbaren Energien muss politisch sichergestellt werden.* Für die etablierte Energiewirtschaft ist dies eine Zumutung, weil ihr diese Unterordnung schon abverlangt werden muss, wenn sie noch den überwiegenden Beitrag zur Energieversorgung leistet. Das Maß der Dinge darf nicht länger sein, wie viel erneuerbare Energien das konventionelle Energiesystem verträgt. Konkret bedeutet das, für die konventionelle Energieversorgung keine Neuinvestitionen mehr zu genehmigen, die eine mehrere Jahrzehnte dauernde Amortisationszeit erfordern. Nur dadurch kann verhindert werden, dass die Mobilisierung erneuerbarer Energien immer wieder von den Systemfunktionen der konventionellen Energieversorgung durchkreuzt wird. Deshalb passen weder neue Kohlegroßkraftwerke noch neue Atomkraftwerke oder verlängerte Laufzeiten in eine Strategie des Energiewechsels.

Beide Handlungsgrundsätze können nur mithilfe ordnungspolitischer Entscheidungen durchgesetzt werden. Die erste Grundsatzentscheidung sprengt den bisherigen energiewirtschaftlichen Betrachtungs- und Handlungsrahmen und macht aus einem geschlossenen Energieversorgungssystem ein offenes, das Spielräume für viele Initiatoren eröffnet. Die zweite ist auf das strukturkonservierende Interesse der Energiewirtschaft gerichtet. Sie zwingt diese, innerhalb des Energiewechsels selbst eine konstruktive Rolle zu übernehmen. Sie stellt diese vor die Frage, ob sie weiter um ihre Bestandserhaltung – noch ein paar Jahrzehnte bzw. eine Generation von Großanlagen mehr – kämpfen will, statt sich auf völlig neue Unternehmensperspektiven einzustellen, in anderem Format und mit anderen Schwerpunkten, auch jenseits ihres bisherigen Kerngeschäfts.

Der politische Raum ist der Hauptkampfplatz dieses strukturellen Energiekonflikts, was nicht zu trennen ist von dem Kampf um die öffentliche Meinung. Jeder Ruf nach einem Energiekonsens, in dem alle Energien ihren »berechtigten« Platz haben beziehungsweise zugewiesen bekommen, läuft auf einen quotierten und damit begrenzten Beitrag der erneuerbaren Energien hinaus. Die Träger des konventionellen Energiesystems wie auch seine Protektoren in politischen Institutionen und Parteien übersehen jedoch, dass es eine Entwicklungsdynamik zu erneuerbaren Energien gibt, die ab einem bestimmten Punkt der Verfügbarkeit der dafür erforderlichen Technologien weder von den Strukturen der konventionellen Energieversorgung noch von politischen Institutionen aufzuhalten ist, sondern allenfalls gebremst werden kann. Dies gilt zumindest für demokratische und marktwirtschaftliche Ordnungen.

Diese Dynamik bezieht sich vor allem auf solche Technologien zur Nutzung erneuerbarer Energien, die netzunabhängig sind und deshalb autonom eingesetzt werden können. Das herausragendste und bedeutsamste Beispiel dafür sind Gebäude, die sich selbst aus der natürlichen Umgebungsenergie mit Energie versorgen können. Es wäre nicht das erste Mal, dass eine technologische Entwicklung etablierte Strukturen und politische Hindernisse unterminiert oder überrollt. Dies ist in der Energieversorgung allein mit erneuerbaren Energien möglich. Jede Strategie für den Energiewechsel muss dieses Potenzial im Auge haben, weil nicht zu erwarten ist, dass jemals die Situation eintreten wird, in der alle Regierungen und Parteien gleichzeitig die Zeichen der Zeit erkennen und ihre Entscheidungen für den Energiewechsel unabhängig von strukturkonservativen Energieinteressen treffen. Das war noch nie der Fall, auch nicht in den Zeiten der rot-grünen Koalitionsregierung in Deutschland. Regierungen müssen zum Jagen getragen werden, von einer demokratischen Öffentlichkeit und von den wirtschaftlichen Akteuren der technologischen Revolution hin zu erneuerbaren Energien, die sich zu entfalten begonnen hat. Die wichtigste politische Aufgabe ist, die Räume dafür zu öffnen, indem alle willkürlichen Beschränkungen zur autonomen Nutzung erneuerbarer Energien aufgehoben werden.

Die generelle Ausrede der Träger des überkommenen Energiesystems lautet, der schnelle Energiewechsel sei gar nicht realisierbar oder zu riskant. In dem gewachsenen und ihr auch lange Zeit zugestandenen Anspruch auf Allkompetenz in den Fragen der Energieversorgung verwechselt sie dabei sich selbst mit der Wirtschaft und der Gesellschaft insgesamt: Was für sie nicht realisierbar oder zu riskant ist, wird generell disqualifiziert. Deshalb müssen sich alle die Frage stellen, ob es sich bei den vielerlei Blockaden und Bremsen, die den Wechsel zu erneuerbaren Energien erschweren und aufschieben, um bloße Ausflüchte handelt oder um berechtigte Einwände. Dies zu erkennen, ist im Durchsetzungskonflikt um erneuerbare Energien von ausschlaggebender Bedeutung. Solange widerlegbare Aussagen als begründet und stichhaltig gelten, halten sie viele in der Politik, in der Gesellschaft und in der Wirtschaft davon ab, den Wechsel zu erneuerbaren Energien konsequent voranzutreiben und den schnellsten Weg dahin einzuschlagen.

# 2. METHODEN UND PSYCHOLOGIE DER VERLANGSAMUNG: Lähmungen, Aufschübe und (un)freiwillige Allianzen

Jahrzehntelang hat die etablierte Energiewirtschaft gezielt Desinformationen verbreitet, warum erneuerbare Energien keine Alternative sein können. Das Arsenal ist mittlerweile großenteils aufgebraucht. Die neuen Mantras gegen einen Energiewechsel dagegen sind so verfeinert, dass sie auch für manche Sympathisanten erneuerbarer Energien plausibel klingen. Sie sind auf Verzögerung ausgerichtet und sollen Aufschübe rechtfertigen. Da heute niemand mehr als betriebsblind gegenüber den Gefahren der konventionellen Energien erscheinen will, spielen sich nunmehr die Energiekonzerne mit hohem Werbeaufwand als Förderer erneuerbarer Energien auf. Damit soll der Eindruck erweckt werden, das real Mögliche werde versucht. Dies ist schon anhand des Erneuerbare-Energien-Gesetzes leicht widerlegbar: Weit über 90 Prozent der von diesem Gesetz ausgelösten Investitionen wurden von Stadtwerken, Betreibergemeinschaften oder einzelnen Betreibern realisiert und nicht von Energiekonzernen, denen die Finanzierung leichter gefallen wäre. Allein im Jahr 2009 investierten Familien deutschlandweit mehr in die Solarstromerzeugung als die vier Stromkonzerne E.ON, RWE, EnBW und Vattenfall zusammen.

Zwei Aufschubstrategien sind augenfällig: Die eine ist, Alternativen anzupreisen, die als »Brücke« zu vermeintlich erst später verfügbaren erneuerbaren Energien oder als ebenbürtiges Äquivalent zu diesen dargestellt werden. Dieser Ansatz zielt auf eine »Renaissance« der Atomenergie und den Einsatz »klimafreundlicher Kohlekraftwerke«. Zu Hilfe kommt dieser Methode die Fixierung der Weltenergiediskussion auf das $CO_2$-Klimaproblem, als wären alle weiteren Risiken und Gefahren der konventionellen Energieversorgung inexistent. Die zweite Strategie besteht darin, große Projekte für erneuerbare Energien ins Spiel zu bringen, deren Realisierung zum einen viel Zeit beansprucht und zum anderen überwiegend durch Großinvestoren möglich ist. Damit trachten die Energiekonzerne danach, ihre Vormachtstellung zu erhalten, indem sie die Diskussion auf Handlungsfelder lenken, auf denen sie wenig Konkurrenz zu fürchten haben. Diese Strategie findet selbst unter Befürwortern erneuerbarer Energien Anklang, solange ihnen der Zusammenhang zwischen Zeit- und Strukturproblemen nicht ausreichend bewusst ist. Über der Erleichterung, dass Energiekonzerne endlich bereit scheinen, in größerem Umfang auf erneuerbare Energien zu setzen, verkennen sie, dass es sich in Wahrheit um eine wirtschaftlich motivierte Aufschubstrategie handelt. Dazu gehören das Herunterspielen der großen Probleme atomarer und fossiler Energien und gleichzeitig das Hochspielen scheinbarer oder teilweise auch tatsächlicher, jedoch erkennbar überwindbarer Probleme, die beim Wechsel zu erneuerbaren Energien bewältigt werden müssen.

Wer immer sich durch solche »Brückenstrategien« von der Dringlichkeit des Energiewechsels ablenken lässt, gehört unfreiwillig zur Allianz der Aufschieber. Die meistgenannten Argumente lauten dabei:

– Der Wechsel müsse in einem *internationalen Gleichklang*, zumindest in Abstimmung mit vergleichbaren Ländern, stattfinden. Anders sei er nicht zu verwirklichen, weil man sich sonst selbst wirtschaftlichen Schaden zufüge. Im Übrigen nütze es, bezogen auf die Welt, ohnehin nicht viel, den Wechsel allein für sich zu versuchen. In engem Zusammenhang mit dieser Ausrede steht die Behauptung und Forderung, das optimale Instrument für eine zukunftsfähige Energieversorgung sei der *Handel mit Emissionszertifikaten auf der Basis international vereinbarter Verbrauchsmengen.* Allein damit werde es möglich, das globale Klimaproblem unter Kontrolle zu bringen und zugleich die Energieeffizienz deutlich zu verbessern, die als wichtiger und kostengünstiger angesehen wird als der Wechsel zu erneuerbaren Energien. Alle anderen politischen Maßnahmen müssten gegenüber dieser Zielsetzung zurückstehen oder seien sogar kontraproduktiv. Diese Ausflucht untersuche ich in dem Abschnitt »Organisierter Minimalismus« (S. 73) anhand des bisher von den Weltklimakonferenzen verfolgten Konzepts.

- Der Bau *konventioneller Energiebrücken* zu erneuerbaren Energien sei bis auf Weiteres nötig, weil diese noch keine bedarfsgerechte Energieversorgung gewährleisten und noch keinen Ersatz für Großkraftwerke stellen könnten. Insbesondere seien sie wegen der Unregelmäßigkeit von Wind und Solarstrahlung nicht in der Lage, die Grundlast der Stromversorgung zu gewährleisten. Das schwerwiegendste Problem sei die bislang ungelöste Speicherung erneuerbarer Energien. Diese These bewerte ich in dem Abschnitt »Brüchige Brücken« (S. 88), der sich mit der behaupteten Unverzichtbarkeit von Atomkraftwerken und CCS-Kraftwerken auseinandersetzt.
- Solange erneuerbare Energien noch teurer seien als konventionelle Energien und ihre Einführung deshalb auf staatliche Unterstützung angewiesen sei, stellten alle über Forschung und Entwicklung hinausgehenden politischen Förderungen einen *einseitigen Eingriff in das Marktgeschehen* dar. Dies rufe wirtschaftliche Verzerrungen hervor und beeinträchtige sogar die Produktivitätsentwicklung erneuerbarer Energien. Deshalb seien politische Markteinführungsprogramme für die Entfaltung erneuerbarer Energien kontraproduktiv. Im »eigenen Interesse« sollten sich erneuerbare Energien selbst auf »dem Markt« durchsetzen. Dieses wirtschaftstheoretische Konstrukt beleuchte ich in dem Abschnitt »Markt-Autismus« (S. 116), der die Einseitigkeiten und Widersprüche des Energiemarktdenkens behandelt.
- Erneuerbare Energien seien am produktivsten und damit kostengünstigsten nutzbar, *wenn sie dort gewonnen würden, wo die höchste Sonneneinstrahlung und die günstigsten Windbedingungen vorherrschten.* Voraussetzung für die Nutzung sei sodann der Bau von neuen Hochspannungsleitungen, der ohnehin zwingend erforderlich sei, um regionale Angebotsschwankungen der natürlichen

Energiequellen auszugleichen. Diese Hypothese wird im 3. Kapitel behandelt, das den Widerspruch von Strategien aufzeigt, die die Strukturen erneuerbarer Energien zentralisieren wollen, obwohl sie von der Natur dezentral angeboten werden (S. 116 ff.).

## A. Organisierter Minimalismus: Weltklimakonferenz und Emissionshandel in der Konzeptfalle

Seit Mitte der 1990er Jahre gelten die Weltklimakonferenzen als Dreh- und Angelpunkt für die Einleitung einer Energiewende, die global vereinbart und national umgesetzt werden müsse. Die Weltöffentlichkeit war deshalb vom blamablen Ausgang der Weltklimakonferenz in Kopenhagen im Dezember 2009 überrascht und entsetzt, weil sie sich deren Scheitern nicht vorstellen konnte. Alles schien zuvor für einen Erfolg zu sprechen: eklatanter Problemdruck, optimistische Regierungsankündigungen, eindringliche Appelle der Nichtregierungsorganisationen, ein Massenandrang von 65.000 Teilnehmern und die Anwesenheit von hundertzwanzig Regierungschefs, so dass daraus ein »G120«-Gipfel wurde. Es war die größte politische Konferenz der Weltgeschichte. Doch so überraschend war das eingetretene Debakel nicht. Die Weltklimakonferenz lief nach demselben Drehbuch ab wie ihre vierzehn Vorgängerinnen seit 1995: vor der Konferenz dramatische »jetzt oder nie«-Appelle, auf der Konferenz kleinkariertes und lähmendes Gefeilsche mit peinlichen Resultaten, der Beschluss einer Folgekonferenz und anschließend Anprangern der Schuldigen. Die einzige bescheidene Ausnahme bildete bisher das 2005 in Kraft getretene Kyoto-Protokoll. Allerdings war von vorneherein klar, dass damit ein weiteres Ansteigen der Treibhausemissionen nicht zu verhindern sein würde. So liegt die Vermutung nahe, dass das Kyoto-Protokoll vor allem wegen seiner »Zahnlosigkeit« zustandekam.

Wenn es für die ärmlichen Resultate von Kopenhagen einen Hauptschuldigen gibt, so ist es das Konzept der Weltklimakonferenzen selbst. Es beruht auf zwei höchst fragwürdigen Prämissen: dass eine globale Vertragslösung mit relativ gleichwertigen Verpflichtungen aller Beteiligten unerlässlich sei, weil es sich um ein globales Problem handelt, das alle betrifft. Und dass die notwendigen Maßnahmen zum Klimaschutz als wirtschaftliche Last gewertet werden, weshalb auf der Basis eines breiten Konsenses eine »faire Lastenverteilung« (burden sharing) ausgehandelt werden müsse. Letztlich heißt das: »alle oder keiner«. Was theoretisch überzeugend klingt, ist praktisch illusorisch. Das Problem liegt eher im Konformismus der zu einer »Community« zusammengewachsenen Klimadiplomatie sowie einiger internationaler Umwelt-NGOs und Klimaforschungsinstitute. Dass es »keine Alternative« gebe, ist ein Irrtum.

### Die Konsenslähmung

Da für den Schutz des Weltklimas schnell einzuleitende und umfassend wirksame Initiativen geboten sind, liegt bereits im unumgänglichen Konsensprinzip beim Streben nach einem Weltabkommen das grundlegende Dilemma der bisherigen Weltklimakonferenzen. Zwischen Beschleunigung und Konsens besteht grundsätzlich ein unüberbrückbarer Widerspruch. Ein Konsens zu einem verbindlichen internationalen Vertrag ist umso schwerer erreichbar, je mehr dieser die wirtschaftlichen und sozialen Strukturen der einzelnen Länder unmittelbar betrifft. Dies ist bei Energiefragen prinzipiell der Fall, allerdings – wie im 1. Kapitel skizziert – in den einzelnen Staaten mit ihren sehr unterschiedlichen Verhältnissen in sehr verschiedener Weise. Appelle an die Verantwortung und den guten Willen der Regierungen können diese Divergenzen nicht aufheben. Ein wirklich substanzieller Vertrag mit *gleichen* und *gleichzeitigen* Verpflichtungen ist schon deshalb unerreichbar, weil die Verhältnisse zu ungleich sind. Auch das Kyoto-Protokoll kam nur zustande, weil es die meisten Länder, darunter auch China und Indien, von Handlungspflichten freistellte. Es war von vornherein klar, dass das angestrebte Kyoto II-Abkommen für die Zeit nach 2012 solche Freistellungen nicht mehr einräumen darf, sollten die Bemühungen um einen Weltklimavertrag nicht endgültig zur Farce werden. Dies verstärkt aber das Grunddilemma der Weltklimakonferenzen.

Bestenfalls ist nach langen und mühseligen Verhandlungen ein Konsens über allzu niedrige *Mindestverpflichtungen* möglich, die aber dann weit hinter der Klimagefahr zurückbleiben. Dass selbst dieses Minimalziel – entgegen allem Handlungsdruck und allen Erwartungen und Ankündigungen – kaum erreichbar ist, hat die Konferenz von Kopenhagen spektakulär demonstriert. Sie scheiterte, obwohl es dort nur noch um ein von vornherein kompromittiertes Verhandlungsziel ging, das bereits eine Teilkapitulation vor dem Weltproblem der Klimaveränderungen darstellt: Die Klimagasemissionen sollten nur so weit begrenzt werden, dass die Erwärmung der Erdatmosphäre – von gegenwärtig 0,7 Grad, gemessen am Wärmehaushalt der Erdatmosphäre vom Beginn des Industriezeitalters – nicht über zwei Grad Celsius hinausgehen dürfte. Das bedeutet faktisch, dass eine weitere Zuspitzung der Klimagefahren (von gegenwärtig 385 ppm $Co_2$-Anteilen in der Atmosphäre auf 450 ppm) in Kauf genommen wird. Um eine Analogie heranzuziehen: Im Jahr 2000 veröffentlichte die UN ihre Millenniumsziele, zu denen u.a. gehörte, die Zahl von seinerzeit 820 Millionen hungernden Menschen bis zum Jahr 2015 zu halbieren. Wie hätte die Weltöffentlichkeit reagiert, wenn das erklärte Millenniumsziel gewesen wäre, die Zahl von 820 Millionen hungernden Menschen nicht auf über zwei Milliarden anwachsen zu lassen? Was ist in die Mitglieder der Community gefahren, das »Zwei-Grad-Ziel« zum Maß aller Dinge zu machen – obwohl sie selbst zugleich ständig die berühmt gewordene Studie des britischen Wissenschaftlers Nicholas Stern zitieren, wonach aus den fortschreitenden Klimaveränderungen deutlich mehr wirtschaftliche Schäden erwachsen, als durch Wirtschaftswachstum erwirtschaftet werden kann? Wie kann ein in sich fatalistisches Ziel neue Perspektiven eröffnen?

Normalerweise ist dennoch jeder Kompromiss immer noch besser als gar keiner, weil ja jeder über die eingegangene minimale Verpflichtung hinausgehen kann. Aber gerade diese Möglichkeit wird durch die favorisierten »flexiblen Instrumente« des Verrechnens von Emissionszertifikaten durchkreuzt, die die praktische Umsetzung des Vertragsziels mit »marktwirtschaftlichen Methoden« gewährleisten und erleichtern sollen.

Die jedem Land im Rahmen der jeweiligen Mindestverpflichtung zugeteilten Emissionszertifikate sind international handel- oder anrechenbar: Wer mehr emittiert, als ihm erlaubt ist, darf sich dafür »Emissionsrechte« bei anderen kaufen, die weniger emittieren, als ihnen zugestanden wurde. Neben diesem Handel mit »Emissionsrechten« steht als zweites Instrument der Clean Development Mechanism (CDM). Mit ihm dürfen Unternehmen die ihnen zugestandenen Emissionsobergrenzen in dem Maße überschreiten, indem sie sich durch $CO_2$-mindernde Investitionen andernorts von eigenen $CO_2$-Limitierungen freikaufen können.

Damit im Emissionshandel der Marktpreis über einen Angebot-Nachfrage-Mechanismus ermittelt werden kann, muss es eine Obergrenze geben: »cap and trade« konstituiert Handel mit Emissionszertifikaten innerhalb der vereinbarten Obergrenze. Das Land, das aufgrund eigener Initiativen weniger $CO_2$ ausstößt, kann dafür nur dann einen finanziellen Ausgleich erhalten, wenn andere Länder mit ihren eigenen Maßnahmen ihrer Verpflichtung nicht nachkommen und deshalb Emissionszertifikate zukaufen müssen. Wenn alle ihre Verpflichtungen erfüllen, gibt es keinen Zertifikatehandel. Aber es gilt auch: Wenn einer mehr $CO_2$ reduziert, dürfen andere dafür weniger reduzieren. Dass dieses Nullsummenspiel innerhalb der Minimalverpflichtung nicht weiterführt, war von Anfang an erkennbar. Darum habe ich im Deutschen Bundestag gegen das »Treibhausgas-Emissionshandelsgesetz« (TEHG) gestimmt, das im Juli 2004 beschlossen wurde. Es baute auf der EU-Richtlinie auf, mit der die im Kyoto-Protokoll enthaltenen Verpflichtungen der EU-Mitgliedsländer umgesetzt werden sollen. Nur noch ein weiterer Abgeordneter, Hans-Josef Fell von den Grünen, votierte ebenfalls gegen dieses Gesetz. Die Ablehnung stieß auf Irritation auch bei Sprechern von Umweltorganisationen, da sie uns schwerlich Ignoranz gegenüber den Klimagefahren vorwerfen konnten. EUROSOLAR warnte bereits anlässlich der Weltklimakonferenz 2001 in Bonn, auf der Umweltorganisationen wie Greenpeace und der WWF für die Durchsetzung solcher »flexiblen

Instrumente« eintraten, mit der Kampagne »Unsere Luft ist keine Ware« davor, dass der Zertifikatehandel den Wechsel zu einer emissionsfreien Energieversorgung lähmt, statt ihn voranzutreiben.

Von seinen Protagonisten wurde der Emissionshandel jedoch als das wirkungsvollste und wichtigste Konzept zum Klimaschutz gepriesen. Forderungen von Wirtschaftswissenschaftlern, Unternehmern und Politikern wurden laut, alle anderen politischen Instrumente, wie Ökosteuern oder das EEG, abzuschaffen. Viele Umweltorganisationen begründen ihre positive Haltung damit, dass die »flexiblen Instrumente« die einzigen Schritte darstellen, auf die man sich bei Weltklimakonferenzen einigen könnte und die auf alle Länder übertragbar seien. Man müsse sich auf das Konzept einlassen, um es dann für die nächste Verpflichtungsetappe – das angestrebte »Kyoto II«-Abkommen nach dem Jahr 2012 – weiterentwickeln zu können. Von Wirtschaftswissenschaftlern wird es als »Marktkonzept« favorisiert, das zu einem optimalen Einsatz der Investitionsmittel führe: Weil Investitionen für den Klimaschutz in Niedriglohnländern weniger kosten, könne man sich die in Industrieländern vergleichsweise höheren Kosten sparen und so den gleichen Reduktionseffekt mit sehr viel geringerem finanziellem Aufwand erreichen.

Tatsächlich haben sich alle Befürchtungen bestätigt, wie die Studie »Globaler Emissionshandel. Wie Luftverschmutzer belohnt werden« der schwedischen Dag Hammarskjöld Foundation belegt[21]: Die Obergrenze, unter der der Handel stattfindet, ist identisch mit dem mühsam ausgehandelten und für den Klimaschutz ungenügenden Minimalkompromiss des Kyoto-Protokolls oder der nächsten Minimalverpflichtung eines angestrebten »Kyoto II«-Abkommens, wenn es noch zustande kommen sollte. Mit den flexiblen Instrumenten wird dieses Minimum faktisch zum Maximum gemacht: zum ökonomischen Anreiz, das Minimum nicht zu überschreiten! Mehr noch: Es werden Länder davor gewarnt, durch unilaterale Initiativen über diese Minimalverpflichtung hinauszugehen: Sie würden sich damit wirtschaftlich schaden.

Ein signifikantes Beispiel dafür ist das Gutachten des Wissenschaftlichen Beirats des deutschen Bundesfinanzministeriums »Klimapolitik zwischen Emissionsvermeidung und Anpassung« vom Januar 2010, dem neunundzwanzig Professoren der Finanz- und Wirtschaftswissenschaften angehören. Dieser Beirat kommt zu dem Ergebnis, dass »unkoordiniertes einzelstaatliches Handeln« – womit Initiativen gemeint sind, die über internationale Verpflichtungen hinausgehen – unterlassen werden sollte, weil es nicht nur für das eigene Land, sondern insgesamt schädlich sei: »Anstrengungen einzelner Länder, durch eine Vorreiterrolle in der Klimapolitik und hohe selbst gesetzte Emissionsminderungsziele die Klimapolitik zu beeinflussen, können dazu führen, dass andere Länder in ihren klimapolitischen Anstrengungen nachlassen, statt diese zu erhöhen. Eine klimapolitische Vorreiterrolle führt deshalb in der Regel zu hohen Kosten in dem Vorreiterland, ohne dass eine entscheidende Verbesserung des Weltklimas sichergestellt werden kann. Besondere Anstrengungen und Vorreiterinitiativen einzelner Länder verbessern auch nicht die Ausgangssituation für eine weltweite Klimavereinbarung, sondern können das Zustandekommen einer solchen gefährden. Die Verringerung des verbleibenden Vorteils aus weltweiten Klimavereinbarungen macht das Zustandekommen einer solchen Lösung unwahrscheinlicher.« Denn wenn ein Land durch »Investitionen in Vermeidungstechnologie« scine eigenen Emissionen unilateral senkt, reagierten andere Länder darauf »mit einer Erhöhung ihrer eigenen Emissionen«. Ein Land würde deshalb für seine »frühzeitigen Investitionen in Vermeidungsstrategien bestraft«. Eine unilaterale Emissionsvermeidung führe dazu, dass der »Kreis der Nutznießer und der Kostenträger« auseinanderfalle. Damit entstünde eine »Trittbrettfahrerproblematik«. Deshalb solle man sich unilateral auf Anpassungsmaßnahmen an erfolgte Klimaveränderungen konzentrieren, etwa gegen Überschwemmungen und Sturmschäden, weil hier »Kostenträger und Nutznießer« zusammenfallen.

Diese These des Wissenschaftlichen Beirats entspricht mustergültig der Logik der flexiblen Instrumente: Das Konzept der Weltklimakonferenzen führt zu absurden Konsequenzen, zu einer hoffnungslosen Lähmung der Weltklimapolitik. Es blendet alle weiteren Probleme und Gefahren der konventionellen Energieversorgung aus und verkennt, dass die Menschen unabhängig von globalen Emissionsverrechnungen ein elementares Interesse daran haben, alle sie unmittelbar belastenden Energieemissionen zu reduzieren. Lasten durch andere Schadstoffe aus konventioneller Energienutzung, die keine Treibhausgase sind und also nichts mit dem globalen Klimaschutz zu tun haben, werden von diesen Klimaschutzinstrumenten nicht erfasst. Gäbe es das $CO_2$ -Problem nicht, hätten wir immer noch die Gesundheits- und Umweltbelastungen durch die weiteren Schadstoffe, und das Weltenergiesystem wäre keineswegs intakt. Hinweggegangen wird auch über das Problem der Ressourcenerschöpfung sowie die volks- und regionalwirtschaftlichen Interessen der einzelnen Länder. Alle sollen in der – vielfältige gesellschaftliche Fragen betreffenden – Energieversorgung im Gleichschritt vorgehen, nach der Maßgabe des globalen »cap« ausgehandelter $CO_2$-Emissionsminderungen. Hauptsache, man folgt einem theoretischen Modell, und mag es noch so unzulänglich sein. Es gibt mittlerweile eine Flut von »wirtschaftswissenschaftlichen« Empfehlungen, die genauso argumentieren wie der zitierte Beirat. Da die Emissionshandelsinstrumente aber als sakrosankt gelten, führt dies zu der dogmatischen Schlussfolgerung, dass jede Aktivität zur Förderung des Energiewechsels – ob in Deutschland oder andernorts – unterbleiben müsse, solange der Zertifikatemarkt als Maß der Dinge gilt. Diese krude Logik ist vielen Befürwortern der »flexiblen Instrumente«, die zugleich auf einen schnellen Ausbau erneuerbarer Energien drängen, nicht hinreichend bewusst.

In der Konzeptfalle der Weltklimakonferenz ist man bereits, wenn man alle Energiemaßnahmen in erster Linie daran misst, wie viel sie zur $CO_2$-Minderung beitragen. Andere Kosten und Belastungen durch konventionelle Energien spielen dann keine Rolle mehr – ebenso wenig wie andere Schattenseiten, die schon für sich genommen die Konsequenz nahelegen, diese Instrumente aus dem Verkehr zu ziehen. So variieren die Preise für die Zertifikate auf dem dafür geschaffenen Markt ständig. Dies führt zwangsläufig zur Investitionsunsicherheit, weil sich die Amortisationsraten ständig verändern. Der Handel mit den Zertifikaten oder deren Verrechnung findet innerhalb des Systems der fossilen Energieversorgung statt, konserviert damit deren Strukturen, wirkt innovationshemmend für erneuerbare Energien und bremst auch dadurch den Energiewechsel. Die Rolle der konventionellen Energiekonzerne und deren Einfluss auf das Regierungshandeln bleiben weitgehend unangetastet. Aus Instrumenten des Klimaschutzes werden Vehikel für die Bestandssicherung der fossilen Energiewirtschaft.

Regierungen, die ab 2013 die Emissionszertifikate versteigern wollen, hoffen auf Einnahmen für die Staatskasse. Das an die Staatskasse zu entrichtende Entgelt für die Zertifikate hat dann die Funktion einer $CO_2$-Steuer, nur dass der bürokratische Aufwand und die Kosten dafür wesentlich größer sind als bei einer Besteuerung. Auf diese Einnahmen wollen die Regierungen dann voraussichtlich nicht mehr verzichten, was sie dazu motivieren könnte, Initiativen für erneuerbare Energien zurückzustellen. Indirekt werden sie zu Geschäftspartnern der Emittenten. Voraussehbar ist auch das Entstehen neuer Spekulationsblasen, zumal der Emissionshandel als einer der am stärksten wachsenden Finanzmärkte gilt. Luftbuchungen von Geldspekulanten, die 2008 die weltweite Finanzkrise ausgelöst haben, sind wahrscheinlich umso unkontrollierbarer, je mehr tatsächlich mit Luft spekuliert wird.

Der Emissionshandel vollzieht sich auf einem »Kunstmarkt« erratischer Preisbewegungen, auf die sich niemand verlassen kann. Da ein echter »Markt für Verschmutzungsrechte nicht existiert«, so die Wirtschafts- und Politikwissenschaftler Elmar Altvater und Achim Brunnengräber, musste »zur Handelsware gemacht werden, was eigentlich nicht handelbar ist«. In der neoliberalen Vorstellung ist dies ein »politischer Kunstgriff«, mit dem explizit national und international legalisierte »Rechte zur Verschmutzung durch den Staat konstruiert werden«. Dies setzte voraus, die »Knappheit des Wirtschaftsguts Verschmutzungsrecht künstlich durch Obergrenzen von Emissionen (cap) festzulegen.«[22]

### Einladung zum Missbrauch

Die flexiblen Instrumente haben selbst dann schwerwiegende Mängel, wenn das Konzept so wie vorgesehen praktiziert wird. Aber es lädt zur Umgehung und zum Missbrauch geradezu ein. Dies machte der von der EU-Polizeibehörde Europol im Januar 2010 aufgedeckte Betrugsskandal deutlich. Europol ermittelte, dass Unternehmen in den vorhergehenden achtzehn Monaten die EU-Staaten beim Emissionshandel um 5 Mrd. EUR betrogen hatten. Zertifikate wurden mehrfach verkauft und Umsatzsteuern hinterzogen. In einigen EU-Staaten dienten bis zu 90 Prozent des gesamten Handels nur dem Ziel, Steuern zu hinterziehen. Auch die UN hat inzwischen milliardenschwere Missbräuche festgestellt. In einem im Juli 2010 veröffentlichten Bericht wird davon gesprochen, dass zweiundzwanzig Chemieproduzenten aus Entwicklungsländern den Zertifikatemarkt gezielt manipulieren.

In China beteiligt sich der Energiekonzern RWE am Bau eines Kohlekraftwerks, das jährlich 460.000 t $Co_2$ einsparen soll. Diese Einsparung kann er sich beim Bau von Kohlekraftwerken in Deutschland anrechnen lassen, also die entsprechende Menge zusätzlich emittieren. Das Problem ist nur, dass das chinesische Kraftwerk ohnehin gebaut worden wäre. Das Instrument des CDM ist aber nur für zusätzliche Investitionen konzipiert, die $CO_2$-mindernd wirken und nicht ohnehin geplant sind. RWE hat also einerseits seine auf deutsche Kraftwerke bezogenen Verpflichtungen reduziert und gleichzeitig seinen unternehmerischen Wirkungsbereich auf China ausdehnen können, wodurch zusätzliche Treibhausgase emittiert werden. Eine Verbesserung der deutschen $CO_2$-Bilanz durch weltweiten $CO_2$-Anstieg! RWE beschäftigt allein für die Zertifikatbeschaffung etwa vierzig Mitarbeiter. Das genannte Beispiel ist sicher nicht das einzige, und ebenso sicher ist, dass andere Konzerne ähnlich handeln.[23]

Wenn Missbräuche schon in Ländern stattfinden, in denen es eine demokratische Öffentlichkeit und eine relativ funktionierende öffentliche Verwaltung gibt, kann man davon ausgehen, dass die Lage in den vielen Ländern mit weniger transparenten Verwaltungsstrukturen noch weit schlimmer ist. Die Kritik an den geschilderten Klimaschutzinstrumenten wächst, vor allem aus Umweltorganisationen – auch von solchen, die sich lange auf das Konzept der Verrechnung von Emissionszertifikaten eingelassen hatten. Es gibt viele gut gemeinte Vorschläge zur Verbesserung: Die Zertifikate sollen nicht mehr kostenlos zugeteilt, sondern zumindest teilweise ersteigert werden; für alle soll ein einheitlicher $CO_2$-Preis festgeschrieben werden; beim CDM-Instrument soll strenger geprüft werden, ob es sich tatsächlich um eine zusätzliche $CO_2$-Minderung handelt; andere wollen alle Länder ausnahmslos zu $CO_2$-Minderungen verpflichten. Der weitestgehende Vorschlag ist, aus Gründen globaler Gerechtigkeit jedem Menschen ein $CO_2$-Emissionsrecht von zwei Tonnen pro Kopf und Jahr zuzugestehen und die Verpflichtung der Länder nach ihrer Einwohnerzahl zu berechnen.

Keiner kann jedoch angeben, wie je ein Konsens über diese strengeren Vorschläge zustande kommen könnte, wenn schon die Bemühungen um vergleichsweise harmlose Verpflichtungen bisher weitgehend ergebnislos geblieben sind. Die Hoffnung, sie könnten realisiert werden, wenn nur alle guten Willens wären und mustergültig dem erdachten theoretischen Modell folgten, liegt außerhalb jeder soziopolitischen Realität. Über den vielen Verbesserungsvorschlägen bleiben die Gründe unanalysiert, warum die bisherigen Verhandlungen ihren schmählichen Verlauf nahmen. Vielleicht geschieht dies aus Angst vor der Erkenntnis, dass der gepriesene Ansatz von Grund auf verfehlt ist; man will schließlich nicht sein Gesicht verlieren. Weltklimakonferenzen stecken in der Falle ihres eigenen Grundkonzepts, das eine Kopfgeburt ist. Wie viele weitere Weltklimakonferenzen sind noch nötig, bevor man sich das eingesteht? Wann – und nach wie vielen weiter ansteigenden Klimagas-Emissionen – ist man bereit, dafür einen Autoritätsverlust von Regierungen und internationalen Organisationen hinzunehmen? Wann wird erkannt, dass dieser Autoritätsverlust noch größer ist und Zeit verspielt wird, wenn unter diese Bemühungen kein Schlussstrich gezogen wird? Wo bleibt der so oft beschworene politische Realismus?

Dass an den »flexiblen Instrumenten« trotz aller offenkundigen Widersprüche in immer neuen Varianten festgehalten wird, hat noch weitere Gründe: Die internationale Klimadiplomatie ist in Verbindung mit dem internationalen Klimasekretariat und den nationalen Behörden zu einem selbstreferenziellen System geworden. Ein Klimaschutz-Business aus Emissionshändlern, Anwälten und gut bezahlten Zertifizierern ist entstanden, von dem schon zu viele profitieren. Dahinter steckt die heimliche Hoffnung von Regierungen, sich der längst gebotenen Konsequenz – dem Wechsel zu erneuerbaren Energien schon aus elementarem Eigeninteresse – nicht stellen zu müssen. Kaum jemandem kann verborgen geblieben sein, dass die konsensgebundenen Weltklimakonferenzen handlungsunwilligen Regierungen als Verschiebebahnhof dienen. »Zu Hause« können diese sich dann für konsequentere Maßnahmen in einem zu vereinbarenden internationalen Vertragsrahmen aussprechen, weil auf internationaler Ebene die Verwässerung oder Ablehnung gesichert ist. Umso unverständlicher ist, dass sich selbst die Kritik von Umweltorganisationen vorwiegend auf ausbleibende Vereinbarungen und gegen Missbräuche richtet, aber weniger gegen das Konzept selbst. Einige machen sich sogar die von vornherein kompromittierten Verhandlungsziele – etwa das »Zwei-Grad-Ziel« – zu eigen.

### Die produktive Funktion von Alleingängen

Der Energiewechsel kann sich nur über eine energietechnologische Revolution vollziehen. Dafür sind die technologischen Revolutionen in der modernen Wirtschaftsgeschichte das eigentliche Vorbild. Keine war von einem internationalen Vertrag abhängig – und einige vollzogen sich sogar relativ unabhängig von der Politik. Das politische oder auch unternehmerische Motto war stets: schneller sein als andere, um für die eigene Volkswirtschaft oder das eigene Unternehmen einen Vorsprung zu erkämpfen. Dass diese Erfahrungen nicht für die energietechnologische Revolution zu Rate gezogen werden, hat einen tieferen Grund: Es ist die Bereitschaft von Regierungen, die konventionelle Energiewirtschaft zu schützen, und deren unverhohlene Erwartung und Forderung, von ihren Regierungen geschützt zu werden. Die konventionelle Energiewirtschaft ist durch politischen Protektionismus entstanden und will damit ihr Dasein verlängern, auch und nicht zuletzt durch Weltklimaverhandlungen. Mit Warnungen vor »Alleingängen« sind jegliche Änderungen des konventionellen Energiesystems gemeint, insbesondere nationale Initiativen zur Umorientierung auf erneuerbare Energien.

Immer wieder kommt das Scheinargument, es nütze nichts, wenn ein Land anderen vorauseile. Dies ist durch die praktische Entwicklung längst widerlegt. Das deutsche EEG war der Mutmacher für eine halbe Hundertschaft von Staaten, die erneuerbaren Energien auf gleichem Weg voranzutreiben. Es hat eine dynamische Entwicklung im weltweiten Maßstab ausgelöst. Es ist kein Instrument des Kyoto-Protokolls und besteht unabhängig davon. Seine Ziele sind nicht allein der Klimaschutz, sondern ebenso – wie in Paragraph 1 des Gesetzes nachzulesen – der Umweltschutz, die Verringerung der volkswirtschaftlichen Kosten der Energieversorgung durch die Einbeziehung langfristiger externer Effekte, die Schonung fossiler Energieressourcen und die Weiterentwicklung von Technologien der erneuerbaren Energien. Das EEG lediglich an seinem aktuellen $CO_2$- Minderungseffekt und den dafür aufzubringenden Kosten zu messen, heißt, dem Gesetz nachträglich eine einschränkende Prämisse zu unterschieben und es mit entsprechend eingeschränktem Blick zu bewerten. Dies ist typisch für die alleinige Fixierung auf das $CO_2$-Problem.

### EEG erfolgreicher und kostengünstiger als Emissionshandel

Das Erneuerbare-Energien-Gesetz hat allein in Deutschland zu deutlich mehr $CO_2$-Reduktionen geführt als das Kyoto-Protokoll offiziell auferlegt. Den lediglich 10 Mio. t $CO_2$, die in der fossilen Stromerzeugung und im Industriesektor bis 2012 reduziert werden müssen, stehen im Jahr 2009 bereits 66 Mio. t vermiedene $CO_2$-Emissionen durch die vom EEG initiierten Investitionen für erneuerbare Energien gegenüber. Die Emissionszertifikate haben die Stromkosten in Deutschland allein zwischen 2005 und 2007 um 10,75 Mrd. EUR erhöht, obwohl sie den Stromkonzernen kostenlos zugeteilt wurden. Diese rechnen aber deren Marktwert an der Zertifikate-Börse in die Stromrechnung ein. Insgesamt werden sich diese »Windfall-Profits« der großen Energieunternehmen in Deutschland durch den Emissionshandel und die großenteils kostenlose Zuteilung von $CO_2$-Zertifikaten bis 2012 auf rund 44 Mrd. EUR erhöhen. Die Mehrkosten für erneuerbare Energien liegen demgegenüber im Zeitraum von 2005 bis 2012 bei knapp 47 Mrd. EUR. Sie werden bis dahin zu einer $CO_2$-Minderung in Deutschland von über 80 Mio. t geführt haben.[24] Sie haben also einen achtmal höheren monetären Effekt. Während aber bei der Förderung der erneuerbaren Energien gleichzeitig umweltfreundlicher Strom produziert wird, die Technologieentwicklung angereizt und neue Kostendegressionen bei Zukunftstechnologien erschlossen sowie fossile Energieimporte und weitere externe Kosten vermieden werden, stehen den »Windfall-Profits« der Stromkonzerne keinerlei positive Effekte auf der Haben-Seite gegenüber. Dies sind konkrete Zahlen, im Gegensatz zu den theoretischen Konstrukten der $CO_2$-Minderungskosten der Kyoto-Scholastiker.

Das EEG, auf das sich deren Angriffe konzentrieren, hat indirekt wahrscheinlich sogar weltweit mehr Klimaschutzmaßnahmen angestoßen als das gesamte Kyoto-Protokoll. Es hat eine Industrialisierung der Technologien erneuerbarer Energien ausgelöst, die die Kosten gesenkt und auch in Ländern wie den USA, China, Indien, Japan und weiteren Ländern die Produktion aufgebaut hat, weil die entsprechenden Technologien auf dem schnell wachsenden deutschen Markt und in anderen Ländern angeboten werden konnten, die mit analogen Gesetzen nachfolgten. So entstehen technologische Revolutionen: durch die Entfachung einer Dynamik zu sich selbst tragenden Entwicklungen. Wer dies ersetzen will durch zertifizierte Quoten, die nach einseitigen und fragwürdigen Effizienzkriterien zugeteilt werden, kommt statt zu einer technologischen Energierevolution zu einer technokratischen Planwirtschaft.

Dennoch wird von den Chefideologen des Emissionshandels – in kurzsichtiger oder bewusst einäugiger Betrachtungsweise und vernehmbar doppelzüngiger Darstellung – die »ökonomische Ineffizienz« des Erneuerbare-Energien-Gesetzes beklagt und die hohe »Wirtschaftlichkeit des Emissionshandels« betont. Besonders häufig und lautstark tut dies das »Rheinisch-Westfälische Institut für Wirtschaftsforschung« (RWI). Es misst, als gäbe es kein einziges anderes Kriterium mehr, alles an den »$CO_2$-Minderungskosten«, und dies in entstellender Weise: eine Tonne $CO_2$-Reduktion durch Solarstrom koste 900 EUR, durch Windstrom 200 EUR und durch Emissionshandel nur 30 EUR oder weniger. Wie kommen derartige Zahlen zustande, die in krassem Missverhältnis zu den zuvor genannten, von den Stromkunden zu bezahlenden Preisen für den Strom aus erneuerbaren Energien und für die (eingepreisten) $CO_2$-Zertifikate stehen? Hier stoßen zwei miteinander unvergleichbare und konzeptionell unvereinbare Betrachtungswelten aufeinander: das RWI, das hier exemplarisch für alle Protagonisten des Emissionshandels steht, vergleicht reale Investitionskosten in Erneuerbare-Energien-Anlagen, umgerechnet auf die damit erbrachte emissionsfreie Stromerzeugung, mit dem Handelspreis für zugeteilte $CO_2$-Zertifikate. Es vergleicht überdies Kosten für komplette Neuinvestitionen in Erneuerbare-Energien-Anlagen mit partiellen Zusatzinvestitionen in bestehende konventionelle Anlagen für die Minderung von $CO_2$-Emissionen um einige Prozentpunkte. Und drittens vergleicht es – soweit es sich um Neuanlagen fossiler Kraftwerke mit größerer Effizienz und damit um vielleicht 10 Prozent verminderten Emissionen handelt – Anlagen erneuerbarer Energien, die auf Dauer emissionsfrei Strom erzeugen, mit fossilen Kraftwerken, die dann über fünfzig Jahre hinweg immer noch $CO_2$ in erheblichen Größenordnungen ausstoßen. Man vergleicht also einen Dauereffekt der $CO_2$-Vermeidung mit dem kurzfristigen Effekt einiger Prozente Emissionsminderung. Kurzum: Selbst bei enger ökonomischer Betrachtung wird Unvergleichbares miteinander verglichen.

Denken wir einfach, bezogen auf die durch das Erneuerbare-Energien-Gesetz stimulierten Investitionen, zwanzig Jahre weiter, wenn also die Garantievergütung der jeweiligen Anlagen ausgelaufen und die Anlagen längst abgeschrieben sind. Dann liegen die Kosten von Solar- und Windstromanlagen vielleicht bei einem Cent pro Kilowattstunde oder weniger, die ausschließlich für den Ersatzbedarf von Wechselrichtern und für Wartungsarbeiten aufzubringen sind. Demgegenüber wird ein fossiles Kraftwerk mit verminderten $CO_2$-Emissionen auch nach zwanzig Jahren laufend weitere und dann sicher höhere Brennstoffkosten hervorrufen, und es wird weiter $CO_2$ emittieren – ganz zu schweigen von den anderen Emissionen und damit verbundenen sozialen Kosten, die für die Chefideologen des Emissionshandels nicht mehr existieren, als lebten sie auf einem anderen Stern. So kann man dann – wie Christoph Schmidt, der das RWI leitet und zugleich einer der fünf Mitglieder des Sachverständigenrats der deutschen Bundesregierung zur Begutachtung der gesamtwirtschaftlichen Entwicklung (der sogenannten »Wirtschaftsweisen«) ist – zu dem absurden Ergebnis kommen, die Umweltwirkung des EEG sei »gleich null« und der gesamtwirtschaftliche Effekt »bestenfalls null«: »Was man im Rahmen des EEG spart, wird eben an anderer Stelle ausgestoßen, die Emissionen werden lediglich verlagert in andere Industriesektoren, die in den Emissionshandel eingebunden sind.«[25]

Die Ökonomieprofessorin Karin Holm-Müller hat in einem Beitrag für den Sachverständigenrat für Umweltfragen klargestellt, wie fragwürdig solche Vergleiche von Unvergleichbarem sind. Sie führten »selbstredend« zu einer »Bevorzugung von Kohlekraftwerken«, obwohl dies bei einem tatsächlichen »Vollkostenvergleich« auch unter wirtschaftlichen Gesichtspunkten kostspieliger sei als eine $CO_2$-Vermeidung etwa durch Windkraft. Durch die ursprüngliche Fehleinschätzung kommt es demnach auch in Zukunft zu einem Festhalten an dem »gesamtgesellschaftlich langfristig suboptimalen Vermeidungspfad« – also dem des Emissionshandelssystems. Dieses Problem verschärfe sich dadurch, dass höhere $CO_2$-Minderungspflichten immer nur schrittweise und jedesmal in strittiger Weise von einer »Handelsperiode« zur nächsten – in jeweils noch auszuhandelnder Größenordnung erfolgen. Deshalb würden Unternehmen regelmäßig die dann stets nur zusätzlich aufzubringenden »Kosten zur Verringerung der Emissionen bereits bestehender Anlagen« wegen der damit verbundenen kurzfristigeren und dadurch überschaubareren Kalkulationen einer Investition im erneuerbare Energien vorziehen, so dass »die etablierte Technologie auf diese Art immer noch einen ›Bestandsschutz‹ erhält, der vom Emissionshandel allein nicht beseitigt werden kann.« Das Ergebnis ist, »dass neue Technologien vom Emissionshandelssystem benachteiligt werden.«[26] Warten und Aufschieben werden also belohnt.

## B. Brüchige Brücken:
Atomenergie und CCS-Kraftwerke um jeden Preis?

Der Jubel über einen Erfolg in Kopenhagen wäre vielen Umweltorganisationen schnell vergangen. In diesem Fall wären nämlich zwei hoch umstrittene Elemente zum integralen Bestandteil offiziell anerkannter Klimaschutzmaßnahmen geworden: der Bau neuer Atomkraftwerke und die Endlagerung von zuvor in Kohlekraftwerken abgeschiedenem $CO_2$ im Erdinnern oder auf dem Meeresgrund. Als das Kyoto-Protokoll Anfang des Jahrhunderts auf den Weg gebracht wurde, waren darin neue Atomkraftwerke noch nicht als Klimaschutzinstrument anerkannt, und von CCS-Kraftwerken war noch keine Rede. Doch seit 2004 wird weltweit für eine »Renaissance der Atomenergie« getrommelt, und wenig später wurden CCS-Kraftwerke ins Spiel gebracht. Um der Frage auszuweichen, warum neue Investitionen nicht stattdessen voll auf erneuerbare Energien gelenkt werden, bezeichnet man wahlweise Atomkraft- und CCS-Kraftwerke als »Brücke zu erneuerbaren Energien«. Die notorisch wiederholte Rechtfertigung dafür lautet, leider sei es noch nicht möglich, den Energiebedarf mit erneuerbaren Energien zu decken. Dahinter steht die Absicht, die »Brücken« immer weiter zu verlängern, über ein halbes Jahrhundert oder mehr.

Der neue Lockbegriff lautet »kohlenstofffreie« Energieträger. Auf der Weltklimakonferenz in Bali im Dezember 2007 wurden auch Begriffe wie »clean energy technologies« und »zero carbon economy« in die Konferenzpapiere eingeführt und ungeprüft übernommen. Sie stammen aus der Semantikwerkstatt derjenigen, die Atomenergie und CCS-Kraftwerke in den Klimaschutzrang der erneuerbaren Energien heben wollen. Eine der wenigen in Bali, die das kritisierten, war die damalige Vorsitzende des Weltzukunftsrats, Bianca Jagger, die darauf aufmerksam machte, dass allein erneuerbare Energien als »clean energy« bezeichnet werden können. Spätestens seit der Bali-Konferenz war klar erkennbar, dass ein neues Klimaabkommen (Kyoto II), das zwei Jahre später in Kopenhagen entstehen sollte, CCS-

Kraftwerke und neue Atomkraftwerke als Klimaschutzmaßnahmen anerkennen würde. Der Weltklimarat, das Klimasekretariat und die meisten namhaften Klimaforschungsinstitute beziehen beides in ihre Aufzählung klimaschützender Ansätze ein. Die Protagonisten der Atomenergie und der CCS-Kraftwerke haben sich die Fixierung der Weltenergiediskussion auf die $CO_2$-Emission zunutze gemacht, weil diese alle anderen Gefahren der konventionellen Energieversorgung in den Hintergrund drängt. Wäre es also in Kopenhagen zu dem geforderten Abkommen gekommen, so hätten viele Umweltorganisationen vor einem heiklen Problem gestanden, wenn sie die gleichen Jubelchöre angestimmt hätten wie acht Jahre zuvor, als das »Kyoto I«-Abkommen durchgesetzt war: Sie hätten nicht nur das weitere Ansteigen der Klimagase bis zum »Zwei Grad«-Deckel tolerieren müssen, sondern – um ihrer einhelligen Ablehnung der Atomenergie und der überwiegenden Ablehnung von CCS-Kraftwerken treu zu bleiben – im selben Atemzug auch gegen den Inhalt des Abkommens Stellung beziehen müssen.

### Welche Brücken?

Dass es Brücken zur Vollversorgung mit erneuerbaren Energien geben muss, ist unzweifelhaft, da ein sofortiger Sprung von der konventionellen Energieversorgung zu erneuerbaren Energien nicht denkbar ist: Es sind aber weniger technische Gründe und auch nicht unüberwindbare wirtschaftliche Gründe, die das ausschließen. Die Gründe sind mehr politischer und gesellschaftlicher Art: Es ist nicht zu erwarten, dass alle Regierungen und Parlamente gleichzeitig den Willen und die Kraft aufbringen, sich dem gewohnten und gegebenenfalls erpresserischen Einfluss der machtvollen konventionellen Energieinteressen zu entziehen. Außerdem mangelt es den meisten noch an strategischer Kompetenz für die Einführung erneuerbarer Energien, weil diese Materie für Regierungen, Parteien und Finanzinstitute relativ neu ist. Auch die Unterstützung seitens der Bevölkerung ist mangels öffentlicher Aufklärung noch sehr unterschiedlich. Nahezu überall fehlt es an ausgebildetem wissenschaftlich-technischem Personal, worin sich die Versäumnisse der letzten Jahrzehnte nicht zuletzt im Bildungs- und Wissenschaftsbetrieb widerspiegeln. Die verschiedenen Lernkurven müssen also schneller ansteigen, was eine Strategie auf breiter Front erfordert.

Jedes einzelne Modul kann in kurzer Zeit installiert werden und seine Arbeit aufnehmen: das energieautonome Gebäude, die Solarstromanlage, die Windkraftanlage, die Biogasanlage, die Kleinwasserkraftanlage – sobald auf der politischen Ebene die jeweiligen administrativen Hemmnisse ausgeräumt sind. Die Installationszeiten reichen von einem Tag bis zu einigen Monaten. Jede Großanlage hat demgegenüber eine Bauzeit von mehreren Jahren, Atomkraftwerke von bis zu einem Jahrzehnt und mehr, abgesehen von dem Zeitbedarf für den Bau neuer Transportleitungen.

Über welche Brücken kann der Weg zu erneuerbaren Energien also führen? Eine ist durch die bestehenden Kapazitäten der konventionellen Energieversorgung gegeben. Erneuerbare Energien treten zunehmend an die Stelle der konventionellen Kapazitäten, bis diese gänzlich überflüssig werden. Für den schnellen Energiewechsel darf es nur keine garantierten Restlaufzeiten der konventionellen Energien geben, die über den tatsächlichen Bedarf an ihrer Produktionsleistung hinausgehen. Sie werden also synchron zur Mobilisierung erneuerbarer Energien aus dem Markt verdrängt, und Regierungen müssen ihre Protektorenrolle für sie aufgeben. Für die Träger des konventionellen Energiesystems klingt dies ungeheuerlich, ist aber in allen technologischen Revolutionen ein normaler Vorgang: Auch bei der Breiteneinführung der PCs wurde keine Rücksicht auf die Existenz der Schreibmaschinenhersteller genommen, die mittlerweile nahezu verschwunden sind.

Bei den Brücken zu erneuerbaren Energien muss es sich um *kurze Übergänge* und *Begleitstrategien* handeln, die den Weg zum Energiewechsel ebnen und diesen sogar mit vorantreiben. Zu den Begleitstrategien gehören alle Ansätze zur Förderung des Energiesparens und der Steigerung der Energieeffizienz, insbesondere in Gebäuden, in Motoren und Geräten, sowie die Vermeidung langer Transportwege und damit von Energieverlusten. Diese Maßnahmen erleichtern und verbilligen den Energiewechsel, weil dadurch weniger neue Energie gebraucht wird. Gute Übergänge sind Anlagen, in denen zwar noch fossile Energien eingesetzt werden, die jedoch keine langfristige Kapitalbindung erfordern und in das kommende System einer modularen Energieversorgung passen. Das Paradebeispiel hierfür sind Blockheizkraftwerke. Dabei handelt es sich um Motorkraftwerke mit überschaubaren Laufzeiten von etwa zwölf Jahren. Zu ihrem Effizienzvorteil für die Mehrfachnutzung der eingesetzten Energie kommt, dass hier bereits Anteile erneuerbarer Energien zugemischt werden können, bis hin zum vollständigen Verzicht auf den Einsatz fossiler Brennstoffe.

Im Gegensatz dazu stellen neue oder auf längere Laufzeiten ausgelegte Atomkraftwerke und fossile Großkraftwerke keine Brücken zu erneuerbaren Energien dar, sondern regelrechte Brückensperren. Zum einen wegen der oft langen Bauzeit und der auf etwa vier bis sechs Jahrzehnte kalkulierten Laufzeit; zum anderen wegen ihres niedrigen Effizienzgrads und der Inflexibilität ihres Energieeinsatzes, wenn dafür besonders aufwendige neue Transportinfrastrukturen erstellt werden müssen. Es handelt sich um Dampfkraftwerke. Diese haben nicht nur unvermeidlich große Energieverluste, weil der Dampf laufend bereitstehen muss, um die Turbinen zur Stromerzeugung für den ständig wechselnden Strombedarf jederzeit anfahren zu können.

Sie gelten als unverzichtbare *Grundlastkraftwerke*, weil sie rund um die Uhr Strom erzeugen können, also theoretisch 8.760 Stunden im Jahr. Sie können allerdings auch gedrosselt gefahren werden. Im Regelfall liegt die Jahreslaufzeit eines voll ausgelasteten Kohlekraftwerks bei 95 Prozent, also bei über 8.000 Stunden, bei einem Atomkraftwerk wegen laufend auftretender kleinerer oder größerer Betriebsstörungen kaum über 70 Prozent. Um den Dampfprozess aus dem Kaltzustand in Gang zu setzen, bedarf es einer Anlaufzeit von etwa acht Stunden. Ein vollständiges Abschalten ist demnach unsinnig. Der Dauerbetrieb hat deshalb Vor- und Nachteile. Der Nachteil ist, dass sie selbst bei Drosselung der Stromerzeugung stundenweise mehr Strom erzeugen, als zeitgleich tatsächlich gebraucht wird. Der Vorteil ist, dass sie praktisch jederzeit zur Nachfrage verfügbar sind. Da es sich nicht für jeden Spitzenbedarf lohnt, den Dampfprozess vorzuhalten, stehen dafür Gaskraftwerke zur Verfügung, die nur wenige hundert Stunden im Jahr laufen, sowie Pumpspeicherwerke.

Je mehr Wind- und Solarstrom in das Netz kommt, desto stärker müssen die »Grundlastkraftwerke« gedrosselt werden, was deren Auslastung beeinträchtigt. Um nicht gänzlich überflüssig zu werden, müssten sie zu Regel- und Reservekraftwerken werden, wofür sie aber nicht ausgelegt sind. Deshalb sind sie faktisch eine technische Konkurrenz zu Wind- und Solarstrom, was den Sachverständigenrat für Umweltfragen in seiner im Mai 2009 veröffentlichten Stellungnahme »Weichenstellungen für eine nachhaltige Stromversorgung« zu der Schlussfolgerung veranlasste: »In einer Versorgungsstrategie auf der Basis von Kohlekraftwerken und Kernkraftwerken müsste der Anteil der regenerativen Energiequellen deutlich begrenzt werden, wenn diese Grundlastkraftwerke ökonomisch sinnvoll betrieben werden sollten.«[27] Das Junktim der beiden Stromkonzerne E.ON und EdF, das sie der britischen Regierung für ihre Bereitschaft zum Bau von Atomkraftwerken in England stellten, ist deshalb aus deren Sicht folgerichtig: Die Regierung müsse dafür den Anteil der Stromerzeugung aus erneuerbaren Energien an der Stromversorgung auf 35 Prozent begrenzen.

Solche Großkraftwerke wären jedoch immer schon verzichtbar gewesen, wie Gottfried Rössle überzeugend beschrieben hat, hätte man die Entwicklung der Elektrizitätswirtschaft stattdessen auf eine vielfältige und dezentrale Struktur von Motorkraftwerken ausgerichtet.[28] Diese springen bei eintretendem Strombedarf so schnell an wie ein Auto und können beliebig hoch- und runtergeschaltet werden – ergänzt um die Wärmeausbeute. Aus alldem ergibt sich: als Brücke zu erneuerbaren Energien sind Großkraftwerke denkbar ungeeignet. Energietechnologisch und nach Effizienzkriterien betrachtet, sind Atom- und Kohlekraftwerke wesentlich komplizierter zu handhaben als erneuerbare Energien; unter dem Gesichtspunkt von Klimaschutz und Energiesicherheit sind sie unnötig, und die sozialen Kosten sind untragbar. Tatsächlich geht es den Stromkonzernen mit Atom- und Kohlekraftwerken allein um die Bewahrung bzw. Verlängerung des konventionellen Energiesystems und – bei der Atomenergie in einigen wichtigen Ländern – noch um eine ganz andere Frage: die Rolle als Atomwaffenland oder als eines, das sich die Option auf den Besitz von Atomwaffen offenhalten will.

### *Die untragbare Atomenergie*

Es muss an dieser Stelle nicht noch einmal ausführlich dargelegt werden, was alles gegen die Atomenergie spricht. Dies ist vielfach beschrieben worden. Seit meiner Zeit als wissenschaftlicher Mitarbeiter des Kernforschungszentrums Karlsruhe (1976–1980) hat sich mein Standpunkt gegen die Atomenergie verfestigt: Selbst wenn die Atomenergie nichts kostete, müsste sie abgelehnt werden.

Einen zentralen Grund dafür haben Christine und Ernst-Ulrich von Weizsäcker auf den Punkt gebracht: Atomenergieanlagen fehlt die für jedwede Technologie unerlässliche »Fehlerfreundlichkeit«. Das heißt, dass in Atomkraftwerken ein Fehlerpotenzial steckt, das eine die gesamte Gesellschaft betreffende irreversible Katastrophe auslösen kann. Bei Atomenergieanlagen wäre es das Schmelzen des Reaktorkerns, der GAU. Dass dieser Fehler passieren kann, hat die Reaktorkatastrophe von 1986 in Tschernobyl bewiesen. Mehrfach konnten ähnliche Katastrophen in letzter Minute verhindert werden – so 1978 im Atomkraftwerk Three-Miles-Island in den USA oder 2007 im Forsmark-Reaktor in Schweden, einem in technischen Sicherheitsfragen als besonders streng bekannten Land. Die Tschernobyl-Katastrophe geschah in einem relativ dünn besiedelten Gebiet. Passierte Ähnliches in einem wirtschaftlichen Ballungsraum – etwa in einem der zwei Biblis-Reaktoren mitten im Rhein-Main-Gebiet, in einem der beiden Reaktoren in Neckarwestheim mitten im Großraum Stuttgart oder in einem der beiden Isar-Reaktoren im Großraum München –, wäre das der Todesstoß für die gesamte Volkswirtschaft. Katastrophen können auch durch Fremdeinflüsse ausgelöst werden, durch gezielten Atomterrorismus, etwa durch den Kamikaze-Flug eines entführten Flugzeugs auf einen Atomreaktor: Der Biblis-Reaktor im Rhein-Main-Gebiet ist nur vierzig Flugsekunden von der Einflugschneise zum Frankfurter Großflughafen entfernt.[29] Dass die Gefahr des

Atomterrorismus besteht, hat im April 2010 die internationale Konferenz beleuchtet, zu der US-Präsident Obama vierzig Regierungen eingeladen hatte. Aber selbst ohne atomterroristische Attacken können Atomkraftwerke keine Fehlerfreundlichkeit, also absolute Katastrophensicherheit, für sich in Anspruch nehmen. Es gibt keine fehlerfreien Menschen und keine fehlerfreie Technik, schon gar nicht bei einem Reaktor, in dem Zehntausende technische Einzelkomponenten – großenteils hochsensibler Art – haargenau aufeinander abgestimmt sein müssen.

Das bedeutet im Klartext: Weil nicht passieren darf, was passieren kann, darf eine solche Technik nicht eingesetzt werden, wenn die Folgen außerhalb jeglicher tragbaren menschlichen und wirtschaftlichen Verantwortungsmaßstäbe liegen. Gleiches gilt für das Problem des Atommülls, der seine Gefährlichkeit erst nach hunderttausend Jahren verliert. Welches politische System hat so lange Bestand? Und welches Unternehmen, das heute Atomkraftwerke betreibt, könnte je über derartige Zeiträume für die gesicherte Endlagerung seines Atommülls sorgen? Die Atomenergie ist deshalb das vermessenste Projekt der Zivilisationsgeschichte.

Das große Zukunftsversprechen der Atomenergie – die Kernfusion – spielt für die in den nächsten Jahrzehnten zu lösende Energiefrage schon mangels technischer Verfügbarkeit keine Rolle. Über deren Risiken – die zwar nicht mit denen der Kernspaltungsreaktoren identisch, aber dennoch schwerwiegend sind – wird geschwiegen, ebenso über die Kosten, die mit großer Wahrscheinlichkeit diejenigen der Einführung erneuerbarer Energien deutlich übersteigen. Es wird also keinen Bedarf für die Kernfusion geben. Auch die im Frühjahr 2010 durch die Weltpresse geisternde Ankündigung, der Microsoft-Gründer Bill Gates wolle Mini-Atomreaktoren entwickeln, rettet die Atomenergie nicht. Nach Gates' Plan sollen die Mini-Reaktoren eine Leistung von 10 bis 300 MW haben, vollautomatisch betrieben werden und wenig Uran verbrauchen. Aber auch bei diesen Reaktoren wäre nach Angaben des Entwicklungsteams eine Kernschmelze nicht ausgeschlossen, man hätte nur mehr Zeit für Gegenmaßnahmen. Das Atommüllerbe bliebe, und über den Zeitbedarf einer eventuell erfolgreichen Entwicklung sowie die Kosten sind keine Angaben möglich.[30] Dass Bill Gates und sein Team von diesem physikalisch-technisch höchst anspruchsvollen Projekt fasziniert sind, kann aber kein Grund für eine Rehabilitierung der Atomenergie sein.

Auch die Physiker der Arbeitsgruppe Energie der Deutschen Physikalischen Gesellschaft, die im März 2010 unverdrossen den Neubau von Atomkraftwerken forderten, können nicht davon lassen. Die Atomenergie, die längst zum Trauma geworden ist, bleibt ihr Traum, der bei so viel geistiger Investition doch noch in Erfüllung gehen soll.[31] Eine wissenschaftlich haltbare Begründung für den Bedarf an Atomenergie gibt es angesichts des überwältigend großen Potenzials erneuerbarer Energien und deren Null-Risiken nicht.

### Der Selbsterhaltungstrieb der nuklearen Community

Die interessante politische Frage ist, warum außerhalb des Feldes des Entwicklungs- und Erkenntnisehrgeizes von Atomwissenschaftlern trotz aller unverkennbaren Risiken immer wieder eine Renaissance der Atomenergie versucht wird. Hinter den Bemühungen stehen in erster Linie Bestands- und Fortschreibungsinteressen von Energiekonzernen, der atomtechnischen Industrie sowie internationaler und nationaler Atomenergie-Institutionen und atomarer Forschungszentren. Der Bau von Atomkraftwerken, der sich überwiegend zwischen den 1960er und 1980er Jahren vollzog, stagnierte seit Mitte der 1980er Jahre weitgehend. Die Gründe liegen in wachsenden Bürgerprotesten, die es allerdings nicht überall gab und die deshalb auch nicht die einzige Erklärung sind. Hinzu kam die Schockwirkung der Tschernobyl-Katastrophe, die viele Regierungen verunsicherte und sie von weiteren Projekten zurückhielt, ferner unerwartete Kostensteigerungen durch erhöhte Sicherheitsauflagen. Die Komplexität der Atomreaktoren war von den Atomexperten unterschätzt worden, was sich an den zahlreichen Störfällen in allen Reaktoren zeigt. Die atomtechnische Industrie hatte viel zu tun, um den zusätzlichen Sicherheitsanforderungen zu genügen. Doch nunmehr stehen wegen der zu Ende gehenden Laufzeiten der überwiegend älteren Reaktoren viele Abschaltungen an, und mit jedem zur Abschaltung anstehenden

Reaktor reduzieren sich die Aufträge für die atomtechnische Industrie.

Wie sehr die atomtechnische Industrie unter Druck steht, zeigt sich daran, dass – nach dem Stand vom August 2009 – derzeit »nur« 52 neue Atomkraftwerke im Bau sind, im Verhältnis zu 435 weltweit in Betrieb befindlichen. In 20 der 32 Länder, in denen diese Reaktoren arbeiten, liegt deren Durchschnittsalter zwischen 25 und 35 Jahren, weshalb sie im Laufe des nächsten Jahrzehnts stillgelegt werden müssen. Im August 2009 waren darüber hinaus 90 neue Reaktoren geplant. Daraus ergibt sich: Ohne Laufzeitverlängerung und ohne eine Steigerung der Neubaurate sinkt weltweit die Zahl der Atomkraftwerke innerhalb der nächsten Dekade auf etwa die Hälfte. In ihrem »World Nuclear Status Report 2009« haben Mycle Schneider und seine Mitautoren ermittelt, was geschehen müsste, um nur die Anzahl und die installierte Leistung der Atomreaktoren in weltweitem Maßstab aufrechterhalten zu können: Über die 52 in der Bauphase befindlichen neuen Reaktoren hinaus müssten 42 weitere bereits im Jahr 2015 fertiggestellt werden, sodass bis dahin durchschnittlich alle sechs Wochen ein neuer Reaktor ans Netz gehen müsste. In den Jahren bis 2025 müssten dann 192 weitere neue Reaktoren den Betrieb aufnehmen, also im Durchschnitt einer alle neunzehn Tage.[32]

Dies wird in dem Status-Report als praktisch unmöglich bewertet, weil es dafür weder ausreichende industrielle Kapazitäten noch auch nur annähernd genügend qualifiziertes Personal gibt. Deshalb bemüht sich der französische Staatspräsident Sarkozy fieberhaft um neue Bauaufträge für den französischen Atomtechnik-Konzern AREVA in anderen Ländern, von Italien über Nordafrika bis in die asiatischen Länder, und fordert Subventionen für neue Atomkraftwerke in der EU sowie massive Ausbildungsanstrengungen für Atomtechniker. Im März 2010 veranstaltete er in Paris eine internationale Konferenz zur Atomenergie, zu der zahlreiche Schwellenländer eingeladen waren, und forderte mit Nachdruck, den Bau von Atomkraftwerken zum internationalen Entwicklungsprojekt zu erklären. Begründen lassen sich die Renaissance-Versuche für die Atomenergie nur mit einer »Erneuerbare-Energien-Lüge«, also mit der Leugnung der Realisierbarkeit von hundert Prozent erneuerbarer Energien. So erklärte der schwedische Energieminister Andreas Carlgren zu den Protesten gegen den von seiner Regierung angekündigten Neubau von Atomkraftwerken: »Es ist okay mit den Protesten gegen die Atomkraftwerke, aber man muss uns auch erklären, was zur Vermeidung klimaschädlicher Stoffe getan werden soll.« Wenn AREVA mangels Aufträgen ins Straucheln kommt, hat Frankreich wegen seines großen Atomkraftwerksanteils **und** seiner Atombewaffnung ein gravierendes Problem: Es müsste, wenn es an beidem festhalten will, AREVA notfalls mit Milliardenbeträgen aus der Staatskasse subventionieren. Die Erfolgsstory der französischen Atompolitik wäre dann für alle offenkundig beendet, aber ein Konkurs von AREVA wäre ein politischer GAU für den Atomstaat Frankreich.

### Das existenzielle Dilemma hoch qualifizierter Atomphysiker

Der Bedarf an Atomtechnikern ist ein massives Problem, weil sie nicht nur gebraucht werden, um die vorhandenen Atomkraftwerke möglichst gefahrlos betreiben zu können, sondern auch, um den Rückbau stillgelegter Atomkraftwerke bewerkstelligen zu können, die Abzweigungen radioaktiven Materials für die Herstellung von Atomwaffen zu verhindern sowie den Atommüll über unvorstellbar lange Zeiträume sicher lagern und überwachen zu können.

Für diese Aufgaben bleibt hochqualifiziertes und verantwortungsbewusstes Personal notwendig. Durch das seit etwa zwanzig Jahren bestehende Moratorium des Atomkraftwerksausbaus und die wachsende Umstrittenheit und Infragestellung der Atomkraft – die zu Volksabstimmungen in Österreich, Italien und Schweden gegen die Atomenergie und zum deutschen Beschluss über den Atomausstieg geführt hat – ließ jedoch das Interesse der jungen Generation massiv nach, in der Atomenergie ihre berufliche Perspektive zu sehen. Das heutige atomwissenschaftliche und -technische Personal ist überaltert.

Dieses bereits akute Personalproblem signalisiert ein schwerwiegendes Dilemma, das uns die Atomenergie beschert hat: Wie kann in mittlerer und ferner Zukunft sichergestellt werden, dass es selbst nach einer ebenso notwendigen wie unausweichlichen Beendigung der Atomenergienutzung noch hoch qualifizierte Atomtechniker gibt, die sich mit der Rolle von Totengräbern und Friedhofswächtern für viele Millionen Tonnen gelagerten Atommülls zufrieden geben? Wer will einen solchen Beruf noch erlernen? Dies ist ein fast unlösbares Problem, an das die Wegbereiter der Atomenergie nicht gedacht haben, weil sie an Atomkraft für alle künftigen Zeiten glaubten. Auf Atomenergie kann verzichtet werden, ihre Hinterlassenschaften sind kaum rückholbar. Der geplante Ausweg aus dem absehbaren Personalnotstand ist, diesen durch eine dauerhafte Verstetigung der Atomenergie zu verhindern. Weil man sich einmal darauf eingelassen hat, soll man sich für immer darauf einlassen müssen – eine Form gesellschaftlicher Geiselhaft, in der sich auch die Atomenergie-Akteure selbst befinden und die ihr Bewusstsein und Verhalten prägt.

Deren Stammpersonal ist nach wie vor groß und einflussreich. Zwar hat die Atomindustrie ihre Rolle als Zukunftsträger verloren, die man ihr bis in die 1970er Jahre zuerkannt hatte. Noch 1974 sprach die Internationale Atomenergie-Agentur (IAEA) von über 4 Mio. MW installierten Atomkraftwerkskapazitäten bis zum Jahr 2000, was weit über den gegenwärtigen Kapazitäten der gesamten weltweiten Stromversorgung liegt. Doch die nationalen und internationalen öffentlichen Institutionen, die in den 1950er Jahren geschaffen worden waren, blieben weitgehend unangetastet, um die gesamte künftige Energieversorgung auf die Atomenergie auszurichten: die nationalen Forschungszentren und auf internationaler Ebene EURATOM und die IAEA. Letztere hat über 140 Mitgliedsländer und mehr als 2.000 Mitarbeiter. Die ihr bei der Gründung 1957 zugedachte Rolle war die des Herzmuskels für die künftige Weltenergieversorgung. Es kann niemanden überraschen, dass sie sich – im Verein mit EURATOM und der IEA und deren Unteragentur Nuclear Energy Agency (NEA), den nationalen Atomenergieinstitutionen, der atomtechnischen Industrie und den Atomstromkonzernen – nicht mit der Rolle abfinden will, die Atomenergie nur noch abzuwickeln.

Das Selbstverständnis und der gewachsene Einfluss dieses international stark vernetzten Atomkorps sind zu groß, als dass es darauf verzichten würde, einen neuen Anlauf für die Atomenergie zu starten, wozu die Klimagefahren eine willkommene Gelegenheit bieten. Für die Rolle als reine Abwickler haben deren Protagonisten ihre hoch spezialisierte und qualifizierte berufliche Karriere nicht begonnen. Es muss unerträglich für sie sein, lediglich für ein Auslaufmodell zu arbeiten. Um die Atomenergie wieder ins Zukunftsspiel bringen zu können, müssen sie deshalb öffentlich an der These festhalten, erneuerbare Energien seien kein ausreichender und sicherer Ersatz, selbst wenn diese Aussage unwissenschaftlich ist und längst lächerlich geworden ist. Die Atomenergie als Brückentechnologie auf dem Weg zu erneuerbaren Energien zu definieren, ist für sie eher ein taktisches Zugeständnis. Um die Atomenergie generell wieder aufzuwerten, muss öffentlich massiv geworben werden: mit dem Kunstbegriff einer »Atomrenaissance«, mit Verheißungen sicherer Atomkraftwerke und mit groß angelegten Ausbauplänen, wie sie vor allem die IEA propagiert. Sie wissen, dass diese nicht einmal dann realisierbar wären, wenn sich alle – Regierungen wie Bevölkerung – einhellig dafür einsetzten und es dabei keinerlei Finanzierungsprobleme gäbe. Aber sie hoffen, sich mit dem Trommeln für die Atomenergie wenigstens ihre Rolle erhalten zu können.

### Ein falscher Fortschrittsausweis

Die diskutierten atomaren Ausbaupläne und -empfehlungen betreffen auch die Entwicklungsländer. Dort stoßen sie auf beträchtliche Resonanz, weil die Atomenergie nach wie vor als Ausweis technologischen Fortschritts betrachtet wird. Dieses Denken wird von der IAEA mit ihrem großen Apparat und weltumspannenden Kommunikationsnetz genährt, über das sie Wissenschaftler aus allen Ländern mit Hunderten von Workshops auf die Einzigartigkeit der Atomenergie einstimmt. Anlässlich eines Vortrags über erneuerbare Energien in Vietnam – wo noch kein Atomkraftwerk steht, aber eine Atomenergiekommission existiert, die direkt dem Regierungschef unterstellt ist – sprach ich mit einigen der anerkanntesten Physikprofessoren des Landes: Alle waren mit der Atomenergie vertraut, keiner sah darin ein grundlegendes Problem, und alle hatten über erneuerbare Energien ein Wissen auf dem Diskussionsstand der 1970er Jahre. Ähnliche Erfahrungen habe ich bis in die jüngste Zeit auch in vielen anderen Ländern gemacht, von Lateinamerika bis Afrika. In Jordanien argumentierte ich auf einer Konferenz der Royal Academy of Science gegen den Vorschlag eines der bekanntesten Energiewissenschaftler des Landes, der den Bau eines Atomkraftwerks empfahl. Bereits meine Frage, wie er das vertreten könne, schon angesichts des enormen Wasserbedarfs (pro Kilowattstunde Atomstrom 3,2 l Wasser) vor dem Hintergrund der akuten Wasserkrise seines Landes, überraschte viele und konnte von ihm nicht beantwortet werden.

Die laufende Arbeit der IAEA – die über das Mandat und die entsprechenden Kapazitäten verfügt – hat dazu geführt, dass es in dreiundzwanzig Ländern, in denen noch keine Atomkraftwerke für die Stromerzeugung stehen, dennoch Forschungsreaktoren gibt, darunter Länder wie Ägypten, Marokko und Libyen, die besonders reich an Sonnenstrahlung oder Windkraft sind – und Länder wie Algerien oder Georgien, Indonesien, die Philippinen oder Thailand, die neben ihrem Reichtum an natürlichen erneuerbaren Energien voller innerer Unruhen sind. Sie alle gelten auf der Liste der IAEA als potenzielle Newcomer-Staaten für Atomkraftwerke, und darüber hinaus fünfzehn weitere Staaten – darunter Bosnien, Uganda, Jordanien, Namibia, Nigeria und Tunesien. Die meisten neuen Reaktoren werden – dem »Welt-Statusreport Atomenergie« zufolge – gegenwärtig in China (16), Russland (9), Indien (6) und in Südkorea (5) gebaut, und die meisten konkreten Neuplanungen konzentrieren sich auf China (29), Japan (13), die USA (11), Indien (10), Russland und Südkorea (je 7). Die jeweils geplante Bauzeit liegt bei durchschnittlich fünf Jahren, verzögert sich aber regelmäßig.

Dies alles geschieht, obwohl eine tatsächlich zuverlässige Endlagerung des Atommülls nirgendwo in Sicht ist, und trotz der Kostenexplosionen für neue Atomkraftwerke, die die Behauptung vom Kostenvorteil der Atomenergie widerlegen. Die weltweit operierende »Citigroup Global Markets« hat unter der Überschrift »New Nuclear-Economics Say No« in Bezug auf die britischen Regierungspläne zum

Bau von zehn neuen Atomkraftwerken davor gewarnt, diese zu realisieren.[33] Weil diese Kraftwerke ohne finanzielle Unterstützung der Regierung gebaut werden sollen, kämen auf die Unternehmen inakzeptable Risiken in Form unvorhersehbarer Kostensteigerungen zu. Verwiesen wird auf die Kostensteigerung des im Bau befindlichen neuen finnischen Reaktors, der zu einem Festpreis von 3,5 Mrd. EUR zwischen 2005 und 2009 errichtet werden sollte. Mittlerweile sind bereits 5,5 Mrd. EUR verbaut, und mit der Fertigstellung wird frühestens 2012 gerechnet. Bis dahin werden die Kosten nochmals gestiegen sein. Die Citigroup nennt auch weitere Beispiele neuer Reaktoren, bei deren Errichtung die ursprünglichen Kalkulationen um den Faktor 2 oder mehr überschritten wurden. Demnach müsse mit einer Steigerung der Stromerzeugungskosten in einem Ausmaß gerechnet werden, das sie nicht mehr wettbewerbsfähig macht.

Wenn dennoch neue Reaktoren gebaut werden, bleibt nur die Erklärung, dass auf nachträglich gewährte Staatshilfe gesetzt wird. Genau das fordert schon der französische Staatspräsident Sarkozy: eine neue Subventionswelle für die Atomenergie, entweder für den Reaktorbau oder für einen die tatsächlichen Produktionskosten deckenden, politisch festgelegten Atomstrompreis sowie Vermarktungsgarantien – analog zu den garantierten Einspeisetarifen für Strom aus erneuerbaren Energien, wie beim deutschen EEG. Die Forderung der Atomkraftwerksbetreiber liegt förmlich in der Luft: »Gleiches Recht für die Atomenergie«. Der entscheidende Unterschied ist nur: Die Atomenergie wird seit über einem halben Jahrhundert in gigantischen Größenordnungen subventioniert, und sie wird immer teurer. Die Markteinführung erneuerbarer Energien wird demgegenüber erst seit einigen Jahren und in wesentlich geringerem Umfang öffentlich gefördert, um eine Serienproduktion der Anlagen ins Laufen zu bringen. Sie werden laufend billiger – von anderen qualitativen Unterschieden, wie dem sozialen Nutzen der erneuerbaren Energien im Vergleich zu den sozialen Kosten der Atomenergie, ganz zu schweigen.

## *CCS – Stickluft für Politik und Gesellschaft*

CCS-Kraftwerke (CCS steht für »Carbon Dioxide Capture and Storage«) scheiden $Co_2$ bei der Verfeuerung der Kohle oder von Gas im Kraftwerk ab, das dann unterirdisch in ausgewählten Lagerstätten oder auf dem Meeresgrund abgelegt werden soll. CCS-Kraftwerke sind deshalb Kohlekraftwerke mit angeschlossener chemischer Fabrik sowie einer $CO_2$-Pipeline-Infrastruktur und $CO_2$-Endlagertechniken. Das bedeutet, dass die Stromerzeugungskosten weit über die heutiger fossiler Kraftwerke hinausgehen. Dennoch ist der Einsatz solcher sogenannter »klimafreundlicher Kohlekraftwerke«, trotz der unüberschaubaren Kostenrisiken und der völlig unabschätzbaren Umweltrisiken, bereits zum festen Bestandteil von internationalen und nationalen Klimaschutzstrategien geworden.

Wer heute die CCS-Option befürwortet und vorantreibt, nimmt hin, dass die Ablösung von Kohlekraftwerken durch erneuerbare Energien in der Stromerzeugung in die zweite Hälfte des 21. Jahrhunderts verschoben wird. Falls CCS-Kraftwerke tatsächlich – wie vielfach schon vorgesehen – ab dem Jahr 2020 oder 2025 allgemein verbindlicher Standard für Kohlekraftwerke und dann durchgängig gebaut würden, bedeutet das eine Laufzeit dieser Kraftwerke bis 2070 oder 2075 und darüber hinaus. Damit fallen sie in die Zeit erwartbarer massiver Preissteigerungen für Kohle und Gas, was bei der CCS-Option besonders stark zu Buche schlägt, weil der Brennstoffbedarf pro gewonnener Kilowattstunde wegen des $CO_2$-Abscheidungsverfahrens und des $CO_2$-Transports ansteigt. Es bedeutet auch die Inkaufnahme aller anderen Emissionen aus Kohlekraftwerken, die unabhängig von $CO_2$-Emissionen anfallen, sowie ein riskantes Einlassen auf die Gefahren der Endlagerung von $Co_2$, die mit der Dauer und der Menge zunehmen. Diese Endlagerprobleme werden von den CCS-Befürwortern genauso heruntergespielt, wie es die Atomenergie-Protagonisten mit dem Atommüll tun. Bereits der Begriff CCS ist eine Beschönigung: Das »S« steht für Storage, also Speicherung. Der Begriff Endlagerung wird ungern verwandt. In einem Speicher bewahrt man etwas auf, das man für weitere Zwecke nutzen will. Beim CCS geht es jedoch um die endgültige Einlagerung von $CO_2$, das nie wieder in die Atmosphäre gelangen darf.

Eine zentrale Begründung für dieses Projekt ist, dass niemand Länder wie z.B. China mit seinen Kohlereserven und seinem schnell wachsenden Strombedarf davon abhalten könne, neue Kohlekraftwerke zu bauen. Solchen Bedürfnissen müsse man Rechnung tragen und deshalb CCS-Kraftwerke in den Katalog klimaschützender Maßnahmen aufnehmen und politisch fördern. Dies sei klimapolitischer Realismus. Die Option, Kohlekraftwerke stattdessen zügig durch erneuerbare Energien zu ersetzen, wird von den CCS-Verfechtern für unmöglich erklärt. Die Behauptung, dass dies eine unzumutbare Belastung der Unternehmen und der Volkswirtschaften darstelle, ist jedoch angesichts des finanziellen Aufwands, der für CCS-Kraftwerke einschließlich der speziell dafür erforderlichen Infrastruktur von $CO_2$-Pipelines notwendig wird, ein fadenscheiniger Vorwand. Tatsächlich handelt es sich bei dieser Technik um einen Rettungsring für fossile Großkraftwerke, mit vielfältigen unverantwortbaren Folgen. Die CCS-Option ist keine »Übergangstechnik«, sondern eine Kapitulation vor den Bestandserhaltungsinteressen der fossilen Energiewirtschaft.

Mit dem Argument, CCS wenigstens zu erproben, befürworten dennoch auch Klimaforschungsinstitute und einige Umweltorganisationen das CCS-Projekt, so etwa der WWF: »Es bringt nichts, die Technik ungeprüft zu verteufeln und damit leichtfertig eine Chance im Klimaschutz zu verspielen.«[34] Doch was soll geprüft werden? Es besteht kein Zweifel, dass es technisch möglich ist, das $CO_2$ abzuscheiden und über $CO_2$-Pipelines in Endlagerstätten zu verpressen. Versuche können nur Kenntnisse über verschiedene Trennverfahren und deren jeweilige Produktivität und über mehr oder weniger geeignete Endlagervarianten vermitteln – also über Fragen, *wie* CCS am besten betrieben werden könnte. Doch vor und über allem muss die Grundfrage stehen, *ob* dieser Weg zu verantworten ist und ob es tatsächlich – wieder einmal – angeblich »keine Alternative« dazu gibt. Gegen die CCS-Option sprechen auch chemisch-physikalische Gründe, an denen keine Endlagerung etwas ändern kann.

Wohin mit dem separierten CO2?

Separiertes und dann gelagertes $CO_2$ ist nur dann klimaschonend, wenn es auf ewig in der Lagerstätte verbleibt. Aber niemand kann und will ausschließen, dass es nicht früher oder später doch in die Atmosphäre gelangt. Ein indirekter Beleg dafür, dass es darüber keine Erkenntnisse gibt und diese auch nicht kurzfristig gewonnen werden können, war die Auseinandersetzung um den Gesetzentwurf der Bundesregierung von 2009. Darin wurde die Haftungspflicht der Stromkonzerne für die gesicherte Lagerung des $CO_2$ auf nur dreißig Jahre begrenzt, um die Unternehmen von unwägbaren finanziellen Risiken zu entlasten. Die Stromkonzerne versuchten sogar, den Haftungszeitraum auf zwanzig Jahre zu reduzieren. Abgesehen davon, dass eine Haftung für freigesetztes $CO_2$ das dadurch entstehende Desaster nicht kompensieren kann, erinnert dieses Vorgehen fatal an die Erfahrungen mit der Lagerung radioaktiver Abfälle.

Der jüngste Fall in Deutschland ist der Eklat über die schlampige Lagerung von radioaktivem Müll in dem ehemaligen Salzbergwerk Asse. Über Jahrzehnte hinweg wurde dieser Lagerstätte von den Forschungszentren und den verantwortlichen Regierungsinstitutionen, gestützt auf geologische Gutachten, die Unbedenklichkeit bescheinigt. Das geforderte Kriterium war, dass die Lagerstätte trocken ist und ein Wassereinbruch auf Dauer als ausgeschlossen gelten kann. Dennoch stellte sich bereits nach drei Jahrzehnten heraus, dass täglich Tausende Liter Wasser in den Salzstock fließen, so dass nunmehr mit einem geschätzten Kostenaufwand von vier Mrd. EUR mehr als hunderttausend Fässer atomaren Mülls wieder herausgeholt werden müssen, weil die Wasserströme sonst eine weiträumige und unkontrollierbare radioaktive Verseuchung des Grundwassers verursachen können.

Nach diesen Erfahrungen ist das Vertrauen in geowissenschaftliche Studien, die bescheinigen, dass $CO_2$ für ewige Zeiträume sicher gelagert werden kann, unverständlich. Das Austreten von $CO_2$ wird dann als »akzeptabel« bewertet, wenn es nicht über zehn Prozent in tausend Jahren hinausgeht, was jährlich 0,1 Promille wären. Niemand kann diese Quote garantieren, niemand kann das genau messen, und keine

Versicherungsgesellschaft wird sich darauf einlassen – so dass, wie bei der Atomenergie, wieder die Gesellschaft als Ganzes in Haftung genommen würde. Es wäre auch blauäugig, davon auszugehen, dass ein Austreten von $CO_2$ nur in kleinsten und gleichmäßigen Mengen erfolgt. Viel wahrscheinlicher ist, dass es zunächst langsam und dann immer schneller und in größeren Dosen in die Atmosphäre gelangt. Dies könnte zu einem tödlichen Prozess für alle Lungenatmer führen – zu einem »CCS-GAU«. Ähnliches kann bei einem Leck in Pipelines passieren. Konzentriertes $CO_2$ ist Stickluft, die schwerer ist als Luft und den Sauerstoff verdrängt. Wir müssen uns die $CO_2$-Mengen vorstellen, um die es hier gehen soll. Ausgehend von dem erklärten Ziel, CCS künftig allen neuen Kohlekraftwerken zur Auflage zu machen, würden bei einem 1.000 MW-Kohlekraftwerk bei vollständiger $CO_2$-Separierung jährlich 10,75 Mio. t $CO_2$ abgeschieden und müssten über Pipelines transportiert und gelagert werden. Bei nur dreißig Kohlekraftwerken dieser Kapazität in Deutschland wären das, wenn für jedes eine Laufzeit von 50 Jahren veranschlagt wird, 34,7 Mrd. Tonnen – was einer erforderlichen Lagerkapazität von 34,7 Kubikkilometern entspricht!

Der an der kalifornischen Berkeley-Universität ausgebildete Ingenieurwissenschaftler Ulf Bossel, Leiter des European Fuel Cell Forum, hat die verschiedenen Varianten der $CO_2$-Endlagerung verglichen und nach chemisch-physikalischen Gesetzmäßigkeiten bewertet.[35] Eine Variante ist, das $CO_2$ in Wasser zu lösen. Die Lösungsmenge beträgt drei Gramm pro Liter Wasser. Für ein 1.000 MW-CCS-Kraftwerk müsste dann bei einer Laufzeit von fünfzig Jahren ein Grundwasservolumen von 254 Kubikkilometern zur Verfügung stehen. Da die unterirdischen Wassermassen aber fließen und auch das genutzte Grundwasser erreichen, ist dieses dann als Trinkwasser nicht mehr zu gebrauchen. Die Entsorgung des $CO_2$, indem man es in Wasser bindet, ist nur gewährleistet, wenn Druck und Temperatur des Wassers unverändert bleiben. Doch das ist aufgrund der vielen Erdschichten unmöglich, weshalb die dauernde Gefahr besteht, dass das $CO_2$ sich wieder löst und auf verschlungenen Wegen in die Atmosphäre entweicht.

Eine andere Variante ist das Verpressen des $CO_2$ in Aquifere, also unterirdische Schichten, die meistens porös und mit Salzwasser gefüllt sind (sogenannte saline Formationen). Die Möglichkeiten, in Wasser gebundenes $CO_2$ hier einzupressen, sind höchst beschränkt, weil Wasser nicht pressbar ist. Eine dritte Variante ist, unterirdische Hohlräume mit $CO_2$ zu füllen, wie etwa in Druckluftspeichern oder Speicherräumen für Erdöl und Erdgas. Die Erfahrungen mit deren Speicherung sind aber nicht mit einer $CO_2$-Lagerung vergleichbar, weil es bei dieser um eine Dauerlösung gehen soll, während Druckluft, Erdöl und Erdgas immer wieder entnommen werden. Außerdem reicht das Kavernenvolumen für die $CO_2$-Mengen bei weitem nicht aus. Es wäre schnell gefüllt. Hinzu kommt, dass diese Erdkavernen dann nicht mehr zur Verfügung stünden, wenn sie in naher oder mittlerer Zukunft gebraucht werden, um in Druckluft umgewandelten Wind- oder Sonnenstrom oder Biogas zu speichern. Eine vierte Variante wäre das Versenken des $CO_2$ in tiefe Meeresschichten, was aber mittlerweile von den meisten CCS-Befürwortern ausgeschlossen wird, weil hierbei die Entweichungsgefahr am größten ist und am schnellsten eintreten könnte.

Vattenfall als der Stromkonzern, der in Deutschland am stärksten auf das CCS-Kraftwerk setzt, präferiert das Verpressen in saline Aquifere und sieht hierfür, gestützt auf Untersuchungen der Bundesanstalt für Geowissenschaften, ein Lagerpotenzial in Deutschland von 20 Mrd. Tonnen vor, was 20 Kubikkilometern entspricht. Das würde nicht ausreichen, um die »gesamte $CO_2$-Fracht aus mindestens 60 Jahren Betrieb der deutschen Kraftwerke klimaneutral einspeichern« zu können, wie der Konzern behauptet.[36] Aber selbst wenn es so wäre, wecken schon die skizzierten chemisch-physikalischen Abläufe größte Zweifel an der Harmlosigkeit des Verfahrens.

### Unübersehbare Kostenrisiken

Auch unter wirtschaftlichen Gesichtspunkten ist die CCS-Option mehr als fragwürdig. Ein modernes Kohlekraftwerk hat gegenwärtig einen Wirkungsgrad von etwa 45 Prozent, bezogen auf die eingebrachte Kohle. Mit der energieaufwendigen $CO_2$-Separierung verringert sich dieser auf 35 Prozent. Wegen des Energiebedarfs für Pipelinetransport und Verpressung reduziert sich die Effizienz nochmals. Für die tatsächliche Stromausbeute muss deshalb in einem CCS-Kraftwerk bis zu 40 Prozent mehr Primärenergie eingesetzt werden als bei einem herkömmlichen Kohlekraftwerk ohne CCS. Damit erhöhen sich die Brennstoffkosten, neben den zusätzlichen Kosten für Separierungstechnik, Pipeline-Infrastruktur, Durchleitung, Verpressung und Überwachung. Unübersehbare Kostensteigerungen sind somit vorprogrammiert. Selbst moderate Kostenschätzungen zeigen schon heute, dass CCS-Kohlestrom nicht kostengünstiger ist als etwa Windstrom, dessen Erzeugungskosten aber noch weiter gesunken sein werden, wenn CCS-Kraftwerke in Betrieb genommen werden könnten, sei es 2020 oder später.

Ein Projekt schönzurechnen, um es ins Laufen zu bringen und politische Unterstützung dafür zu finden, ist eine bekannte Methode, Regierungen und Öffentlichkeit neue Großprojekte schmackhaft zu machen. Gerne stützen sich die Verfechter des Projekts dabei auf unbewiesene Behauptungen. Als Beweis für die »Machbarkeit« wurde beim CCS-Projekt angeführt, dass der norwegische Staatskonzern Statoil Teilmengen von $CO_2$ aus von ihm gefördertem Gas direkt an den Förderstätten separiert und sofort wieder verpresst. Umso ernüchternder war es, als ausgerechnet der Kronzeuge Statoil im Mai 2010 bekannt gab, seinen weltweit größten Versuch zur Separierung und Lagerung von $CO_2$ in seinem Gaskraftwerk in Mongstad wegen technischer Probleme und mangelnder Wirtschaftlichkeit einzustellen. Das neue Strom- und Wärmekraftwerk geht nun ohne CCS in Betrieb. Die offizielle Begründung von Statoil lautet: »Die CCS-Technik erwies sich als weit teurer als bislang angenommen und würde mehr kosten als das gesamte Kraftwerk. Alles ist viel komplizierter, als wir das vor vier Jahren angenommen haben.«[37] Die norwegische Regierung kündigte gleichzeitig an, keine weiteren Gelder für das CCS-Projekt zur Verfügung zu stellen. Sie war zuvor die treibende Kraft gewesen, hatte schon eine Milliarde EUR für die Entwicklung bereitgestellt und auf Weltklimakonferenzen intensiv für das Projekt geworben. Noch 2007 hatte der norwegische Ministerpräsident Jens Stoltenberg dem CCS-Projekt die Bedeutung zugemessen, die in den 1960er Jahren das Mondlandungsprogramm der USA hatte.

Die Einstellung des Mongstad-Versuchs wäre bereits Anlass genug, den CCS-Ansatz nicht weiter zu verfolgen und ohne weitere Umwege den Wechsel zu erneuerbaren Energien voranzutreiben. Warum soll eine Option verfolgt werden, die derart fragwürdig ist, teurer sein wird als erneuerbare Energien und deren Realisierung deutlich mehr Zeitaufwand erfordert als die Mobilisierung erneuerbarer Energien? Eine CCS-Option, die riesige Endlagerkapazitäten erfordert, die angeblich ausreichend verfügbar sind, widerlegt überdies schlagend die Behauptung, es stünden nicht genug Speicherkapazitäten für erneuerbare Energien in Form von Druckluft, Biogas, Wasserstoff oder – auch unterirdischen – Pumpspeicherwerken zur Verfügung.

### Ein fauler analytischer Kompromiss

Es ist jedoch nicht anzunehmen, dass die CCS-Protagonisten von sich aus diese Konsequenz ziehen. Zu viele haben sich mittlerweile auf das Projekt eingelassen, neben Energiekonzernen und Regierungen auch Umweltorganisationen wie der WWF und sogar das deutsche Öko-Institut. Das Projekt erschien wie das Ei des Kolumbus, ein Kompromiss, der sowohl den Interessen der Energiekonzerne als auch dem Klimaschutz entgegenkommt. Es ist damit ein Paradebeispiel für Irrwege, die trotz des warnenden Lehrbeispiels der Atomenergie eingeschlagen werden. Fast über Nacht wurde das Projekt zu einer neuen Verheißung und setzte die Politik in Bewegung, nachdem der Weltklimarat – dessen offizielle Bezeichnung Intergovernmental Panel on Climate Change (IPCC) lautet – 2005 in einem »special report« CCS zum unverzichtbaren Element des Klimaschutzes erklärt hatte. Statt es zunächst zu erforschen, integrierte man das Verfahren sofort in Energieprognosen und Planungen. Staatsgelder wurden bereitgestellt und gesetzliche Rahmenbedingungen eingeleitet, in Größenordnungen und in einer Windeseile, wie es für erneuerbare Energien nie geschehen ist.

2008 schloss die EU CCS als Handlungsoption in ihre Emissionshandels-Richtlinie ein. Die britische Regierung gestand dem Projekt mit dem Climate Change Act zusammen mit der Atomenergie einen hervorgehobenen Stellenwert für den Klimaschutz zu. 2009 folgte die CCS-Richtlinie der EU. Die Bundesregierung legte den Entwurf eines CCS-Gesetzes vor, der jedoch in der Woche der geplanten Verabschiedung im Juni 2009 in letzter Minute zurückgezogen wurde, weil eine Welle von Protesten heranwogte und die nächste Bundestagswahl bevorstand. Die australische Regierung gründete das »Global CCS-Institute« mit einem Jahresbudget von 100 Mio. US-Dollar – ein Betrag, der mehr als sechsmal höher liegt als das Jahresbudget 2010 der neu gegründeten Internationalen Agentur für Erneuerbare Energien (IRENA) mit ihren über 140 Mitgliedsländern. Die EU stellte eine Subvention von 2 Mrd. EUR für zwölf CCS-Kraftwerke bereit, Australien 1,2 Mrd. US-Dollar, Kanada 1,2 Mrd. und die US-Regierung 3,4 Mrd. Alles wurde in die Wege geleitet, um die CCS-Kraftwerke als CDM-Instrument zum Klimaschutz anerkennen zu lassen.[38] Die größte US-amerikanische Umweltorganisation, der Natural Resources Defense Council (NRDC) mit 1,3 Mio. Mitgliedern, wurde zur Speerspitze für die Einführung von CCS. Sie hofft damit, den Kampf gegen $CO_2$-Emissionen voranzutreiben, da sie den Kampf um Alternativen zu Kohlekraftwerken für aussichtslos hält.[39] Die norwegische Umweltschutzorganisation Bellona empfand die Einstellung des CCS-Projekts Mongstad als einen »Dolchstoß in den Rücken« und bedauerte: »Wir haben viel Energie darauf verwendet, diese Politik zu verteidigen.«[40]

So ist CCS weltweit schon zum strategischen Schwerpunkt konventioneller Energieinteressen geworden. Wie schon in der Einleitung erwähnt, hat der Shell-Konzern seine Aktivitäten für erneuerbare Energien weitgehend eingestellt und stattdessen den Strategiewechsel zu CCS verkündet. Stromkonzerne mit ihrem Kohlekraftwerk-Portfolio sowie Technologieunternehmen, die auf CCS-Technik setzen, betreiben gemeinschaftlich finanzierte Werbekampagnen – so das deutsche Informationszentrum klimafreundliches Kohlekraftwerk (IZ Klima). Eine andere Organisation, der DEBRIV (Deutscher Braunkohlen-Industrie-Verein), schaltet in regelmäßigen Abständen in den Tageszeitungen große Textanzeigen, in denen Professoren zu

Wort kommen, die alle dasselbe sagen: Kohle kann und muss mit CCS klimafreundlich genutzt werden, weil erneuerbare Energien Kohlekraftwerke nicht ersetzen könnten. Warnungen und Proteste werden zu irrationalen Vorurteilen erklärt, denen ein breiter Expertenkonsens gegenüberstünde.[41]

Klimaforschungsinstitute bewerten Energietechniken – aus ihrer Sicht nachvollziehbar – allein aus dem Blickwinkel der $CO_2$-Minderung. Dennoch wird ihnen neben ihrer Fachkompetenz in Sachen Klimaforschung auch ein Urteil darüber zuerkannt, welche politische und wirtschaftliche Strategie für die künftige Energieversorgung optimal sei. Da die führenden Institute im IPCC involviert sind, übernehmen sie auch das in dieser Community entstehende Konsensmuster über das, was als machbar, durchsetzbar und zumutbar gilt. Das IPCC ist jedoch kein Gremium, dessen Empfehlungen ausschließlich wissenschaftliche Analysekriterien zugrundeliegen. Es hat sich zweifellos große Verdienste dabei erworben, der Weltöffentlichkeit die Klimagefahren trotz organisierter Verleugnungskampagnen bewusst gemacht zu haben. Es ist jedoch auf einen Konsens angewiesen. Aber dieser Konsens ist ein fauler analytischer Kompromiss, zumindest in Bezug auf die vorgeschlagenen Handlungsoptionen. Er verführt dazu, Zugeständnisse an einflussreiche Interessen zu machen und in den konkreten Handlungsvorschlägen nicht zu weit zu gehen. So entstanden das »Zwei Grad«-Ziel und auch der CCS-Ansatz. Über letzteren werden bereits wirtschaftliche Machbarkeitsprognosen veröffentlicht, bevor zu zentralen Punkten belastbare empirische Daten vorliegen. Ottmar Edenhofer, stellvertretender Direktor des Potsdam-Instituts für Klimafolgenforschung (PIK), votiert für CCS mit den Worten: »CCS kann eine wichtige Brückentechnik für den globalen Klimaschutz sein: Wenn die technischen Fragen der Abscheidung und geografischen Lagerung zu wettbewerbsfähigen Kosten und vertretbaren Risiken gelöst werden, könnten die Klimaschutzkosten durch den Einsatz von CCS nach Modellrechnungen des Potsdam-Instituts für Klimafolgenforschung um ein Viertel gesenkt werden.«[42] Doch was ist die Basis dieser Modellrechnungen, wenn nicht einmal die technischen Kostenfragen geklärt sind und das mit dem CCS-Projekt verbundene Konfliktpotenzial außer Betracht bleibt?

### Das gesellschaftliche Konfliktpotenzial

Das CCS-Projekt ist ein Tanz auf dem Vulkan. Als Überlebenshilfe für die Kohlewirtschaft darf es offenbar mehr kosten als erneuerbare Energien. Die Vehemenz, mit der auf Bundestagsabgeordnete Druck ausgeübt wurde, um 2009 das deutsche CCS-Gesetz durchzuboxen, spricht Bände. Marco Bülow hat aus seiner eigenen Erfahrung als Sprecher der Arbeitsgruppe Umwelt der SPD-Bundestagsfraktion ausführlich beschrieben, wie Lobbyisten laufend in Gesetzgebungsverfahren intervenierten.[43] Die Energiekonzerne setzen darauf, dass Regierungen ihnen die finanziellen und politischen Risiken abnehmen. So forderte der Vorstandsvorsitzende von RWE von der deutschen Regierung, die Baukosten und die Trägerschaft der $CO_2$-Pipelines zu übernehmen, weil die Infrastruktur eine öffentliche Aufgabe sei – ein Standpunkt, den er für Stromnetze ablehnt. Die CCS-Risiken bleiben, wie bei der Atomenergie, ohnehin der Gesellschaft überlassen. Die Politik wiederum soll die Konflikte mit der Bevölkerung austragen, die sich gegen Pipelines und $CO_2$-Endlager zur Wehr setzen wird. Einen Vorgeschmack darauf lieferte der massive Widerstand in Schleswig-Holstein als der Region, in der bereits Sondierungen für das erste Endlager stattfanden. Dieser Widerstand wird überall auftreten, wo mit der Realisierung von CCS begonnen wird. Aus dieser Erfahrung heraus erklärte Umweltminister Norbert Röttgen, ein $CO_2$-Endlager dürfe nur dort entstehen, wo es regionale Akzeptanz finde. In einem von der deutschen Bundesregierung im Juli 2010 neu eingebrachten CCS-Gesetzentwurf wird den Kommunen, unter deren Boden eine Endlagerung stattfinden soll, ein von der Lagermenge abhängiger finanzieller Ausgleich in Aussicht gestellt. Außerdem soll es mit diesem Gesetz nur um eine Erprobung gehen mit einer Beschränkung der jährlichen Endlagermenge auf acht Mio. Tonnen.

Das Anpreisen der vermeintlichen Vorzüge von CCS ist nicht nur wissenschaftlich und wirtschaftlich waghalsig, sondern auch politisch. Die sich dafür aussprechenden Wissenschaftler müssen nicht für die Investitionsrisiken einstehen, wenn unwägbare Gefahren auftreten. Sie müssen auch keine demokratischen Wahlen gegenüber Protestfluten aus der Bevölkerung gewinnen, in der wissenschaftliche Unbedenklichkeitsbescheinigungen aus gu-ten Gründen immer weniger Glauben finden. Das CCS-Projekt ist ein Konzept der Risikoverlagerung statt der Risikoüberwindung, ein kostspieliges und hochriskantes Aufschieben des Energiewechsels. Es wird mit hoher Sicherheit aus finanziellen Gründen und an berechtigten Widerständen scheitern. Das Problem des CCS-Projekts ist, dass es eher zum Versenken von Milliarden führt als zum Verschwinden von $CO_2$ – und erneut Aufmerksamkeit und Zeit für den Wechsel zu erneuerbaren Energien vereinnahmt.

### Wiederverwertung statt Endlagerung

Die Irreführung beim CCS-Ansatz beginnt schon mit dem euphemistischen Begriff der Speicherung. Eine Ablehnung des CCS-Ansatzes muss keineswegs bedeuten, weiterhin große Mengen von $CO_2$ in die Atmosphäre zu entlassen, solange noch fossile Energien verbrannt werden – zumal ja auch bei anderen industriellen Prozessen erhebliche Mengen von $CO_2$ freigesetzt werden, z.B. in der Zementproduktion, die eine Separierung des $CO_2$ aus dem Rohstoff Kalk darstellt. Entschieden naheliegender ist eine Wiederverwertung von $CO_2$, also nicht Carbon Capture and Storage, sondern Carbon Capture and Recycling (CCR). Damit wird $CO_2$ aus einem gefährlich gewordenen Abfall, für den gegenwärtig die Atmosphäre als »wilde Deponie« missbraucht wird, zu einem Wertstoff. Diese Wiederverwertung aus fossilen Verbrennungsvorgängen bedeutet zwar nicht $CO_2$-Vermeidung, bietet aber die Chance zu einer Halbierung von $CO_2$-Emissionen. Eine Methode der Wiederverwertung ist die Produktion von Algen: Aus Algensamen entsteht in einem mit $CO_2$ gefüllten kleinen »Algenreaktor«, der einem Glasbehälter gleicht, innerhalb eines Tages unter natürlichem Sonnenlicht eine Algenkultur und damit energetisch und industriell verwertbare Biomasse. Der Algenertrag eines Hektars solcher Reaktoren ist achtmal größer als bei angebauter Biomasse.[44] Solche Wiederverwertungen können dennoch keine neuen

Investitionen in Kohlekraftwerke rechtfertigen, aber zum Beispiel dazu dienen, das $CO_2$ aus der Zementproduktion als Rohstoff zu verwerten.

Wiederverwertungen sind nur praktikabel, wenn nicht zu große $CO_2$-Mengen an einem Ort abgeschieden werden – wie etwa bei einem Großkraftwerk mit einem Jahresausstoß von 10 Mio. t $CO_2$. Sie muss wegen des damit verbundenen Flächenbedarfs in breiter Streuung und in vielfältigen Formen stattfinden, also wiederum dezentral. Das ist sowohl mit Großkraftwerken als auch mit einer Pipeline-Infrastruktur unvereinbar. Erneut stoßen wir damit auf den Motivkern des CCS-Konzepts: den unbedingten Willen, an den Großstrukturen der Energieversorgung und an der strukturkonservierenden Barriere gegen einen Energiewechsel und einen wirtschaftlichen Strukturwandel festzuhalten.

### *Fadenscheinige Grundlast-Ausrede*

Dass Atom- und/oder CCS-Kraftwerke bis auf Weiteres unverzichtbar seien, wird weniger mit der erforderlichen Energiemenge, als vielmehr mit der nötigen »Grundlast« begründet: Man benötige diese Kraftwerke, weil Strom aus Sonnenkraft und Windkraft nicht immer zur Verfügung steht, wenn man ihn braucht. Zur Überwindung dieses Mankos sei deshalb ein unverhältnismäßig großer und wirtschaftlich unerschwinglicher Aufwand für die Speicherung von Solar- und Windstrom nötig. Dies wird zu einem scheinbar unüberwindlichen Hindernis für den Energiewechsel hochstilisiert. Damit wird ausgerechnet der energetisch ineffizienteste Faktor der herkömmlichen Energieversorgung – die sogenannten Grundlastkraftwerke (siehe dazu S. 91) – zum Kleinod und Nabel der Stromwelt erklärt: zur letzten Trumpfkarte der konventionellen Stromerzeugung.

Den hoch gelobten Vorzügen der »Grundlastkraftwerke« steht nicht nur die strukturelle Ineffizienz des Energieeinsatzes wegen der unvermeidlichen Verluste durch ungenutzten Dampf entgegen, sondern auch die Verluste beim Stromtransport sowie die Notwendigkeit weiterer Reservekraftwerke für Ausfallzeiten, die vor allem bei Atomkraftwerken relativ häufig sind. Diese Reservekapazitäten, die für das jetzige System oft nur tage- oder wochenweise benötigt werden oder eine ungenutzte »Kaltreserve« darstellen, liegen bei durchschnittlich einem Drittel der Gesamtkapazitäten. Nicht einmal statistisch erfasst sind dabei die Reservekapazitäten in Form von Notstromaggregaten, die in Krankenhäusern, Telekommunikationseinrichtungen, für die Wasserversorgung, den Eisenbahnverkehr oder für Verwaltungseinrichtungen vorgehalten werden müssen und fast nie abgerufen werden. Dieses Potenzial an dezentralen Aggregaten kann für den Energiewechsel aktiviert werden. Daran wurde bisher kaum gedacht, obwohl es in Deutschland ein prominentes Beispiel dafür gibt: Im Reichstagsgebäude in Berlin wurde das Notstromaggregat ersetzt durch zwei mit Pflanzenöl betriebene Blockheizkraftwerke für die Strom- und Wärmeversorgung, wobei das öffentliche Stromnetz die Funktion einer Notstromversorgung ausübt.

Kein System der Energieversorgung kommt ohne Reserve- und Speicherkapazitäten aus, weder das herkömmliche noch eines auf der Basis erneuerbarer Energien. Im konventionellen Modell findet die Speicherung von Energie im Bereich der Stromversorgung überwiegend vor deren Umwandlung in Strom statt. Speicherung ist immer dann nötig, wenn die Förderung der Energie und deren Einsatz nicht zeitgleich erfolgen. Solche Speicher sind die Energietransportsysteme, Kohlehalden oder Tanks. Weil Sonnen- und Windkraft nicht vor der Umwandlung in Strom gespeichert werden kann, ist anstelle einer der Stromerzeugung vorgelagerten Speicherung eine nachgelagerte nötig. Stromspeicherung gibt es auch im traditionellen Energiesystem, nur ist die Notwendigkeit dafür geringer, weil die Mittel- und Spitzenlastkraftwerke zur Regelung eingesetzt werden. Der Unterschied zu erneuerbaren Energien liegt also weniger im Speicherbedarf, als vielmehr in der Speicherform und den dafür erforderlichen Investitionen.

Ein wesentliches Element des Systemwechsels ist es, Grundlastkraftwerke durch schnell zuschaltbare Regelenergie zu ersetzen, mithilfe eines intelligenten Netzmanagements modularer Stromerzeugungen, um damit den Speicherbedarf generell zu reduzieren. Der

Einsatz spezifischer Speicher darf dabei nicht nach isolierten Investitionskosten kalkuliert werden. Den Umwandlungsverlusten bei der Speicherung von Strom stehen die Energieverluste eines Grundlastkraftwerks gegenüber sowie der mangelhafte Effizienzgrad und die Kosten für nicht benötigte Reservekapazitäten der Grundlastkraftwerke.

In den Szenarien über erneuerbare Energien werden bisher Speichervarianten berücksichtigt, wie sie für die konventionelle Stromversorgung in Höchstlaststunden eingesetzt werden: Pumpspeicher- und Druckluftkraftwerke. Auch eine Speicherung mit herkömmlichen Batterien wäre möglich und wird gelegentlich praktiziert, ist jedoch mit der überkommenen Batterietechnik wegen der geringen Ladezyklen und dem Energieaufwand nicht empfehlenswert. In der Diskussion über Stromspeicher bleiben jedoch nicht nur viele neue Batterietechniken, sondern auch zahlreiche neue Speichertechniken unberücksichtigt, die in den von EUROSOLAR und dem Weltrat für erneuerbare Energien jährlich veranstalteten Internationalen Konferenzen zur Speicherung erneuerbarer Energien vorgestellt werden. Die meisten sind im Stadium von Prototypen oder stehen kurz vor der Markteinführung. Im Abschnitt »Systembrecher« des 4. Kapitels (S. 163) werden einige davon genannt. Mit diesen Speicheroptionen entfällt jeder Grund dafür, neue Atomkraftwerke oder Kohlekraftwerke errichten oder deren Laufzeiten zu verlängern. Es entfallen auch die Gründe für die Installation weiträumig vernetzter Supergrids, wie sie das Desertec-Projekt oder die Nordsee-Projekte vorsehen, auf die ich im nächsten Kapitel eingehe. Ob Atomkraftwerke, Kohlekraftwerke oder die im 3. Kapitel genannten Supergrid-Projekte: Bei allen wird in einem Zeithorizont von fünfzig Jahren geplant, alle werden für die Grundlastversorgung als unverzichtbar erklärt, und bei allen wird in Bezug auf Stromspeicherung technikpessimistisch argumentiert. Alle ignorieren die Optionsbreite der Speichertechnologien für erneuerbare Energien, weil sonst die Begründung für die Großprojekte in sich zusammenfiele.

## C. Markt-Autismus:
### Die vier Wettbewerbslügen über erneuerbare Energien

Gegen jede politische Marktintervention für erneuerbare Energien wird stets ein Stimmenchor laut; politische Initiativen für konventionelle Energien werden dagegen selten als »marktwidrig« gescholten. Diese unterschiedlichen Bewertungen offenbaren zweierlei Maßstäbe: »Quod licet jovi, not licet bovi« – was Jupiter, der etablierten Energieversorgung, erlaubt ist, soll dem Rindvieh, den erneuerbaren Energien, noch lange nicht zustehen. Außer wenn es um staatliche Forschungsförderung geht, habe ich in den fünfundzwanzig Jahren, in denen ich politische Initiativen zur Durchsetzung erneuerbarer Energien vorgeschlagen, eingeleitet oder begleitet habe, keinen Einwand öfter gehört als den, diese seien mit den Marktprinzipien unvereinbar. Die noch junge Geschichte der politischen Förderung erneuerbarer Energien ist ein ständiger »roll back«-Versuch im Namen einer »marktwirtschaftlichen« und damit vermeintlich produktiveren Lösung. Eindringlich wird vor »Schnellschüssen« gewarnt und gemahnt, »nicht zu viel zu fordern«, weil das den erneuerbaren Energien »nur schaden« und ihre marktgemäße Produktivitätsentwicklung beeinträchtigen würde.

Besonders lautstark und beharrlich wurden und werden diese Beschwerden von den Energiekonzernen vorgebracht, die eine marktbeherrschende Stellung haben, zu der sie nicht über ihre Bewährung »am Markt«, sondern durch politische Protektion gelangt sind. Bei ihrer offenkundig heuchlerischen Forderung, erneuerbare Energien müssten sich »auf dem Markt« durchsetzen, wird ihnen von Wirtschaftsforschungsinstituten sekundiert – auch solchen, die nicht auf der Honorarliste für die Studien der Energiekonzerne stehen.

#### Neoliberale »Market Correctness«

Seit den 1970er Jahren hat es nicht an spektakulären Studien gemangelt, die allen Entscheidungsträgern bekannt sind und sie zu umfassend angelegten politischen Initiativen drängten: »Grenzen des Wachstums« (1972), »Global 2000« (1981), »Our Common Future« (1987), Weltklimaberichte und andere. Dass dennoch kaum wirkungsvolle politische Initiativen ergriffen wurden, liegt auch daran, dass – zeitgleich zu den Erkenntnissen über die elementaren Gefahren für die Ressourcen- und Umweltsicherheit – die neoliberale Doktrin zum Leitmotiv wirtschaftspolitischen Handelns wurde, auf nationaler wie internationaler Ebene. Diese Doktrin einer möglichst schrankenlosen wirtschaftlichen Liberalisierung, die mit der Idolisierung des »freien Marktes« und einer Stigmatisierung staatlicher Wirtschaftsaktivitäten einherging, wurde in den 1990er Jahren für Politik und Wirtschaft zur herrschenden Lehre. Der »unsichtbaren Hand des Marktes« wurde mehr Rationalität beigemessen als politischen Wirtschaftsstrategien.

Die neoliberale Lehre nimmt das Freiheitsideal einseitig für die Unternehmen in Beschlag. Das Ideal der Weltoffenheit wird mit weltweit geöffneten »Märkten« gleichgesetzt. Dieses Prinzip wurde seit den 1990er Jahren als »Washington-Konsens« zum maßgeblichen Bewertungskriterium für wirtschaftspolitisches Handeln. Strategien, die diesem Prinzip widersprechen, kamen auf den Index. Selbst in existenziellen Überlebensfragen wie der Ressourcen- und der Umweltsicherheit wurde politisches Handeln am Kriterium der Marktliberalisierung gemessen und politische Initiativen zur Überwindung der Ressourcen- und Umweltkrise tabuisiert. Internationale Wirtschaftsorganisationen – IWF, Weltbank, OECD, EU und andere – folgten dieser Doktrin ebenso wie nationale Regierungen und politische Parteien. Auch Umweltinstitute und -organisationen bemühten sich zunehmend um Konzepte, die dieser Doktrin nicht widersprechen, weil andere von vornherein nicht mehr realisierbar schienen.

Ein Denken wird dann dominant, wenn die Beteiligten es für so selbstverständlich halten, dass sie dessen Widersprüche nicht mehr wahrnehmen. Wie groß diese sein können, zeigte sich besonders deutlich an dem Widerspruch zwischen zwei Weltkonferenzen, die im Abstand von nur zwei Jahren stattfanden: einerseits die Weltkonferenz über Umwelt und Entwicklung im Juni 1992 in Rio de Janeiro, die die berühmte »Agenda 21« verabschiedete, in der eine nachhaltige Entwicklung mit ökologischem Wirtschaften zur zentralen Herausforderung für das 21. Jahrhundert erklärt wurde. Auf der anderen Seite steht die Welthandelskonferenz, die im April 1994 in Marrakesch das neue Welthandelsabkommen beschloss und die Welthandelsorganisation (World Trade Organization, WTO) gründete. Mit dieser wurde die globale Wirtschaftsliberalisierung für Waren, Kapital und Dienstleistungen zu einer Art Wirtschaftsverfassung der Welt erklärt, an der sich fortan alle politischen Wirtschaftsaktivitäten ausrichten sollten – sogar mit dem Anspruch vorrangiger Geltungskraft gegenüber internationalen Umweltschutz- oder Arbeitsschutzabkommen. Die Frage »Welthandelsfreiheit vor Umweltschutz?« (Nina Scheer) wurde kodifiziert und euphorisch ein *Jahrhundert der Ökonomie* ausgerufen.[45] Mit der Etablierung dieser Rangordnung ging die Forderung einher, dass politische Initiativen für den Wechsel zu erneuerbaren Energien dem wirtschaftsliberalen Dogma entsprechen – als sei dieses wichtiger als der Energiewechsel selbst. Deshalb hat z.B. die Weltbank das deutsche Erneuerbare-Energien-Gesetz auch dann noch negativ bewertet, als es sich längst als erfolgreichster politischer Mobilisierungsansatz für erneuerbare Energien erwiesen hatte. Dass es dieselben Regierungen waren, die über die »Agenda 21« wie über die Welthandelsfreiheit abstimmten, erfüllt den Tatbestand politischer Schizophrenie.

Unter Berufung auf das Kriterium der »Market Correctness« spielen sich die marktbeherrschenden Kräfte der konventionellen Energieversorgung zu Gralshütern des Energiemarkts auf. Im Zuge der gesetzlich eingeleiteten Liberalisierung der Energiemärkte erkannten sie nach einigem Zögern, dass sie damit gegenüber den Newcomern der erneuerbaren Energien einen einzigartigen Startvorteil besitzen. Seitdem betreiben sie ein Doppelspiel: die Verteidigung ihrer durch politische Privilegierung erworbenen Stellung und zugleich Marktdogmatismus gegenüber erneuerbaren Energien. Aufgrund der gigantischen Mengen konventioneller Energien, die ihnen Kostendegressionen ermöglicht haben, sind sie hier gegenüber den noch in geringeren Mengen erzeugten erneuerbaren Energien im Vorteil. Ein entscheidender wirtschaftlicher Unterschied wird dabei gern übersehen: Bei einem Mehrverbrauch fossiler Brennstoffe steigen die Preise, weil die Brennstoffe nicht vermehrbar sind und deshalb knapp werden. Im Gegensatz dazu sinken bei einem Massenmarkt für erneuerbare Energietechniken die Preise.

Ein signifikantes Merkmal neoliberalen Wirtschaftsdenkens ist die kontextlose Fixierung auf Wirtschaftlichkeitsfaktoren isolierter Produkte, die anderen – ebenfalls isoliert gesehenen – Produkten gegenübergestellt werden, zwischen denen dann ein Wettbewerb auf dem Markt stattfinden soll. Solche Kostenvergleiche erwecken den Anschein ideologiefreier und zweckneutraler Präzision. Fragen nach der Herkunft, der jeweiligen systemischen Bedeutung und den unterschiedlichen gesellschaftlichen, ökologischen und wirtschaftlichen Folgen der Produkte werden ausgeblendet. Damit gerinnt dieses monochrome Marktdenken zu einer extrem kurzsichtigen, sich selbst und andere verdummenden Ideologie, der es zwangsläufig an Zukunftsfähigkeit mangelt. Was mittel- und langfristig zwingend geboten ist, fällt kurzfristig durch die Marktmaschen. Das neoliberale Wirtschaftsdenken hat unverkennbar autistische Züge. Wenn man seinen teilrationalen theoretischen Ableitungen praktisch folgt, werden zwangsläufig irrationale Ergebnisse produziert. Daher haben Wirtschaftswissenschaftler in Frankreich schon eine »Gesellschaft für post-autistische Ökonomie« gegründet – eine überfällige intellektuelle Gegenwehr.

In sogar besonderem Maße ist diese Gegenwehr gegenüber den Energiemarktmythen geboten. Unvergleichbares auf demselben Markt konkurrieren zu lassen, widerspricht in mehrfacher Beziehung dem Prinzip der *Wettbewerbsgleichheit*, ohne dessen Verwirklichung jede marktwirtschaftliche Ordnung zum Zerrbild ihrer selbst wird. Ausgehend vom Prinzip der Marktgleichheit und dem Grunderfordernis einer objektiven Vergleichbarkeit gibt es vier Markt-Unvereinbarkeiten zwischen konventionellen und erneuerbaren Energien. Sie zeigen, dass alle Versuche, die erneuerbaren Energien allein auf dem Energiemarkt und im Wettbewerb mit herkömmlichen Energien durchsetzen zu wollen oder sie – nach anfänglicher Marktförderung – möglichst schnell in diesen zu entlassen, eine Einführungsbremse darstellen und die Existenz der konventionellen Energiewirtschaft künstlich verlängern. Sie zeigen, warum das Kriterium der Energiekosten allein nicht ausreicht, um die konventionellen Energien am Markt aushebeln zu können, selbst wenn erneuerbare Energien kostengünstiger sind oder werden.

### *Die Mär vom Wettbewerb*

Zwischen konventionellen Energieangeboten und erneuerbaren Energien kann von Wettbewerbsgleichheit keine Rede sein. Konventionelle Energien wurden über ein Jahrhundert hinweg in vielfacher Weise politisch gefördert: mit direkten und indirekten Subventionen in kaum noch nachvollziehbaren Größenordnungen, durch Gesetze und weitere Privilegien. Dazu gehören, um nur das deutsche Beispiel zu nehmen, das Bergrecht und jahrzehntelange Subventionen für den Kohlebergbau in dreistelliger Milliardenhöhe, die Förderung der Atomtechnik und Atomgesetze, die den Energiekonzernen nahezu alle Entwicklungskosten abnahmen und die Haftungsrisiken bis heute abnehmen; steuerfreie Rückstellungen für die Endlagerung in einer finanziellen Größenordnung von mittlerweile über 30 Mrd. EUR, die beliebig verwendet werden dürfen und damit faktisch steuerfreie Gewinne darstellen; die Steuerfreiheit für Atombrennstoffe und zinsbegünstigte Kredite für den Bau von Atomkraftwerken; die unvergleichlich großzügige finanzielle Ausstattung der atomaren Großforschungszentren; die seit 1957 gezahlten Mitgliedsbeiträge für EURATOM und die Internationale Atomenergie-Agentur (allein die deutschen Beiträge liegen bei einer Gesamtsumme von über 1,3 Mrd. EUR).

Die gesetzlichen Privilegien reichen von den jahrzehntelang geltenden Gebietsmonopolen für die Strom- und Gasversorgung, die jede Konkurrenz verhinderten, bis zum freien Leitungsbau, der dem Betrieb von Großkraftwerken und der großräumigen Gasversorgung die Wege ebnete. Politisch begünstigt ist der bis heute überwiegend zollfreie Import von Brennstoffen. Die größte indirekte Subvention, die weltweit gilt, ist die Steuerbefreiung für Schiffs- und Flugtreibstoffe, die einen jährlichen Steuerverzicht der Staaten in Höhe von über 300 Mrd. Dollar darstellt. Alles zusammen hat den Konzentrationsprozess der Energiewirtschaft gefördert und Monopolstrukturen entstehen lassen. Diese ermöglichen Monopolgewinne, die allein bei den vier deutschen Stromkonzernen jährlich bei etwa 20 Mrd. EUR liegen. Die Liberalisierung des Strom- und Gasmarkts, die 1996 auf EU-Ebene eingeleitet wurde, hat diese Entwicklung nicht aufgehalten, sondern eher beschleunigt. Vor diesem Hintergrund die Forderung zu erheben, die erneuerbaren Energien sollten sich auf dem Markt durchsetzen, und Fördergesetze für diese als marktwidrig zu verdammen, ist blanker Zynismus.

Auf erneuerbare Energien zugeschnittene Marktgesetze sind die zwingende Voraussetzung zu ihrer Entfaltung. Sie sind kein Verstoß gegen marktwirtschaftliche Prinzipien, sondern vielmehr eine Kompensation der gigantischen Subventionen und Privilegien, die der konventionellen Energiewirtschaft gegeben wurden und werden. Sie sind ein Mittel zur Herbeiführung marktwirtschaftlicher Verhältnisse, weil sie die verloren gegangene Anbietervielfalt wieder erhöhen und andere Nachfragebedürfnisse befriedigen. Die einzige Alternative dazu wäre, alle noch bestehenden Privilegierungen herkömmlicher Energien unverzüglich zu beenden und die an Energiekonzerne gezahlten Subventionen nachträglich zurückzufordern. Letztere sind aber weder genau kalkulierbar noch ist die »Rückholung« durchführbar. Es gibt also keinerlei Grund für ein schlechtes Gewissen bei Marktprivilegien für erneuerbare Energien. Im Gegenteil: Nur damit können überkommene Ungleichgewichte und Monopolverhältnisse überwunden werden.

### *Was nicht in der Rechnung steht: Soziale Kosten*

Wettbewerbsmärkte, so die Theorie, haben eine soziale Funktion, weil sie die Produktivität der Anbieter erhöhen, die Kosten für die Nachfrager senken und zu einer optimalen Allokation der Investitionen führen. Dies kann aber nur für Produkte gelten, die eine soziale Funktion haben. Es ist jedoch seit langem bekannt, dass die Preise für atomare und fossile Energien nicht deren »ökologische Wahrheit« (Ernst-Ulrich von Weizsäcker) ausdrücken. Die überkommene Energiewirtschaft wird heute laufend von der Gesellschaft und aufgrund der Langfristeffekte der Umweltschäden auch von den nächsten Generationen subventioniert – in nicht präzise kalkulierbaren, aber riesigen Größenordnungen, die in energieökonomischen Rechnungen gerne ignoriert werden. Sie reichen, je nachdem, welche Kosten berücksichtigt werden – Gesundheitsschäden, Waldschäden, Wasserschäden, Bodenschäden, Bergschäden, Reduzierung der Artenvielfalt und zunehmend auch durch die Klimaveränderung hervorgerufene Sturm-, Flut- und Dürreschäden – und je nach deren Taxierung bis zum zehn- bis zwanzigfachen der internen betriebswirtschaftlichen Energiekosten.[46]

Auch bei einigen Produktionsformen erneuerbarer Energien können soziale Kosten entstehen. Im Wesentlichen gilt das für die energetische Verwendung von Biomasse, sofern sie nicht durch Neuanpflanzungen kompensiert wird, für den Anbau von Energiepflanzen in Monokulturen mit unverhältnismäßig hohem Einsatz von Dünge- und Pflanzenschutzmitteln, hohem Wasserbedarf und Grundwasserbeeinträchtigung oder für den Einsatz genmanipulierten Saatguts. Soziale Kosten können auch beim Anlegen großer Stauseen und den damit verbundenen großräumigen Eingriffen in Landschaft und Flussverläufe anfallen. Entscheidend ist jedoch, dass diese Probleme unter der Voraussetzung nachhaltiger Anbaukonzepte weitgehend vermeidbar oder jedenfalls im Vergleich zu den Schäden der atomaren und fossilen Energieversorgung minimal sind. Bei alten Energien sind sie erheblich und unvermeidlich.

Es ist paradox, dass erneuerbare Energien mit ihren allenfalls geringfügigen externen Effekten auf Energiemärkten teurer sind als konventionelle Energien mit ihren hohen sozialen Kosten. Solche Diskrepanzen werden bei anderen Produkten schon lange nicht mehr ohne Weiteres hingenommen. Wer etwa gleiche Marktchancen für verschmutztes wie für sauberes Trinkwasser forderte oder für schadstoffhaltige wie für schadstofffreie Babynahrung, stieße auf massiven Protest. Beim Auftreten von Virenepidemien bei Rindern oder

Schweinen wurden zum Schutz der Bevölkerung sogar pauschale Massenschlachtungen verfügt. Den Energiemarktwächtern sind solche Überlegungen fremd, sie werden sogar als marktwidrig verworfen. Politische Marktprivilegierungen für Energieangebote ohne oder mit geringfügigen sozialen Folgekosten sind Gestaltungselemente einer *sozialen Marktwirtschaft*, die endlich die *sozialen Kosten* atomarer und fossiler Energien ernst nimmt.

Deshalb ist z.B. das deutsche EEG mit dem Vermarktungsvorrang des aus erneuerbaren Energien erzeugten Stroms und der garantierten Preisvergütung, die von allen Stromkunden bezahlt wird, keine Subvention, wie immer wieder vorwurfsvoll behauptet wird. Tatsächlich handelt es sich um einen *Umweltbonus* für die Vermarktung emissionsfrei und ressourcenschützend erzeugten Stroms, der darüber hinaus mehr Energiesicherheit schafft, weil er aus heimischen Quellen produziert wird, die sich nicht erschöpfen. Es handelt sich also gleichzeitig um einen *Energiesicherheitsbonus.* Dieser Bonus wird keineswegs überflüssig, wenn Strom aus erneuerbaren Energien in absehbarer Zeit beim Preisniveau der konventionellen Energien angelangt sein wird. Eine solche Forderung, die auch von vielen Protagonisten erneuerbarer Energien erhoben wird, greift zu kurz. Sozial schädliche Energie würde dann nicht mehr kosten als sozial nützliche. Es würde immer noch prinzipiell Ungleiches als wirtschaftlich gleichwertig deklariert.

Solange noch herkömmliche Energien im Spiel sind, muss es daher einen dauerhaften politisch gesicherten Preisvorteil für schadstofffreie und schadstoffarme Energien geben. Dies ist nur über Instrumente wie das EEG oder durch Steuervorteile in Höhe der vermiedenen sozialen Kosten möglich. Erst dann kommen wir zu einer zeitgemäßen sozialen Marktordnung. Die Marktpriorität erneuerbarer Energien muss als ein Element einer solchen Marktordnung verstanden werden und nicht nur als vorläufige Sonderlösung. Damit werden alle Stromkunden automatisch zu Öko-Stromkunden, in der Höhe des Anteils erneuerbarer Energien an der Stromversorgung. Eine solche *Kaufpflicht* ist keineswegs ungewöhnlich, der Begriff Subvention stellt eine absichtliche Irreführung dar.[47]

Keiner bezeichnet Energiesparverordnungen für Gebäude, gesetzlich vorgeschriebene Haftpflichtversicherungen für Automobile, Hausversicherungen, Pflichtversicherungen bei einer Krankenkasse oder Abfallbeseitigungsgebühren als Subvention für das Baugewerbe, für Versicherungsgesellschaften oder Entsorgungsunternehmen. Stets geht es um ein öffentliches Gut, das für alle wichtig ist und bei dem es deshalb nicht allein der individuellen Entscheidung überlassen werden darf, freiwillig einen Finanzierungsbeitrag zu leisten. Das gilt in besonderem Maße für erneuerbare Energien. Markttheoretiker, die dies nicht berücksichtigen, sind nicht von dieser Welt. Was neoliberal genannt wird, ist in Wahrheit ein untauglicher Versuch, mit mikroökonomistischen Ansätzen makroökonomische Probleme lösen zu wollen. In der Energieversorgung laufen solche Ansätze darauf hinaus, außerhalb der Energierechnungen hohe soziale Kosten zu erzeugen, die die Lebensmöglichkeiten der Gesellschaften schwerwiegend beschädigen.

### *Protektionierte Oligopole*

Dass die atomare und fossile Energiewirtschaft nach marktwirtschaftlichen Grundsätzen funktioniert, wird man kaum ernsthaft behaupten können. Bevor eine Liberalisierung der Energieversorgung diskutiert wurde, befand sie sich aufgrund ihrer Gebietsmonopole in einem risikofreien planwirtschaftlichen Zustand. In der Liberalisierung sahen die Energiekonzerne vor allem die Chance zu einer räumlichen Ausweitung ihrer Unternehmensaktivitäten. Die Europäische Kommission, die auf einen alle EU-Mitgliedsländer erfassenden gemeinsamen Strom- und Gasmarkt zielte, sprach davon, dass im EU-Binnenmarkt ohnehin nur Platz für sieben Wettbewerber sein würde. Damit diese europaweit marktfähig werden könnten, sei eine Konzentration der Stromunternehmen nötig: Zwar wurde im Stromsektor aus Wettbewerbsgründen eine Separierung von Stromproduktion, -übertragungsnetz und -verteilungsnetz vorgeschrieben, auf eine Eigentümerentflechtung jedoch verzichtet.

Nur wenige Mitgliedsländer wie Schweden und die Niederlande

haben daraus die Konsequenz gezogen, die Netze in öffentlicher Hand zu halten, damit sie nicht von den Produzenten dazu missbraucht werden können, sich bei den Übertragungskosten Vorteile gegenüber Wettbewerbern zu verschaffen. Aber eine solche Selbstprivilegierung kann nicht nur über günstigere Übertragungsgebühren erfolgen, sondern ebenso, indem man den Netzausbau verweigert oder verzögert, um konkurrierende Produzenten, die ohne Netzanschluss nicht liefern können, auszuschalten. Dass viele neue Produzenten an ungewöhnlichen Standorten auf den Plan treten, wurde bei den Liberalisierungsgesetzen in den 1980er und 1990er Jahren nicht bedacht. Noch erschien es unvorstellbar, dass erneuerbare Energien dem konventionellen Stromangebot in größerem Umfang Konkurrenz machen könnten.

Immerhin hat sich allmählich ein Strommarkt entwickelt, auf dem Stromverbraucher den Stromanbieter wechseln können. Gleichzeitig vollzog sich jedoch auf der Anbieterseite ein beschleunigter Konzentrationsprozess. Staatliche Monopolunternehmen wie die französische Electricité de France (EdF) konnten in andere Länder expandieren. In Deutschland haben die größeren Stromkonzerne regionale und kommunale Unternehmen aufgekauft. Damit gelang es ihnen, ihre Marktmacht trotz gesetzlich aufgehobener Gebietsmonopole sogar auszubauen. Solange die Netzgebühren noch nicht von einer Regulierungsbehörde kontrolliert wurden, hatten sie versucht, ihre Wettbewerbsposition als Stromanbieter durch niedrige Strompreise auszubauen und dafür die Netzgebühren erhöht. Seit diese Möglichkeit in Deutschland – später als in anderen EU-Ländern – durch die 2005 eingeführte Bundesnetzagentur beschnitten wurde, stiegen die Strompreise an. Neue Investitionen in Kraftwerke und für die Instandhaltung von Netzen fielen aus Gründen der Gewinnmaximierung nur spärlich aus. Das Ergebnis dieser Entwicklung sind alternde Kraftwerke und ein vernachlässigtes Netz, wie es bei allen Privatisierungen zu beobachten ist – auch außerhalb der Energieversorgung, wie z. B. bei der Privatisierung von Eisenbahnen oder der Wasserversorgung.

Diese Entwicklung konnte nicht von Dauer sein. Sie führte

zwangsläufig zu einem Konflikt, in dem die Stromwirtschaft nun vor der Entscheidung steht, sich entweder auf die Erfordernisse des Energiewechsels einzustellen oder mit Neuinvestitionen an ihrer Struktur festzuhalten, durch den Neubau von Großkraftwerken und Investitionen in die entsprechenden Netze. Die Chance, aktiver Teil des Strukturwandels zu werden, ergreifen in dieser Situation vor allem kommunale Energieversorgungsunternehmen. Sie sehen mit erneuerbaren Energien und dem Ausbau der Kraft-Wärme-Kopplung die Gelegenheit, wieder eine Produzentenrolle zu übernehmen, aus der sie in den vergangenen Jahrzehnten verdrängt wurden. Die großen Energiekonzerne setzen demgegenüber auf die Perpetuierung des Systems von Großkraftwerken und darauf bezogener Energienetze sowie auf eine ihren Strukturen gemäße Stromerzeugung aus erneuerbaren Energien in Form von Großprojekten, »Offshore«-Windparks oder solaren Großkraftwerken.

Die etablierte Energiewirtschaft betreibt ein Doppelspiel: Einerseits redet sie vom Energiemarkt, wenn Marktmechanismen dafür genutzt werden können, Alternativen kleinzuhalten, andere Unternehmen aufzukaufen und selbst zu expandieren. Andererseits sollen Regierungen »zum Wohl des Ganzen«, tatsächlich aber zum Nutzen der Energiewirtschaft, davon abgehalten werden, potenzielle Konkurrenten zu fördern: eine nach marktwirtschaftlichen Kriterien unverfrorene Forderung, die vielen gar nicht bewußt wird, weil sie die Dominanz der Energiekonzerne internalisiert haben.

Die von den Stromkonzernen eingeforderte »Planungssicherheit« ist nichts anderes als deren Verlangen nach politischem Bestandsschutz. Aus diesen Gründen kann man ihr Verhaltensmuster mit den Worten definieren: so viel Planung wie möglich, und nur so viel Wettbewerb wie politisch auferlegt und für sie vorteilhaft. Jeder echte Wettbewerb wird im Übrigen durch die – von der Politik geförderte – »global player«-Rolle der großen Energiekonzerne ausgeschlossen, die sie durch internationale Fusionen und Übernahmen zu festigen versuchen. Die Vermarktungskette soll dabei möglichst von der Energieförderung über den Brennstofftransport bis zu Kraftwerken, Raffinerien und zum Nutzenergietransport reichen. Am längeren Hebel sitzen dabei die Fördergesellschaften, die großenteils sogar im Besitz der Förderstaaten sind. Die drei Grundirrtümer der »marktwirtschaftlichen« Liberalisierung der Energieversorgung sind klar erkennbar: Zum einen wurde auf eine Entflechtung der Energiewirtschaft verzichtet, die zwingende Voraussetzung für das Entstehen eines funktionierenden Energiemarkts gewesen wäre. Die Folge war ein Konzentrationsprozess in einer zuvor ungekannten Geschwindigkeit und Größenordnung – auf immer weniger Anbieter. Zweitens wurde ignoriert, dass die räumlich begrenzten und sich erschöpfenden Reserven konventioneller Energien mit ihrem internationalen Infrastrukturbedarf und ihren langfristig angelegten Großinvestitionen für freie Marktverhältnisse zu unflexibel sind. Und drittens wurde übersehen, dass keine Regierung der Welt je einen Ausfall der Energieversorgung riskieren darf, weil dann alle Räder stillstehen. Ein »freier Energiemarkt« auf der Basis konventioneller, nicht erneuerbarer Energien und von Energieimporten ist eine Illusion.

### *Die Kostenfalle der konventionellen Energieversorgung*

Das belegen nicht zuletzt die Preissteigerungen der letzten Jahre für Erdöl, Erdgas und Kohle, die über den langsamer steigenden Förderkosten liegen. Da diese zwangsläufig sehr unterschiedlich sind, orientieren sich die Preisforderungen der Primärenergieanbieter an den relativ höchsten internationalen Förderkosten. Es werden Preise in Höhen verlangt, die auf der Nachfragerseite bezahlt werden können, ohne Markteinbrüche zu riskieren. Die wegen der begrenzten Reserven zwangsläufig internationalisierte konventionelle Energiewirtschaft befindet sich so in einer »natürlichen Monopolstellung«, die allein durch den Wechsel zu erneuerbaren Energien überwunden werden kann. Die Förderländer und die Liefergesellschaften können immer mehr Kapital akkumulieren, das den Empfängerländern verloren geht. Die Förderstaaten und die Lieferunternehmen, die großenteils Staatsunternehmen sind, kaufen sich damit wiederum in Unternehmen der Nachfrageländer ein – weit über die Energiewirtschaft hinaus. Damit verschieben sich die Gewichte in der Weltwirtschaft. Energieökonomische Analytiker, die dies übersehen, sind betriebsblind. Kein renditeorientierter Anbieter mit Monopolstellung hat sich in der Wirtschaftsgeschichte je mit kostendeckenden Preisforderungen und einem begrenzten Gewinnaufschlag begnügt.

Die transnationale Energiewirtschaft, die nur als marktgesicherte Planwirtschaft existieren kann, wächst nicht etwa trotz der nahenden Erschöpfung der konventionellen Energiereserven, sondern wegen dieser. In der Dämmerphase des konventionellen Energiesystems wachsen Größe und Einfluss der Primärenergiewirtschaft, von der die gesamte weitere konventionelle Energiewirtschaft abhängt. Wer die Quelle besitzt, hat die unanfechtbare Marktmacht, die nur durch militärische Interventionen in Förderländern durchbrochen werden könnte, wie z. B. durch den Irakkrieg – an der jedoch durch enge Kooperation mit den betreffenden Regierungen oder durch Korruption partizipiert werden kann. Förderländer, die im eigenen Interesse auf eine schnelle Ausbeutung ihrer Quellen verzichten, können durch Angebotsverknappung die Preise hochhalten und zugleich ihre Reserven strecken, wenn sie das gemeinschaftlich tun – so wie die OPEC. Forderungen der Importländer, die Förderrate zu erhöhen, um die Energiepreise zu senken, verraten eine peinliche Hilf- und politische Einfallslosigkeit.

Nur durch den Wechsel zu erneuerbaren Energien, die nicht aus anderen Volkswirtschaften importiert werden müssen, ist ein Entkommen aus dieser historischen Marktfalle möglich. Und nur bei einer Umstellung auf erneuerbare Energien könnte die Energiebereitstellung tatsächlich marktwirtschaftlich organisiert werden, weil die Quellen unerschöpflich und die Techniken vermehrbar sind. Allerdings kann diese Umstellung aus den hier genannten Gründen nicht über den gegenwärtigen Energiemarkt gelingen, auf dem es prinzipielle und nur partiell revidierbare Ungleichheiten zwischen konventionellen und erneuerbaren Energien gibt.

## D. Mangelnde politische Zivilcourage:
### Das Ausspielen der Zukunft durch die Gegenwart

Die Alternative zur zentralisierten Monostruktur der gegenwärtigen Energieversorgung sind weitgehend dezentralisierte Multistrukturen. Dass die etablierten Energiekonzerne mit allen Mitteln an ihrem System festhalten wollen, kann nicht überraschen. Es entspricht ihren Prämissen, auf eine Verlangsamung des Energiewechsels zu drängen und Sachzwänge anzuführen, obwohl es in Wahrheit um Systemerhaltung geht. Ihre nur vordergründig plausiblen Argumente zielen auf Gewohnheiten, Gedankenträgheit, Uninformiertheit, Gleichgültigkeit und diffuse Ängste vor Neuem. Damit versuchen sie, die Zukunft durch die Gegenwart auszuspielen.

Deshalb plädieren sie wortreich für einen internationalen Gleichklang und warnen vor raschen Alleingängen, die angeblich zu internationaler Isolierung führen. Aber warum soll mit den schnell installierbaren Anlagen erneuerbarer Energien nicht möglich sein, was Frankreich mit Atomkraftwerken schaffte, die eine lange Bauzeit erfordern. Zwischen 1977, dem Jahr der ersten Inbetriebnahme eines Atomreaktors, und 1987 – also innerhalb von nur zehn Jahren – hat Frankreich neununddreißig Atomkraftwerke in Betrieb genommen, die damals bereits 50 Prozent seiner gesamten Stromversorgung erbrachten. Was immer man von dieser Energieform halten mag, international isoliert hat sich Frankreich damit nicht. Doppelzüngig sind auch die Warnungen, erneuerbare Energien hätten »auch ihre Umweltprobleme«, womit die substanziellen Gefahren der Atomenergie und der fossilen Energien beschönigt werden sollen. Über die Botschaft, dass doch alle Sünder seien, werden maximale Probleme mit minimalen gleichgesetzt, als gäbe es – metaphorisch ausgedrückt – keinen moralischen Unterschied zwischen einem Kapitalverbrechen und einem Taschendiebstahl. Auf der gleichen Linie liegt der Hinweis, es gebe »auch Widerstände gegen erneuerbare Energien« in der Bevölkerung, als seien die Gründe solcher Widerstände genauso schwerwiegend wie die gegen atomare oder fossile Energieanlagen – und als seien diese Widerstände ebenso verbreitet und gut begründet. Nach Meinungsumfragen befürworten zumindest in Deutschland nur noch weniger als zehn Prozent der Bevölkerung neue Kohle- oder Atomkraftwerke, aber über 90 Prozent den zügigen weiteren Ausbau erneuerbarer Energien; und über 60 Prozent akzeptieren auch Windkraftanlagen in Sichtweite ihrer Wohnung.[48] Dennoch wird gern voller Verständnis über lokale Widerstände gegen Wind- oder Wasserkraftanlagen berichtet, während man andererseits erwartet, dass Regierungen den Bau von Großkraftwerken und Hochspannungsleitungen gegen alle Widerstände durchsetzen – im »Interesse des Ganzen«.

Besonders perfide sind die notorischen Warnungen vor höheren Energiepreisen für erneuerbare Energien und vor der durch diese gefährdeten »Versorgungssicherheit«: Sie sollen alle Diskussionen über die bereits jetzt brennenden und voraussehbar wachsenden Gefahren atomarer und fossiler Energien übertönen und von deren Wahrnehmung ablenken. Milliardenschwere Energiekonzerne mit ihren teilweise extrem hohen Renditen gerieren sich damit als Anwälte sozialer Anliegen. Diese Versuche, Egoismus zu Lasten anderer Menschen und künftiger Generationen zu schüren, beleidigen die Gesellschaft, der man unterstellt, dass sie aus Angst vor Veränderungen mehrheitlich bereit sei, Katastrophen zu riskieren.

Doch diese Methoden verfangen trotz unaufhörlicher öffentlicher Berieselungen immer weniger. Erneuerbare Energien werden immer populärer, je mehr sie in praktischer Anwendung wahrgenommen werden können. Nach einer Umfrage, ob man eine »Energieerzeugung in der Nachbarschaft »sehr gut oder gut« fände, antworteten 74 Prozent in Bezug auf Solarparks mit »ja«, 56 Prozent auf Windparks, 40 Prozent auf Biomasseanlagen, aber nur sechs Prozent in Bezug auf Kohlekraftwerke und fünf Prozent bei Atomkraftkraftwerken – und dies auf einer Datenbasis von nahezu 5.000 Personen.[49] In Deutschland weiß jeder, dass die Mobilisierung erneuerbarer Energien durch das EEG zu höheren Strompreisen geführt hat und auch noch für einige Jahre führen wird. Sie sind im Verhältnis zum Gesamtpreis des von den Stromkunden bezogenen Stroms relativ niedrig, werden aber regelmäßig als überhöht denunziert. Dennoch ist das EEG immer populärer geworden, weil die erneuerbaren Energien Hoffnungsträger sind und weil die Menschen wissen, dass die vorübergehenden Mehrkosten dem Energiewechsel dienen. Die Propaganda schlägt also überwiegend fehl.

Umso mehr stellt sich die Frage, was Regierungen, Parlamente und Parteien dazu veranlasst und verführt, dennoch auf die Belange und Interessen der Träger des etablierten Energiesystems mehr Rücksicht zu nehmen, als es die tatsächliche Gefahrenlage erlaubt. Trotz aller Bekenntnisse zu erneuerbaren Energien und selbst bei gutwilligem Engagement dafür wird der überkommenen zentralisierten Struktur immer noch ein überragender und unverzichtbarer Stellenwert zuerkannt – als sei die dezentrale Struktur erneuerbarer Energien nur eine Kindheitsphase, bevor diese energiewirtschaftlich groß und erwachsen werden. Selbst unter aktiven Protagonisten erneuerbarer Energien in der Energie- und Umweltwissenschaft und in Umwelt- und Erneuerbare-Energien-Organisationen sind solche Einstellungen anzutreffen.

Die Gründe dafür sind nicht auf einen Nenner zu bringen und reichen bis ins Psychologische. Bei den einen ist es mangelnde Informiertheit, andere unterschätzen die technologische Entwicklung. Bei den einen verstellen partikulare Interessen den Blick für Zusammenhänge, bei anderen die Unfähigkeit, in Strukturen zu denken. Bei nicht wenigen ist es ein vielleicht unbewusstes Grundvertrauen in die etablierten Energieanbieter, ein verinnerlichter Respekt vor den angestammten Majestäten der konventionellen Energieversorgung, obwohl diese die Hauptverursacher der ökologischen Welt-Energiekrise sind. Nach meinem Eindruck ragen aber drei Motive für das Sich-einlassen auf die Prämissen des etablierten Energiesystems heraus.

Das eine hat der Politikwissenschaftler Martin Greiffenhagen in seinen Studien über den psychologischen Vorteil des jeweils Bestehenden beschrieben, auf den sich der politische Konservatismus stützt. Wer für eine Systemveränderung eintritt, soll beweisen, was noch nicht konkret beweisbar ist: dass das neu zu Schaffende besser ist als das scheinbar Bewährte. Dies beschreibt den psychologischen

Vorsprung etablierter Energieunternehmen in ihrer imposanten Gestalt, die immer wieder reflexartig vergessen lässt, dass keine Zukunft mehr hat, was als bewährt erscheint. Das überkommene Energiesystem mit seinen Großstrukturen spricht ein trügerisches Sicherheitsbedürfnis an und schürt Ängste vor Alternativen. Strukturkonservative Neigungen sind aber auch dem Wissenschaftssystem inhärent. Weil Wissenschaftler Spekulationen vermeiden wollen, um sich nicht dem Vorwurf mangelnder Wissenschaftlichkeit auszusetzen, orientieren sie sich oft lieber an bestehenden Strukturen, statt sich auf neue Rahmenbedingungen einzulassen und mit neuen Technologien auseinanderzusetzen. Dies ist auch indirekt aus vielen Studien und Szenarien herauszulesen.

Das zweite Motiv ergibt sich aus der Vorstellung, dass es einen Energiewechsel nur mit der bestehenden Energiewirtschaft geben kann, weshalb man sich mit dieser arrangieren müsse. Wer dies nicht tut, gilt als »unrealistisch«. Diese Einstellung ist besonders unter politischen Akteuren verbreitet. »Wenn du dich mit der Energiewirtschaft anlegst, kommt du keinen Schritt weiter«, wurde mir schon oft gesagt – von Politikern, die das nie getan haben und deshalb auch kaum etwas bewegen konnten. Es ist jedoch eine empirische Tatsache, dass die größten Einführungserfolge erneuerbarer Energien gegen die als unbezwingbar geltende Energiemacht durchgesetzt wurden. Das war politischer Realismus. Beschleunigen kann nur im vollen möglichen Tempo, wer den Rücken dafür frei hat und keine Rücksichten auf sich selbst – also seine noch nicht abgeschriebenen Altinvestitionen und die daran geknüpften Systeminvestitionen – nehmen muss. Es gibt nicht einmal einen theoretisch ermittelbaren Zeitpunkt, an dem alle Investitionen im eingespielten Energiesystem gleichzeitig abgeschrieben sind, weil diese Investitionen gestaffelt erfolgten und eine unterschiedliche Lebensdauer haben. Die Systemkapazitäten der überkommenen Energiewirtschaft sind ein Mix aus älteren und jüngeren Investitionen. Sie kann deshalb keine andere Strategie als die des allmählichen Übergangs verfolgen, was immer auf ein Aufschieben dessen hinausläuft, was bereits jetzt möglich wäre. Daher können nur neue, nicht in dieses System integrierte Akteure zur treibenden Kraft des Energiewechsels werden und durch ihre Initiativen die Energiekonzerne zwingen, sich der neuen Entwicklung anzupassen. Erfolgreich waren Initiativen immer dann, wenn sie »systemwidrig« angelegt waren und neue Akteure in Politik, Wirtschaft und Gesellschaft das Heft in die Hand nahmen.

Das dritte Motiv ergibt sich aus der unterschiedlichen Suggestivwirkung von »groß« und »klein«. Nur das Große wird ernst genommen – das *eine* große Projekt, *das* große Kraftwerk –, nicht die vielen kleinen Initiativen, selbst wenn sie zusammen mehr bewegen. Deshalb ist es entscheidend zu erkennen, was in Bezug auf den Energiewechsel »groß« und »klein« ist. Großer Bedarf ist nicht gleichbedeutend mit großen Kraftwerken. So richtig es ist, dass nur Großentwürfe den Energiewechsel vorantreiben können, so irrig ist es, dies mit dem Bau von Großkraftwerken gleichzusetzen. Ein Beispiel für einen Großentwurf, der aus zahlreichen voneinander unabhängigen Einzelinitiativen besteht, ist das Dorfelektrifizierungsprogramm der West Bengal Renewable Energy Development Agency (WBREDA) in Indien, die innerhalb von fünf Jahren 3.000 Dörfer mit erneuerbaren Energien elektrifiziert hat . Ein zweites Beispiel ist das der Grameen Shakti-Bank (Shakti heißt dort die Sonne) in Bangladesh, die 2004 startete und mit ihren Mikrokrediten in Verbindung mit Wartungsdienstleistungen bis 2012 1,5 Mio. Photovoltaikanlagen, 100.000 Biogasanlagen und fünf Mio. Solarkocher eingeführt haben wird. Ein drittes Beispiel ist das deutsche Erneuerbare-Energien-Gesetz, das zwischen 2001 und 2010 in Deutschland Investitionen für Strom aus erneuerbaren Energien in Höhe von 96 Mrd. EUR auslöste. Demgegenüber lagen die Neuinvestitionen für konventionelle Großkraftwerke im selben Zeitraum bei unter zehn Milliarden.

Ein weiteres Festhalten an konventionellen Großkraftwerken und sogar deren Neubau werden stets damit begründet, dass man – ausgehend von in Szenarien geschätzten begrenzten Anteilen erneuerbarer Energien – sagen müsse, wie der über diese Anteile hinausgehende Energiebedarf gedeckt werden kann. In der deutschen energiepolitischen Diskussion begründen die CDU/CSU und die FDP damit ihre Absicht, den 2001 gesetzlich beschlossenen Ausstieg aus der Atomenergie rückgängig zu machen und neue Kohlekraftwerke zu genehmigen. Die SPD, die am Ausstieg aus der Atomenergie festhält, begründet ihre Befürwortung neuer Kohlekraftwerke damit, dass es nicht möglich sei, gleichzeitig auf beides zu verzichten. Und auch die Partei der Grünen meint, wie das nächste Kapitel zeigt, dass auf Großstrukturen nicht verzichtet werden soll – dann allerdings mit erneuerbaren Energien und »Supergrids«. Doch die folgerichtige Antwort auf die Frage, wie der Gesamtenergiebedarf ohne Atomenergie, ohne neue Kohlekraftwerke und CCS gedeckt werden kann, liegt auf der Hand: durch eine Politik für einen massiv beschleunigten Ausbau erneuerbarer Energien samt den dazu erforderlichen Speicheroptionen, für den das natürliche Potenzial und die Technologien bereits zur Verfügung stehen – und an den sich, bei konsequenter Umsetzung des prinzipiellen Vorrangs erneuerbarer Energien – die Versorgungsstrukturen anpassen müssen. Diese Anpassung muss dann eine sein, in der auch die Systemfunktionen in vielfältiger Weise dezentral justiert werden. Diese Entscheidung ist etwas anderes als das oft geforderte »energiepolitische Gesamtkonzept«, das die Anteile erneuerbarer und konventioneller Energien in Form einer energiewirtschaftlichen Planifikation auf Jahrzehnte hinaus festschreiben will. Jedes Konzept, das dies versucht, wird an der realen energiewirtschaftlichen und -technologischen Entwicklung scheitern.

Was politische Akteure davon abhält, die strukturelle Revolutionierung der Energieversorgung einzuleiten, sind nicht nur die in politischen Institutionen und Parteien häufig direkt – über Personen – verankerten Interessen der etablierten Energiewirtschaft. Die Methoden dieser Verankerung sind seit langem bekannt. Bewährt hat sich vor allem eine Form legaler Korruption nach dem Prinzip »bezahlt wird später« – durch eine Anschlusstätigkeit ausgeschiedener Regierungsmitglieder und leitender Beamter in und bei Energiekonzernen. Das erklärt einiges, aber längst nicht alles, weil es nur einen verhältnismäßig kleinen Personenkreis erfasst.

Einschlägiger ist der Mangel an politischer Zivilcourage, der Versuch, die unvermeidlichen Konflikte zu vermeiden und immer wieder einen »Energiekonsens« zu suchen. Zusammenführen kann man nur, was auch zusammenpasst. Die Gesellschaft ist mehrheitlich schon weiter, als die meisten ihrer politischen Repräsentanten denken. Alle politischen Akteure müssen sich die Frage stellen, ob sie ein lähmendes Arrangement mit den etablierten Energieinteressen für wichtiger halten als die objektive Notwendigkeit und die legitimen Erwartungen der Gesellschaft, den Energiewechsel mit aller gebotenen Konsequenz unverzüglich einzuleiten.

# 3. SUPERGRIDS ALS PSEUDO-PROGRESSIVE BREMSE: Desertec- und Nordseeprojekt als neue Gigantomanie

Zwei gigantischen Plänen für erneuerbare Energien gelang durch ihre bloße Präsentation in den Medien eine öffentliche Blitzkarriere: dem Desertec-Projekt und dem Nordsee-Projekt für die Stromversorgung Europas aus Wüstenkraftwerken bzw. aus »Offshore«-Windparks – mit Hilfe eines (trans)kontinentalen Netzwerks neuer Übertragungsleitungen, die als unverzichtbare »Supergrids« für eine kommende Vollversorgung aus erneuerbaren Energien gepriesen werden. Beide Projekte erscheinen – zumal in der bereits angedachten Verknüpfung miteinander – wie ein Wundermittel zur Überwindung aller für unlösbar erklärten Probleme des Solar- und des Windstroms.

## Desertec / Transgreen

Das im Juli 2009 präsentierte Desertec-Projekt zielt auf den Bau von solarthermischen Kraftwerken in der Sahara und im Nahen Osten, ergänzt um Windparks, um von diesen den Strom über achtzig bis hundert dafür zu errichtende Stromtrassen auf einer Strecke von 3000 bis 5000 km in europäische Länder zu leiten. Bis zum Jahr 2050 sollen auf diesem Wege 15 Prozent der Stromversorgung Europas sichergestellt werden, bis zum Jahr 2020 schon drei Prozent. Die Kosten werden auf 400 Mrd. EUR geschätzt, womit es das größte Investitionsprojekt der Weltwirtschaftsgeschichte wäre. Mit ihm könne – so eine Kernbegründung des Projekts – das Speichermanko des Solarstroms überwunden werden, weil mit den geplanten solarthermischen Kraftwerken (CSP, Concentrated Solar Power) durchgängig Strom erzeugt werden kann, so dass diese als Grundlastkraftwerke nach der obigen Definition fungieren. Dies ist technisch möglich, weil in Wüstenregionen durchgehend die Sonne scheint und CSP-Kraftwerke nach dem klassischen Prinzip herkömmlicher Kraftwerke arbeiten: Es wird Dampf produziert, der die Turbinen zur Stromerzeugung antreibt. Die produzierte Wärme kann tagsüber in Flüssigsalztanks gespeichert werden, um auch nachts zur Stromerzeugung eingesetzt zu werden. Das technische Konzept ist bestechend. Aufgrund der durch die Speicherung möglichen durchgängigen Stromerzeugung sind die CSP-Kraftwerke *das* zentrale Element des Desertec-Projekts. Seine Initiatoren stellen einen Strompreis von nur 5–6 EUR-Cent pro Kilowattstunde in Aussicht, also vermeintlich »konkurrenzlos« billigen Solarstrom; dazu industrielle Arbeitsplätze in Europa für den Bau der Übertragungsnetze und der Kraftwerke. Zugleich wollen sie einen Beitrag zum Energiewechsel und zur wirtschaftlichen Entwicklungshilfe für die Länder in dieser Region leisten, die vom Stromexport profitieren können.

Der Unterstützerkreis des Projekts ist groß und versammelt neben der Münchner Rückversicherungsgesellschaft Organisationen und Unternehmen, die lange Zeit Antipoden waren – und es im Hinblick auf dezentrale Konzepte der erneuerbaren Energien und auf Atom- und Kohlekraftwerke immer noch sind: Stromkonzerne wie RWE und E.ON einerseits; den Club of Rome und Greenpeace andererseits; Technologiekonzerne wie Siemens, der neben seinem neu ausgebauten Geschäftszweig für Erneuerbare-Energien-Techniken nach wie vor im atomaren und fossilen Kraftwerksgeschäft tätig ist und bleiben will, sowie einige auf Solartechnik spezialisierte Unternehmen. Die politische und mediale Resonanz waren nahezu einhellig positiv. Die EU-Kommission sicherte ebenso ihre Unterstützung zu wie die deutsche Bundesregierung und – jenseits ihrer sonstigen energiepolitischen Kontroversen – die politischen Parteien von der CDU/CSU und der FDP bis zu den Grünen und – etwas zurückhaltender – auch der SPD. Viele hatten den Eindruck: Endlich ein Projekt, hinter dem sich alle vereinen und für das sie die bisherigen Kontroversen hinter sich lassen könnten: »Wir haben uns heute für die Rettung der Welt verschworen«, hieß es bei der offiziellen Präsentation des Konsortiums.

Das Desertec-Projekt ist »deutschzentriert« konzipiert, sowohl in der Zusammensetzung des Konsortiums wie in der Artikulierung der darin vertretenen industriellen und energiewirtschaftlichen Unternehmensinteressen. Damit war vorprogrammiert, dass es weitere Initiativen in denjenigen EU-Ländern herausfordert, die den südlichen und östlichen Mittelmeerraum, sowohl aus geografischen wie aus historischen Gründen, als ihre Interessensphäre betrachten. Das gilt vor allem für Frankreich in Bezug auf den frankophonen Teil Nordafrikas, sein früheres Kolonialgebiet. Deshalb reagierte die französische Regierung im Frühjahr 2010 mit dem »Transgreen«-Projekt unter Federführung der EdF. Das Schlüsselelement beider Projekte soll ein Hochspannungs-Gleichstrom-Übertragungsnetz (HGÜ) sein, weil dieses pro 1000 km Strecke nur drei Prozent Energieverluste hat statt der zehn Prozent bei einem Wechselstromnetz: das sogenannte Supergrid.

### Nordsee-Projekt / Seatec

Auf das Supergrid setzt auch das zweite Projekt, das im Januar 2010 mit vergleichbarer öffentlicher Wirkung und breiter Unterstützung präsentiert wurde und an dem neben der EU-Kommission neun Regierungen von EU-Staaten mitwirken, die »North Seas Countries Offshore Grid Initiative«, für die die Kurzbezeichnung »Seatec« erfunden wurde, um in der von Desertec ausgelösten Euphoriewelle mitzuschwimmen. Das Projekt zielt nicht nur auf die Vernetzung der Nordsee-Anrainerstaaten mit den Pumpspeicherkraftwerken in Norwegen, sondern vor allem auf den Ausbau von Offshore-Windparks in der Nordsee, die den Schwerpunkt der künftigen europäischen Windstromerzeugung bilden sollen. Auch der Europäische Windenergie-Verband (EWEA) und wiederum Greenpeace gehören zu den Förderern dieses Konzepts. Mithilfe norwegischer Pumpspeicherwerke sollen die windschwachen Zeiten in Zentraleuropa und in Großbritannien überbrückt werden, und in besonders produktionsintensiven Windzeiten sollen die Offshore-Anlagen den Strom liefern, mit dem wieder Wasser in die Speicher gepumpt wird. Das Netzwerk soll außerdem gewährleisten, dass weiträumig Windstrom geliefert werden kann, um regionale Schwachwindzeiten zu überbrücken, weil Offshore-Anlagen mit kontinuierlicheren Windverhältnissen rechnen können. Die Kosten dieses Nordsee-Supergrid mit seinen Tausenden von Kilometern werden auf etwa 30 Mrd. EUR veranschlagt

Zehn europäische Konzerne haben sich für dieses Projekt verbündet, die sich »Friends of the Supergrid« nennen, darunter einige Windkraftanlagenproduzenten, der französische Atomtechnikkonzern AREVA, Siemens und die zu RWE gehörende HOCHTIEF. Gemeinsam fordern sie die Finanzierung des Netzes durch die EU Kommission und nationale Regierungen. Geplant ist, über das Supergrid eine Offshore-Windkraftkapazität von 100.000 Megawatt zu installieren, das fünfzigfache der gegenwärtig für Großbritannien (688 MW), Dänemark (663 MW), die Niederlande (247 MW), Schweden (164 MW) und Deutschland (72 MW) installierten Offshore-Kapazität.

### Vorschnelle Euphorie

Zu beiden Projekten – vor allem zu Desertec – gab es enthusiastische Kommentare, die den Eindruck erwecken, nur rückständig oder kleinkariert Eingestellte könnten ernsthaft etwas dagegen haben. Die Verknüpfung beider Projekte wird in Aussicht gestellt, ebenso die mit Transgreen. Der Grund für die Resonanz auf beide Projekte ist nicht nur, dass sie den ganz großen Wurf zur Förderung erneuerbarer Energien versprechen und darüber hinaus die Überwindung des Systemkonflikts zwischen konventionellen und erneuerbaren Energien und des Strukturkonflikts zwischen zentraler und dezentraler Stromerzeugung. Sie nähren Hoffnungen, dass doch noch ein Energiekonsens möglich sei und die Interessen der Energiekonzerne mit den Ambitionen der Umweltbewegung versöhnt werden könnten. Kooperation, Integration, historischer Kompromiss; alle ziehen an einem Strang: eine Traumvorstellung für Politik und Wirtschaft, in der man sich gut aufgehoben fühlen kann.

Allen tiefer liegenden Motiven für Vorbehalte gegenüber erneuerbaren Energien, die im letzten Kapitel beschrieben wurden, kommen diese Projekte entgegen: den strukturkonservativen Neigungen, dem in Jahrzehnten gewachsenen Grundvertrauen in Großkraftwerke und der Unterschätzung der Möglichkeiten einer dezentralen Energieversorgung. Wie groß diese Unterschätzung ist, zeigt sich an der Wahrnehmungsdifferenz zwischen diesen Großprojekten und den großen Realisierungserfolgen des EEG, die in der vorschnellen Wüstenstrom- und Offshore-Euphorie übersehen wird: Beide Konzepte erscheinen als ersehnte große Entwürfe, die bereits praktizierte größere Würfe aus dem öffentlichen Bewusstsein verdrängen. Wenn etwa ein Viertel des Desertec-Stroms nach Deutschland fließen würde, um hier einen 15-prozentigen Beitrag zur Stromversorgung zu leisten, wäre dafür nach der simulierten Kostenschätzung ein anteiliger Investitionsaufwand von 100 Mrd. EUR erforderlich. Vergleichen wir das mit den seit 2000 im Rahmen des deutschen EEG realisierten Investitionen von insgesamt 96 Mrd. EUR für die Stromerzeugung aus erneuerbaren Energien in Deutschland, die innerhalb von zehn Jahren zu einem Stromversorgungsbeitrag von 13 Prozent geführt haben, so zeigt sich: Das »Großvorhaben« des EEG war offensichtlich deutlich schneller realisierbar und keineswegs kostspieliger, als das Desertec-Projekt zu werden verspricht. Die 96 Mrd. EUR repräsentieren im Übrigen zahllose kleine und mittlere Investitionen, und sie belegen eindrucksvoll, bei wem das Einführungstempo liegt und wie das Investitionskapital für erneuerbare Energien aktiviert werden kann.

Augenfällig wurde die Überbewertung von Großprojekten auch in einem Artikel des ZEIT-Redakteurs Fritz Vorholz über das Nordsee-Projekt, worin er über den ersten großen deutschen Offshore-Windpark mit seinen 70 MW 100 km vor der deutschen Küste schrieb, dass damit »die elektrische Zukunft beginnt«[50] – als hätte diese mit den 25.000 MW in Deutschland installierten »Onshore«-Kapazitäten nicht schon längst begonnen. Noch signifikanter ist eine andere Wahrnehmungsdifferenz: die zwischen der Präsentation des Desertec-Projekts und der zeitgleich stattfindenden Konferenz »100 Prozent-Regionen« in Kassel, auf der neunundneunzig deutsche Landkreise und Städte ihre bereits praktisch eingeleiteten Konzepte vorstellten, wie sie bis 2015, 2020 oder 2025 zu einer Vollversorgung mit erneuerbaren Energien kommen wollen.[51] Nach der Realisierung dieser Konzepte, die bei einigen schon weit gediehen ist, haben sie keinen Bedarf mehr für solaren Fernstrom – schon bevor dieser überhaupt geliefert werden könnte. Doch die Medienresonanz auf diese Konferenz war gleich null, während Desertec die Zeitungsseiten füllte.

Viele waren deshalb überrascht, als ich das Desertec-Projekt inmitten der medialen Euphorie als Fata Morgana bezeichnete und auch den Nordseeplan als Ablenkung von einem schnell möglichen Weg zum Energiewechsel bewertete. Wie kann jemand, so wurde gefragt, der als Protagonist der erneuerbaren Energien gilt und sich für den vollständigen Energiewechsel einsetzt, gegen solche Projekte sein? Aber ich stehe mit meiner Kritik keineswegs allein. Im Beifallssturm zu den Supergrid-Projekten, die von ganz unterschiedlichen Stimmen aus allen Energielagern begrüßt und unterstützt werden, gingen nur die vielen kritischen Stimmen unter, die schwerwiegende Einwände erheben. Dazu zählt das Gros der Akteure, die den praktischen Aufbruch zu erneuerbaren Energien bewerkstelligt haben. Sie sehen wenig Grund zu der Annahme, dass die konventionellen Energiekonzerne, die sich bisher vor allem mit Blockadestrategien gegenüber erneuerbaren Energien hervorgetan haben, auf einmal die treibende Kraft ihrer Einführung sein könnten und dafür alle ihre Bestandsinteressen zurückstellen. Was steht wirklich hinter diesen Projekten, und wohin führen Versuche, sie zu einem Schwerpunkt der europäischen Stromversorgung machen zu wollen?

## A. Supergrids:
### Langwierige Umwege zu erneuerbaren Energien

Die Supergrid-Idee findet Anklang bei allen, denen es trotz vorhandener exemplarischer Lehrbeispiele an praktischer Fantasie mangelt, dass der Energiewechsel in anderer Weise effektiver, schneller sowie gesamtwirtschaftlich produktiver und gesamtgesellschaftlich nutzbringender realisiert werden kann. Sie findet auch bei denjenigen Zustimmung, die dem Systemkonflikt mit dem Argument ausweichen wollen, dass für die Zukunft beides notwendig sei, dezentrale und zentralisierte Strukturen – ohne sich einzugestehen, dass sich daraus unweigerlich Widersprüche, Interessen-, Ziel- und Prioritätenkonflikte ergeben.

Gegen die genannten Großprojekte spricht jedoch, dass sie den Energiewechsel zwangsläufig verlangsamen, wenn er davon abhängig gemacht wird. Tut man das aber nicht, droht das gigantische Supergrid zum Milliardengrab zu werden. Und ebenso spricht gegen den Supergrid-Ansatz, dass dieser mit erneuerbaren Energien – die von der Natur dezentral angeboten und letztlich wieder einzelnen Energieverbrauchern zugeleitet werden – eine Struktur schaffen will, die zumindest partiell noch zentralistischer wäre als das konventionelle Energiesystem. Man wählt einen großen Umweg, obwohl es direkte Wege gibt. Die Projekte sind rein energiewirtschaftlich konzipiert und nicht gesamtwirtschaftlich, erst recht nicht regionalwirtschaftlich. Sie reduzieren die Zahl der Akteure für erneuerbare Energien, statt sie zu vergrößern.

Diese Supergrid-Konzepte übernehmen die Prämisse des konventionellen Energiesystems und machen aus dessen Eigenart der Fixierung auf konzentriert produzierte Angebotsmengen eine vermeintlich ewige Notwendigkeit. Das als revolutionär bezeichnete Konzept unterwirft sich damit der Prämisse eines Auslaufmodells. Wer sie akzeptiert, erklärt die Existenz der noch zu errichtenden Supergrids zur Voraussetzung des Energiewechsels in der Stromversorgung. Verzögert sich deren Bau oder kommt dieser nicht zustande, so können die Stromkonzerne daraus die Rechtfertigung ableiten, die konventionellen Großkraftwerke weiterlaufen zu lassen. Käme das Supergrid aber zustande, können die Stromkonzerne mit ihrer Organisations- und Kapitalkraft sowohl die Wüstenkraftwerke wie die Offshore-Kraftwerke bauen und somit ihre dominante Produzentenrolle auf dem Sektor der erneuerbaren Energien fortsetzen. Für die Stromkonzerne ist der Supergrid-Ansatz ein Konzept à la carte. Sie gewinnen damit für die Fortsetzung ihrer konventionellen Stromproduktion mindestens die Zeit, die der Bau des Supergrid in Anspruch nehmen wird – und diese Zeit wird sehr lang sein.

Wohlgemerkt: Es geht hier nicht um die Frage, ob Strom aus erneuerbaren Energien auch durch Übertragungsnetze geleitet werden soll oder nicht. Dies kann sinnvoll und notwendig sein, um einen überregionalen Ausgleich herzustellen und Stromüberproduktion in einer Region zur Kompensation einer zeitweiligen Unterproduktion in einer anderen Region zu nutzen. Dazu sind partielle Ergänzungen vorhandener Netze und Verbindungen zwischen diesen nötig. Beim Supergrid geht es aber um den Aufbau eines vollkommen neuen Hoch- und Höchstspannungsnetzes, das sich von der nordafrikanisch-arabischen Wüstenregion bis in den mittel- und nordeuropäischen Raum erstrecken soll. Der Ire Eddie O'Connor gilt als der Ideengeber eines solchen »Gleichstrom-Highways« für Europa.[52] Günter Rabensteiner, Vorstandsvorsitzender der österreichischen Stromhandelsgesellschaft APT sowie Vorsitzender des europäischen Strombörsenrats, spricht von einer »europäischen Kupferplatte« mit dem Ziel, mit Strom »über alle Länder hinweg Handel treiben zu können, in Verbindung mit einem einheitlichen europäischen Marktmodell für ein harmonisiertes Stromhandelssystem.«[53] Für den Stromhandel wäre das sicher vorteilhaft. Doch das bedeutet nicht, dass dies auch für den Energiewechsel der richtige und notwendige Ansatz sein muss. Ein solches Mammutprojekt hätte für die gesamte Entwicklung zu erneuerbaren Energien unmittelbare praktische Konsequenzen. Sie würde großenteils in die Hand der etablierten Stromkonzerne gelegt, die als Einzige ein Interesse an einer möglichst langsamen Entwicklung zu erneuerbaren Energien haben. Die geplanten Kraftwerke können erst dann gebaut werden bzw. in Betrieb gehen, wenn das Supergrid tatsächlich zur Verfügung steht. Die Neuerrichtung eines Netzes der geplanten Reichweite dauert aber wesentlich länger als der Bau von Kraftwerken. Damit wäre eine Verzögerung mit ungewisser Zeitdauer vorprogrammiert.

Mehr noch: Ein Supergrid für Wüstenkraftwerke und Offshore-Windkraftkomplexe ist gleichbedeutend mit einer Standortplanung. Es beschränkt die Zahl der Standorte und führt zu einer räumlichen Konzentration der Erzeugung – und damit auch zu einer unternehmerischen Konzentration der Kapitalakkumulation und zur räumlichen Konzentration der Wertschöpfung. Es kommt denjenigen

Konzepten entgegen, die den Ausbau erneuerbarer Energien nur dort fördern wollen, wo überdurchschnittlich viel Sonne scheint oder Wind weht, so dass Windstrom in Europa vorwiegend an den Atlantikküsten oder Offshore und Solarstrom vor allem in Südeuropa, in Nordafrika oder im Nahen Osten erzeugt würde, wie es das Potsdam-Institut für Klimafolgenforschung empfiehlt. Alle mit erneuerbaren Energien gegebenen Möglichkeiten der unmittelbaren Kopplung natürlicher Energieangebote mit regionalem Energieverbrauch, für die weit mehr wirtschaftliche und gesellschaftliche Gründe sprechen als nur der einer möglichst kostengünstigen Stromproduktion, würden damit außer Acht gelassen – und gegebenenfalls willkürlich behindert, zugunsten einer vermeintlich »höheren« energiewirtschaftlichen Rationalität.

## B. Technologie ohne Soziologie:
### Das unkalkulierbare Desertec-Projekt

Beim Desertec-Projekt sind nur der Name und das Design neu. Die Idee einer Solarenergieversorgung Europas aus der Sahara ist sechzig Jahre alt und wurde von dem Franzosen Marcel Perrot und seinem Solarforschungsinstitut in Algier entwickelt. Mit solarthermischen Kraftwerken in Algerien, das damals noch zu Frankreich gehörte, sollte über Seekabel die künftige französische Stromversorgung gesichert werden. Als Frankreich Algerien nach dem algerischen Befreiungskrieg 1961 in die Unabhängigkeit entlassen musste, wurde die Idee aufgegeben, und Frankreich schlug den Atomenergie-Kurs ein. Aber das Konzept war schon Mitte der 1950er Jahre von dem deutschen Professor Eduard Justi aufgegriffen worden, der mit Sonnenkraftwerken in der Sahara Wasserstoff für die Energieversorgung Europas produzieren wollte. In den 1980er Jahren wurde diese Idee von der Deutschen Forschungs- und Versuchsanstalt für Luft- und Raumfahrt (DFVLR), der heutigen DLR, aufgegriffen und weiterentwickelt. Dasselbe Forschungsinstitut experimentiert seit den 1970er Jahren im spanischen Almería mit solarthermischen Kraftwerkstechniken und erarbeitete den TREC-Vorschlag (Transmediterranean Renewable Energy Cooperation), auf den sich die Desertec-Initiative stützt.

Zweifellos ist das Projekt technisch möglich. Wie viel es im Verhältnis zu anderen Optionen der erneuerbaren Energien tatsächlich kosten würde, steht trotz aller optimistischen Studien in den Sternen. Wegen der grundlegenden Bedeutung des Energiewechsels dürfen die tatsächlichen Kosten gleichwohl nicht das entscheidende Kriterium sein – jedenfalls nicht im Vergleich zu Atomenergie und fossilen Energien. Relevant ist die Kostenfrage allerdings im Vergleich mit anderen Nutzungsformen erneuerbarer Energien. Außerdem darf sie nie isoliert betrachtet werden, weil es um darüber hinausgehende wirtschaftliche und gesellschaftliche Nutzeffekte der Energieversorgung insgesamt gehen muss – und insbesondere um die Frage, welche Erneuerbare-Energien-Konzepte sowohl für Europa wie in den Entwicklungs- und Übergangsländern am schnellsten realisierbar sind.

### Unhaltbarer Zeitplan, explodierende Kosten

Die Realisierung des Wüstenstromprojekts zu den versprochenen Kosten und innerhalb des vorgesehenen Zeitplans ist aus politik- und wirtschaftssoziologisch unschwer erkennbaren Gründen praktisch undurchführbar. Damit unterstelle ich nicht, dass die Verfasser der Studien schlecht gearbeitet hätten. In solchen Studien kann jedoch allenfalls berechnet werden, was vielleicht möglich wäre, wenn alle Beteiligten dem Projektplan über mehrere Jahrzehnte hinweg mustergültig folgten. Aber schon dies liegt außerhalb jeder Realität, weil allein die Zahl der daran zu beteiligenden Institutionen unübersehbar ist: über vierzig Regierungen von Staaten mit ihren jeweiligen Netzsystemen und nicht zuletzt viele Regionalregierungen, durch deren Gebiet die Stromtrassen gelegt werden müssten – und damit auch die Bevölkerung dieser Regionen, die die Baumaßnahmen nicht stören darf.

Es gibt kein technisches Großprojekt, das zu den vorab geschätzten Kosten realisiert werden konnte, nicht selten verdoppeln sie sich oder gehen sogar weit darüber hinaus. Auch wenn zuvor korrekt gerechnet wurde, sind Großprojekte aufgrund ihrer Komplexität weder zeitlich noch sachlich berechenbar. Keine Studie kann voraussehen, wie Entscheidungsprozesse verlaufen und wie viele Widerstände es geben wird, welche Interessenkonflikte auftreten und welche unvermeidlichen Umsetzungsfehler passieren werden. Große Projekte können große Fehler produzieren, die dann auch ein großes Debakel bedeuten. Das Wüstenstromprojekt soll das bisher größte Projekt der Weltwirtschaftsgeschichte werden, mit einer unvorhersehbar großen Zahl von Mitspielern, die überdies wegen der langen Zeitdauer des Projekts ständig wechseln. Es ist überkomplex, ganz zu schweigen von den fragilen politischen Verhältnissen in der Mehrzahl der beteiligten Wüstenstaaten. Wichtiger als Computersimulationen über technische Bereitstellungskosten ist politisches und wirtschaftliches Augenmaß.

Es ist überdies kaum möglich, eine einigermaßen zuverlässige Kostenschätzung für die vorgesehenen Langstreckenleitungen vorzunehmen, die bisher weltweit beispiellos sind. EUROSOLAR hat die vorliegenden Erfahrungen wissenschaftlich auswerten lassen: Die längste HGÜ-Leitung der Welt existiert in China und erstreckt sich über 2000 km. Desertec plant dagegen Leitungslängen von bis zu 5000 km. Bisherige HGÜ-Leitungen sind Punkt-zu-Punkt-Verbindungen, so dass für das geplante weit verzweigte Netz mit seinen Querverbindungen noch ein hoher Entwicklungsaufwand erforderlich ist. Bei dem heißen Wüstenstromprojekt handelt es sich also um einen Sprung in kaltes Wasser – auch deshalb, weil es noch keine Erfahrungen mit HGÜ-Kabeln in mehr als 1000 m Tiefe gibt, die im Mittelmeer überschritten werden müssten. Schon deshalb ist es sehr unwahrscheinlich, dass bereits bis 2020 die beiden ersten geplanten HGÜ-Leitungen verlegt sein könnten – abgesehen davon, dass es waghalsig ist, ein derart gigantisches Projekt zu kalkulieren, bevor dessen Schlüsselelement seine Lernkurve durchschritten hat.

Ein planmäßiger Trassenbau ist aber vor allem deshalb extrem unwahrscheinlich, weil Widerstände aus der Bevölkerung vorprogrammiert sind. Bei den langen Trassen – durch Italien über die Alpen nach Deutschland, durch Spanien über die Pyrenäen oder durch das Mittelmeer nach Frankreich, und von dort zu den verschiedenen Abnahmepunkten – sind die einzelnen Widerstandspotenziale unberechenbar groß. Einen Vorgeschmack darauf liefern die Umsetzungsprobleme bei zahlreichen Trassenbauten von nur 20 oder 50 km Länge, die oft Jahrzehnte in Anspruch nahmen. Ein Beispiel für einen grenzüberschreitenden Netzausbau, um den es bei Desertec geht, ist der seit dreißig Jahren anhaltende Konflikt um eine französisch-spanische Hochspannungsleitung von Cazirel-Aragon nach Baixas-Santa Logaia, die über nur 75 km gehen soll. Erst nach Einschaltung eines Mediators – des ehemaligen EU-Kommissars Monti – und einer Finanzierungszusage der EU über 225 Mio. EUR kam es zu einer Einigung, die Leitung bis zum Jahr 2014 zu bauen – und zwar in Form der kostspieligeren Erdverkabelung, um die lokalen Widerstände zu überwinden. Die Gesamtkosten liegen bei 800 Mio. EUR, dem neunfachen der anfangs errechneten Summe!

Ein Hauptargument von Bürgerprotesten in den Transitregionen der Desertec-Leitungen wird sein, dass die Leitungen nicht für ihren regionalen und oft nicht einmal für den nationalen Strombedarf errichtet werden. Trassenkonflikte – und das bei potenziell 80 bis 100 Trassen über Längen von jeweils 3000 bis 5000 km! – werden absehbar zum Dauerbrenner. Selbst wenn alle Konflikte zugunsten des Trassenbaus gelöst würden, sind erhebliche Bauverzögerungen unvermeidlich, die automatisch dramatische Kostensteigerungen hervorrufen. Dies hat zwangsläufig auch Folgen für den Kraftwerksbau, der von der Verfügbarkeit der Leitungen abhängt.

Das Desertec-Projekt ist auf CSP-Kraftwerke fixiert, weil allein mit diesen die Grundidee zu verwirklichen ist: den Wüstenstrom für den europäischen Strombedarf attraktiv zu machen, solange dort die Strukturen grundlastorientiert sind. Ginge es bei diesem Projekt in erster Linie um die Solar- und Windstromversorgung für die Länder Nordafrikas und des Nahen Ostens, müssten neben CSP-Kraftwerken auch die Photovoltaik und die Windenergie berücksichtigt werden, die nicht an die Errichtung des transmediterranen Supergrid gebunden sind und relativ problemlos breit eingeführt werden können. CSP-Kraftwerke haben ihren besonderen Stellenwert für die Großstädte in der arabisch-nordafrikanischen Wüstenregion, in denen es einen großen Strombedarf in den Abendstunden gibt – und als Ausgleichsreserve für den Windstrom aus den besonders windreichen Regionen an der Atlantikküste und in großen Teilen Ägyptens. Der Stellenwert der Photovoltaik liegt in den vielen ländlichen Regionen im weiträumigen Nordafrika, zwischen denen Netzverbünde kaum möglich und auch nicht nötig sind.

Im übrigen kommen für die Wüstenländer nur solche CSP-Kraftwerke infrage, die mit Luft- statt mit Wasserkühlung betrieben werden, weil die Realisierung sonst am Wassermangel scheitert oder immense zusätzliche Kosten der Wasserbereitstellung – über Meerwasserentsalzungsanlagen und Wasserleitungen – verursachen würde. Diese Luftkühltechnik wird in dem gegenwärtig größten im Bau befindlichen CSP-Kraftwerk eingesetzt, dem 100-MW-Projekt Shams 1 in Abu Dhabi. Dieses Projekt zeigt aber auch, wie weit CSP-Kraftwerke noch von den versprochenen 5 bis 6 EUR-Cent pro Kilowattstunde inklusive der Stromübertragungskosten nach Europa entfernt sind: Um das Shams 1-Kraftwerk amortisieren zu können, ist mit der Netzgesellschaft von Abu Dhabi eine Vergütung von 30 EUR-Cent pro Kilowattstunde über 25 Jahre hinweg vereinbart. Für die bereits geplante nächste 100 MW-Anlage reduzieren sich die Amortisationskosten auf 25 Cent. Bei diesen Kraftwerken, die für den Bedarf von Abu Dhabi verbrauchernah installiert werden, fallen allerdings keine Grundstückskosten und auch keine nennenswerten Übertragungskosten an. Zum Vergleich: die für dieses Kraftwerk festgelegten Kilowattstundenvergütungen liegen höher als die Vergütungen für Photovoltaikanlagen auf Freilandflächen in Deutschland.

## Beteiligungskonflikte

Da die Realisierung des Wüstenstromprojekts nur mit den Regierungen der Länder möglich ist, die die Kraftwerkstandorte zur Verfügung stellen sollen, müssen diese auch finanziell beteiligt werden. Das Spektrum reicht von Pachtzinsen, die in die Produktionskosten einfließen, bis zu Kraftwerksanteilen und Ausfuhrzöllen, um an der Rendite beteiligt zu sein – wenn die Länder mit ihren nationalen Stromgesellschaften den Kraftwerksbau nicht selbst realisieren. Eine andere denkbare Variante ist, dass sie ein Kontingent des von einem ausländischen Kraftwerksbetreiber erzeugten Stroms kostenlos oder zum Niedrigpreis erhalten. Keinesfalls kann angenommen werden, dass die beteiligten Länder lediglich ihren Standort zur Verfügung stellen, ohne an den Renditen zu partizipieren. Man muss im Gegenteil davon ausgehen, dass die Renditeerwartungen der Standortländer umso höher sind, je mehr die Empfängerländer von Stromlieferungen abhängig werden. Das Vorbild dafür bieten ihnen die Ölförderländer der Region, die früher großenteils Kolonien waren: Schritt für Schritt erkämpften sie sich nach erlangter Unabhängigkeit von den westlichen Energiekonzernen mehr Renditeanteile, bis sie die Fördergesellschaften schließlich selbst in die Hand nahmen und die Preise diktieren konnten.

Wesentlich wichtiger und vor allem naheliegender als eine Beteiligung an der Rendite ist für die wirtschaftliche Entwicklung der Wüstenstaaten die schnelle Reduzierung ihrer fossilen Energieimporte, die für alle eine extrem hohe volkswirtschaftliche Belastung darstellen, durch den Wechsel zu erneuerbaren Energien. Dies gilt zumindest für die Mehrheit dieser Staaten, die keine eigenen Öl- und Gasvorkommen haben. Es bedeutet aber, dass sich die Solar- und Windstromerzeugung voll auf den Eigenbedarf dieser Staaten konzentrieren müsste – und nicht auf den Bedarf Europas. Nur dann kann die Aufmerksamkeit für das Potenzial des Wüstenstroms in konstruktive Bahnen gelenkt werden, für die Wüstenstaaten selbst wie für Europa. Diese Strategie erfordert aber ein ganz anderes Konzept, das ich im 5. Kapitel skizziere und »Desert-Economy« nenne – in begrifflicher Anlehnung an das Desertec-Projekt und inhaltlicher Unterscheidung davon. Ich verstehe dies als Anstoß zu einer grundlegenden Umwidmung von Desertec auf die Eigenbedürfnisse der Standortländer, denn aufgrund der hier beschriebenen vielfältigen Probleme ist vorgezeichnet, dass das Projekt in der geplanten Form nicht durchführbar ist. Alles, was momentan bereits als Anfangserfolg von Desertec dargestellt wird, sind Kraftwerksplanungen in Nordafrika für den eigenen Bedarf – Projekte, die ohnehin schon angedacht und geplant waren und für die auch seit Jahren Förderprogramme der Europäischen Union bereitstehen, die bisher nicht ausgeschöpft wurden.

#### Technische Machbarkeit ist noch keine soziale

Schon wenige Wochen nach der Gründung der eigens geschaffenen Desertec-Stiftung und der öffentlichen Vorstellung des Konsortiums mussten die Initiatoren einräumen, dass das verkündete Ziel nicht erreichbar ist, bis 2020 bereits drei Prozent des europäischen Stromverbrauchs liefern zu können. Weder sind dafür Investitionsmittel bereitgestellt noch liegt ein konkreter erster Trassenplan für ein Genehmigungsverfahren vor. Man verwies auf den Bedarf für weitere Studien und die nötige Suche nach nordafrikanischen Partnern. Bisher besteht das Projekt in erster Linie aus einer sehr erfolgreichen Öffentlichkeitsarbeit, die Regierungen dazu bewegen soll, sich finanziell zu engagieren, insbesondere an der Finanzierung des Leitungsbaus. Wahrscheinlich wird bis 2020 noch keine einzige durchgehende HGÜ-Leitung der vorgesehenen Länge verlegt sein. Da die ersten Leitungen noch kein HGÜ-Netzwerk darstellen, würden die ersten Lieferungen nur wenige Zielländer – vielleicht auch nur eines – erreichen, von denen dann ein besonderes Engagement erwartet werden muss. Das Desertec-Projekt wird vielleicht begonnen, aber nie vollendet werden. Manche Unternehmen werden mitmachen wollen und früher oder später wieder aussteigen, wenn sie mit den tatsächlichen Verhältnissen konfrontiert sind.

Das Projekt ist technokratisch konzipiert, unter Außerachtlassung aller soziologischen Faktoren. Kennzeichnend für technokratische Konzepte ist, dass sie alles für machbar erklären, was technisch machbar ist, und alle Fragen und Hinweise auf potenziell widrige wirtschaftliche und gesellschaftliche Umstände als spekulativ abtun. Gerne verweisen sie auch darauf, die Realisierung hänge nur noch vom »politischen Willen« ab. Mit dieser salvatorischen Klausel liegt die Verantwortung für Fehleinschätzungen und Misslingen stets bei anderen und nie bei den Urhebern der Entwürfe. Der vorgesehene Zeitrahmen zur Erreichung des Projektziels von vier Jahrzehnten wird kaum einzuhalten sein, so dass wahrscheinlich die Zeit über das Projekt hinweggeht – mit dem Ergebnis, dass aus einem gigantischen Plan eine gigantische strategische Fehlleistung werden könnte. Die

Urheber des Desertec-Konzepts blenden die vielen Speicherpotenziale für erneuerbare Energien, auf die noch näher eingegangen wird, einfach aus – so wie es auch die Stromkonzerne zur Rechtfertigung ihres strukturkonservierenden Verhaltens tun, weil damit die einzige verbleibende Begründung für ihre Verweigerungshaltung gegenüber einer Vollversorgung mit erneuerbaren Energien ohne Fernstrom über Supergrids hinfällig würde. Gleiches gilt für das »Seatec«-Projekt.

Den involvierten Stromkonzernen geht es beim Wüstenstromprojekt für Europa nicht in erster Linie um die in den Studien in Aussicht gestellten Niedrigkosten von 5 bis 6 Cent pro Kilowattstunde. Diese verlockende Zahl ist für sie nur ein willkommenes Hilfsargument, um einen weiteren dezentralen Ausbau erneuerbarer Energien als prinzipiell unwirtschaftlich und unverantwortlich denunzieren zu können – schon lange, bevor die erste große Stromtrasse von Nordafrika nach Europa gebaut und das erste Solarkraftwerk daran angeschlossen sein könnte. Es ist kaum vorstellbar, dass sie tatsächlich an eine Umsetzung des gesamten Desertec/Transgreen-Projekts glauben, schon gar nicht zu den errechneten Niedrigkosten – im Gegensatz zu den Verfassern der Studien und Teilen der davon beeindruckten Öffentlichkeit. Man kann den Stromkonzernen schwerlich mangelnde praktische Erfahrung unterstellen. Mit den Versprechungen wollen sie vielmehr versuchen, den Systemkonflikt in ihrem eigenen Land zwischen der etablierten und einer Energieversorgung mit erneuerbaren Energien für sich zu entscheiden. Vor allem gewinnen sie damit Zeit. Es könnten jedoch auch weitere Beweggründe hinter dem Mitwirkungsinteresse Frankreichs stehen: das nordafrikanisch-europäische Supergrid zur Lieferung von Strom aus Atomkraftwerken zu nutzen, die AREVA in Nordafrika bauen will. Der Europaabgeordnete Claude Turmes spricht von einer »hidden nuclear agenda« im offiziellen französischen Engagement für das transmediterrane Wüstenstromprojekt.[54]

## C: Windige Rechnungen:
### Die wirtschaftlichen Konsequenzen von Seatec

Dass es den Stromkonzernen nicht in erster Linie um niedrige Kosten für erneuerbare Energien, sondern um die Erhaltung ihrer Strukturmacht geht, beweist auch ihre Präferenz für den Offshore-Windkraftausbau. Dafür dürfen dann auch die Kosten höher sein! Mit Kostengründen ist diese Prioritätensetzung nämlich nicht zu rechtfertigen. Offshore wird immer teurer sein als Windkraft vom Festland. Die ersten deutschen Offshore-Projekte wurden erst realisiert, nachdem die Einspeisevergütung für diese im EEG zweimal deutlich angehoben worden war. Sie liegt inzwischen um 6 Cent pro Kilowattstunde höher als für Onshore-Windkraftanlagen; gefordert wird eine noch höhere Garantievergütung. In Dänemark liegt die Garantievergütung für Onshore-Anlagen bei 0,50 Kronen/KWh, und dies für nur insgesamt 22.000 Stunden erbrachte Leistung; für Offshore-Anlagen liegt sie bei 0,52 bis 0,98 Kronen, und dies für 50.000 Leistungsstunden – also in der Summe etwa dreimal höher! Dennoch wurde der Offshore-Ausbau damit begründet, dass dort aufgrund der besseren Windverhältnisse billigerer Windstrom zu gewinnen sei. Dies war wegen des deutlich höheren Installationsaufwands zu keinem Zeitpunkt haltbar: der Kosten für die Fundamentierung der Anlagen in 40 bis 60 m Meerestiefe sowie des höheren Aufwands für Wartung und Netzanschluss. Was im Vergleich zu Onshore-Windkraftprojekten energieökonomisch unsinnig ist, ist aber für die etablierten Energiekonzerne durchaus sinnvoll: Offshore-Anlagen müssen im Verbund und auf einmal erstellt werden, weil Seekabel nur für einzelne Anlagen unerschwinglich teuer sind. Damit werden diese Anlagen zum bevorzugten Spielfeld für Großinvestoren.

Dass sich dennoch auch Stadtwerke wie die Münchner an Offshore-Projekten beteiligen, widerlegt diese Einschätzung nicht: Das Vorhaben dieser Stadtwerke, bis 2015 alle Münchner Privathaushalte mit Strom aus erneuerbaren Energien zu versorgen, ist ohne einen großen Beitrag des Windstroms nicht realisierbar. Aber den Münchner Stadtwerken ist die naheliegendere Möglichkeit, den Windstrombedarf auf kostengünstigere Weise in der Region München zu produzieren, politisch immer noch versperrt, weil die bayerische Landesregierung mit ihrer Verhinderungsplanung dafür kaum Standortgenehmigungen erteilt.

Zu welchen verqueren Vorstellungen die Seatec-Pläne führen, zeigt sich daran, dass selbst für das Pumpen von Wasser in die norwegischen Speicherbecken Offshore-Windstrom vorgesehen ist – anstelle von Strom aus Windkraftanlagen an der langgestreckten und großenteils menschenleeren norwegischen Küste mit ihren hervorragenden Windverhältnissen. Norwegische Wasserkraft als Reserve bzw. Ausgleich für die Angebotstäler der fluktuierenden Windstromerzeugung in europäischen Ländern zu nutzen und dafür Kabelverbindungen nach Zentraleuropa zu bauen, ist fraglos sinnvoll. In diesem Fall geht es allein um die Netzverbindung zwischen bereits bestehenden Wasserkraftwerken zu Anschlusspunkten an bestehende Netze. Es ist keine tragfähige Begründung dafür, den Schwerpunkt der Windstromproduktion auf die hohe See zu verlegen.

Eine andere, häufig bemühte Begründung ist der Widerstand lokaler Bevölkerungsgruppen gegen Windkraftanlagen an Land. Alle Meinungsumfragen bestätigen jedoch, dass solche Widerstände nicht die Meinung der Mehrheit der lokalen Bevölkerung repräsentieren; das von Franz Alt und mir herausgegebene Buch »Wind des Wandels« dokumentiert das anhand einschlägiger Beispiele und Meinungsumfragen. Dass Stromkonzerne ihre Priorität für Offshore-Anlagen mit solchen Widerständen begründen, ist unglaubwürdig: Wenn es statt um lokale Windkraftanlagen um neue Kohlekraftwerke geht, die in Deutschland über 90 Prozent der Bevölkerung ablehnen, erwarten sie von den politischen Institutionen die Durchsetzung des Projekts gegen alle Widerstände, ebenso wie beim Bau neuer Hochspannungstrassen. Der »Preis« für den Verzicht oder die Ablehnung eines regionalen Ausbaus der Windkraft und von Standortverweigerungen für Onshore-Windkraftanlagen sind jedoch neue Stromtrassen für Großprojekte: Wer Windkraftanlagen im Land verweigert, erntet Supergridtrassen!

## D. Prioritätenkonflikt: Der politische Missbrauch von Supergrid-Konzepten gegen dezentrale Stromerzeugung

Wie wir gesehen haben, laufen die Supergrid-Konzepte auf eine Fortsetzung des Strukturkonflikts zwischen zentralisierter bzw. netzabhängiger und dezentralisierter bzw. autonomer Stromversorgung unter neuen Vorzeichen hinaus. Auf der politischen Ebene wird daraus ein Prioritätenkonflikt über den Weg zu erneuerbaren Energien. Für ein Supergrid-Projekt, das eine Neuinvestition mit einem hohen zweistelligen Milliardenaufwand bedeutet, ist die *politische Mindestvoraussetzung* eine öffentliche Finanzierungshilfe durch die EU und/oder die Transitländer. Erfüllen Regierungen diese Startbedingung, ist als nächster Schritt zu erwarten, dass sie zugunsten der Refinanzierung und der Auslastung der Trassen dazu übergehen werden, Investitionen für erneuerbare Energien außerhalb der Anschlussmöglichkeiten an das Supergrid einzuschränken. Das Instrument dafür, die Verweigerung von Standortgenehmigungen, steht jeder Regierung zur Verfügung. Im Ergebnis liefe das darauf hinaus, das am schnellsten funktionierende Element des Energiewechsels – dezentrale Investitionen durch viele Investoren – auszubremsen oder abzuwürgen; entweder in den Ländern der Produktionsstandorte für Wüstenstrom oder in den Empfängerländern, möglicherweise in beiden. Dasselbe ist zu erwarten, wenn das »Supergrid« privatwirtschaftlich errichtet würde. Die Investoren werden ihre Finanzierung an die Zusicherung der Regierungen binden, für die Netzauslastung zu sorgen.

Ein warnendes Beispiel einer solchen Entwicklung ist das Tennessee-Valley-Projekt, das zum New-Deal-Programm Präsident Roosevelts gehörte. Es bestand aus dem Bau großer Wasser- und Kohlekraftwerke, die nur durch die Errichtung langer Überlandleitungen in die zuvor nicht vernetzten Farmregionen im Mittelwesten der USA ausgelastet werden konnten. Die Farmen dort hatten zuvor fast ausnahmslos eigene Windstromanlagen; es waren mehrere Millionen solcher

»Kleinwindanlagen« in Betrieb. Nachdem die Regierung eine Anschlusspflicht an das Netz verfügt hatte, wurden diese Anlagen stillgelegt.

Bei einer definitiven Entscheidung für Desertec/Transgreen und der Bereitstellung öffentlicher Investitionsmittel ist deshalb damit zu rechnen, dass der Druck auf die Regierungen und Parlamente massiv zunimmt, den Ausbau der Solar- und Windstromerzeugung im eigenen Land einzuschränken und Einspeisegesetze auslaufen oder fallen zu lassen. Eine Einschränkung des dezentralen Ausbaus erneuerbarer Energien entspricht zwar nicht dem vorgelegten Desertec-Projekt, das nur auf einen limitierten Beitrag des Wüstenstroms und dessen Kongruenz mit dezentraler Stromerzeugung zielt. Aber die Verfasser dieses Konzepts können die etablierten Stromkonzerne nicht davon abhalten, es als politische Waffe gegen den Ausbau lokaler und regionaler Solar- und Windstromerzeugung insgesamt einzusetzen. Sie werden nicht bei der Empfehlung von »nur« 15 Prozent Importstrom aus der Wüste stehenbleiben.

Schon jetzt beklagen die Initiatoren von Desertec, dass Stromeinspeisegesetze für erneuerbare Energien in den EU-Ländern nur für diese Länder selbst gelten, also für deren jeweilige »heimische« Stromerzeugung. Die Forderung, sie auch auf Solar- oder Windstrom aus den Wüstenländern auszuweiten, obwohl es bisher nur minimale Übertragungskapazitäten gibt, läuft geradewegs darauf hinaus, Einspeisegesetze in den EU-Ländern durch Einführungsquoten zu ersetzen, für deren Erfüllung die Produktionsanlagen auch andernorts realisiert werden dürfen – in Anlehnung an das Emissionshandelssystem und ohne tatsächliche Stromlieferung. Dies wäre aber für die Mobilisierung erneuerbarer Energien der größte Rückschritt und würde sie der Kraftwerksplanung der konventionellen Stromkonzerne unterwerfen.

Das Argument, dass ein Supergrid-Konzept dem zügigen Ausbau dezentraler Stromversorgung nicht im Wege stehen, ja diesen sogar fördern würde, ist Augenwischerei. Das Supergrid-Konzept zwängt die erneuerbaren Energien in das Funktionssystem der etablierten Energieversorgung. Es hat den Charakter einer europäischen Strom-Planwirtschaft, in die sich die Solar- und Windstromerzeugung über Jahrzehnte hinweg einordnen müsste. Ab einem bestimmten Punkt der Markteinbringung erneuerbarer Energien, der durch den erfolgten Ausbau der Windkraft in Norddeutschland nahe ist, müsste der weitere Ausbau auf das Supergrid warten. Es käme zu einem unberechenbar langen Ausbaustopp, dem diejenigen, die die These von der Unverzichtbarkeit des Supergrid heute mit vertreten, nur schlecht widersprechen könnten. Da der Supergrid-Ansatz von der Annahme ausgeht, dass eine dezentralisierte Energieversorgung mit erneuerbaren Energien die Grundlasterfordernisse nicht erfüllen kann, heißt das aber auch umgekehrt: Sobald die durchgängige Stromversorgung durch andere Potenziale erneuerbarer Energien gesichert werden kann, ist das Supergrid überflüssig. Die Supergrid-Konzepte stehen für den einsetzenden Konflikt über die Struktur der Energieversorgung mit erneuerbaren Energien. Er wird sich auch in Konflikten darüber niederschlagen, wo der Schwerpunkt für Netzinvestitionen liegen soll: Im Supergrid oder bei der Verstärkung vorhandener Netze und Investitionen für eine Vollversorgung auf lokaler und regionaler Ebene.

Dass die etablierten Energiekonzerne ein Supergrid-Konzept favorisieren, ist aus deren Sicht verständlich. Aus der Sicht aller, die den Energiewechsel als höchst dringlich betrachten, ist es dagegen unverständlich, sich darauf einzulassen. Das Konzept führt fast zwangsläufig zu einer einseitigen Kanalisierung des Weges zu erneuerbaren Energien und einer Missachtung ihrer technologischen Potenziale – und außerdem zu einer deutlichen Reduzierung der Zahl der Akteure: von einer Bewegung vieler zu einer energietechnokratischen Steuerung. Ich unterstelle nicht, dass dies die Absicht aller voreiligen Befürworter des Desertec-Projekts oder des Seatec-Projekts ist. Aber man muss die Konsequenzen beider Projekte zu Ende denken, weil die »Energiewelt« nicht nur aus Befürwortern eines rapiden Wechsels zu erneuerbaren Energien besteht und weil es auch im Kreis der Befürworter sehr unterschiedliche Ambitionen und wirtschaftliche Interessen gibt.

# TEIL II

# MENSCHEN, GESTALTUNGSRÄUME UND TECHNOLOGIEN FÜR 100 PROZENT ERNEUERBARE ENERGIEN

## 4. BESCHLEUNIGUNG: Freie Entfaltung erneuerbarer Energien statt technokratischer Planifikation

Der Begriff der »Energierevolution« ist zum Modewort geworden. Sicher ist, dass der Energiewechsel nur über eine technologische Revolution erfolgen kann. Eine solche beginnt, wie die Geschichte zeigt, mit einer neuen Basistechnologie, die unbefriedigte Bedürfnisse erfüllt oder neue Bedürfnisse weckt. Die neue Technik führt dann zu einem Anwendungs- und damit Produktionsschub, wobei sich die Produktivität erhöht und Kreativität für darauf aufbauende Produkte und Anwendungen freigesetzt wird, die weitere Innovationssprünge auslösen. Eine technologische Revolution erfolgt allerdings nicht durch die Technik selbst, sondern durch Menschen, die die neuen Möglichkeiten ergreifen. Dann wird aus einer technischen Neuerung eine gesellschaftliche Bewegung, die sich in allen gesellschaftlichen Bereichen normativ und praktisch verankert und einen neuen kulturellen Standard setzt. Jeder politische, wirtschaftliche, technologische und soziale Wandel vollzog sich so. Solche Entwicklungen können »von oben« angestoßen werden, was selten vorkommt. Aber entfalten können sie sich nur »von unten«, aus der Gesellschaft heraus.

Ein solcher Prozess ist mit Großtechnologien nicht möglich, sondern nur mit von vielen Akteuren einsetzbaren Techniken, die deren individuelle Spielräume erweitern und deshalb eine Massennachfrage hervorrufen. Das jüngste Beispiel sind die Informationstechnologien, die in kurzer Zeit einen in Breite und Geschwindigkeit ungeahnten wirtschaftlichen Strukturwandel und einen soziokulturellen Wandel ausgelöst haben, der alle gesellschaftlichen Bereiche und Arbeits- und Lebensbezüge direkt oder indirekt durchdringt. Drei kabelfrei funktionierende Technologien haben dies bewirkt: Satelliten, Laptops und Mobiltelefone, deren Nutzungsbreite sich laufend erweitert. Die monopolisierten Telekommunikationsanbieter haben diese Informationstechnologien mit ihrem Versprechen individueller Autonomie zunächst nicht verstanden, wollten sie verhindern und die Menschen verkabelt halten.

Auch der »Satellit« Sonne sendet seine Energieinformationen laufend in jeden Winkel des Erdballs und dies kostenfrei. Aber es gibt bisher bei weitem zu wenig autonome Empfangsgeräte. Erneut sind es nur wenige neue Basistechnologien, die den Energiewechsel und den damit einhergehenden Wandel befördern können. Sie machen möglich, was in der komplexen Gegenwart wechselseitiger Sachzwänge für unmöglich gehalten wird. Voraussetzung jeder schnellen Veränderung ist die »Reduktion von Komplexität«, wie es der Soziologe Niklas Luhmann formuliert: das zahlreiche Setzen neuer Fakten, ohne dass die Träger der bestehenden Struktur um Erlaubnis gefragt werden müssen. Die Massen- und Breiteneinführung der Geräte bewirkt eine Umstrukturierung der gesamten Energieversorgung, die dann eine Restrukturierung der Verhältnisse erzwingt.

### Wider die Platzanweiser

Jede Revolution wird zur Farce, wenn den »revolutionären Kräften« Zeitpunkt, Methode und Standort ihrer Aktionen zugewiesen werden sollen, wenn sie sich dafür anmelden und bewerben müssen. Der Widerspruch wird noch größer, wenn das Zulassungsverfahren in der Hand derjenigen liegt, gegen die sich die Revolution richtet. Der Begriff wird paradox, wenn konventionelle Energiekonzerne ihn für sich in Anspruch nehmen, womit sie offenbar suggerieren wollen, dass sie eine Revolution gegen sich selbst veranstalten. Wenn auch noch die Standort- und Investitionsgenehmigung nach den Vorgaben internationaler Verträge und dem Gutdünken zentraler Verwaltungsbehörden erfolgt, erinnert das an den bekannten ironischen Satz »Die Revolutionäre werden gebeten, den Rasen nicht zu betreten«.

Die zur Ablösung der konventionellen Energien führende technologische Revolutionierung der Energieversorgung kann sich nur über viele unabhängige Initiativen an vielen Plätzen entfalten, nicht über eine technokratisch durchgeführte Planifikation durch politische und wirtschaftliche Entscheidungseliten, die diesen Prozess zeitlich und räumlich gestaffelt organisieren. Dies gilt besonders im digitalen Zeitalter, in dem sich die Geschwindigkeit, mit der Produkte einander ablösen, erhöht hat. Der Soziologe Hartmut Rosa hat in seinem Buch »Beschleunigung« die »Grundschwierigkeit« beschrieben, die in der gleichzeitigen »Perzeption hoher Veränderungsziele einerseits und subkutaner Erstarrung andererseits« liegt, einer Erstarrung, die »sich vor allem in der Verbalverständigung und Immunisierung der systemischen Operationslogik bemerkbar macht«. Daraus entstehe »unbeweglich Bewegtes«, ein »rasender Stillstand«, in dem »nichts bleibt, wie es ist, ohne dass sich etwas Wesentliches verändert«.[55]

Für diese Diagnose gibt es kaum ein treffenderes Beispiel als das hier behandelte: einerseits die begonnene Akzeleration modular einsetzbarer Erneuerbare-Energien-Techniken, andererseits die etablierte Energiewirtschaft, die mit ihren für den Zeitraum eines halben Jahrhunderts angelegten Explorations-, Infrastruktur- und Kraftwerksinvestitionen der strukturkonservativste Sektor der modernen Wirtschaft ist – und dies aus systemimmanenten Gründen sogar sein muss. Für den Energiewechsel ist jedoch die Frage entscheidend, wer über den Einsatz der revolutionierenden Technik bestimmt und welche Spielräume und Vorstellungen die Akteure leiten. Je geringer die Zahl der Akteure ist, und je mehr Rücksicht auf ihre aktuelle Interessenlage genommen wird oder werden muss, desto einseitiger und langsamer wird der Energiewechsel verlaufen – und je größer und vielschichtiger die Zahl der Akteure, desto vielseitiger und schneller ist er realisierbar.

Technologien machen es möglich, die Sonne – entweder direkt oder auf ihren natürlichen Umwegen über Wind, Wasser, Wellen oder Pflanzen – als gigantische Energiespenderin für alle Energiebedürfnisse der Menschen zu nutzen. Deshalb handelt es sich um existenzielle Schlüsseltechnologien für die Zukunft der Zivilisation. Alle beschriebenen Probleme und Schwierigkeiten, Konflikte und Differenzen über den Umfang, den Zeithorizont und die Gestaltungsweise des darauf ausgerichteten Energiewechsels lassen sich aus zwei grundlegenden Eigenschaften der solaren Energiequellen und aus vier spezifischen technologischen Nutzungsmöglichkeiten ableiten.

### Die instrumentellen Eigenarten erneuerbarer Energien

Die beiden ökonomischen Eigenschaften sind die kostenlose Energiequelle und ihre unmittelbare räumliche Verfügbarkeit überall dort, wo es Energiebedarf gibt. Zu diesen Eigenschaften kommen zwei weitere Qualitäten: die Unerschöpflichkeit und Schadstofffreiheit dieser Energiequellen, gegen die kein Mensch etwas haben kann. Doch gerade die kostenlose und räumlich unbegrenzte natürliche Verfügbarkeit der erneuerbaren Energien ist für die überkommene Energiewirtschaft bedrohlich. Alle Energiedebatten, die dies übersehen oder verschweigen, sind Scheindebatten.

Dass sich die erneuerbaren Energien vollständig durchsetzen, hat die Natur vorentschieden. Die Primärenergiewirtschaft, die ihre Existenz allein den fossilen Reserven und dem Uran verdankt, wird von der Bildfläche verschwinden – entweder früher als von ihr akzeptiert, oder zu spät. Noch nicht entschieden ist der Konflikt um die zweite grundlegende Eigenschaft solarer Energien: ob der Energiebedarf der Menschen aus ihrem eigenen räumlichen natürlichen Energieangebot gedeckt werden soll oder ob – analog zu den Strukturen der konventionellen Energieversorgung – die Aneignung erneuerbarer Energien auf ausgewählte Räume konzentriert und Energie von dort zu den Abnehmern geliefert werden soll. Über diese strukturelle Frage scheiden sich, wie oben beschrieben, die Geister. Sie prägte – meist unausgesprochen – von Anfang an die Kontroversen über erneuerbare Energien, was sich an zahlreichen administrativen Hemmnissen gegenüber Produktionsanlagen für erneuerbare Energien zeigt. Diese Frage rückt nun offen ausgesprochen ins Zentrum. Die Konzentration der Produktionsanlagen auf ausgewählte Räume führt zur Fortschreibung zentralisierter Angebotsstrukturen. Demgegenüber steht die breite räumliche Streuung der Produktionsanlagen für erneuerbare Energien für ein breiteres, ganzheitliches Verständnis von Energiewirtschaft: für volks- und regionalwirtschaftliche Produktivität sowie für

Formen der gemeinschaftlichen oder sogar der individuellen Selbstversorgung – also für das, was in der konventionellen Energiewirtschaft nicht vorgesehen ist.

Wem es nur um den Wechsel der Energiequellen geht, aus generellen Umweltgründen und für eine dauerhaft gesicherte Energieversorgung, dem kann diese Strukturfrage gleichgültig sein. Nicht gleichgültig ist sie auf der einen Seite den konventionellen Energiekonzernen, die an ihrer angestammten Rolle als zentral organisierte Produzenten und Lieferanten festhalten wollen. Auf der anderen Seite kann sie auch all jenen nicht gleichgültig sein, die am Energiewechsel ein regionales Produktions- und Wertschöpfungsinteresse haben, ein eigenes Gestaltungsinteresse oder ein unmittelbares – d. h. sie selbst betreffendes und nicht allein ein globales – Interesse an einer emissionsfreien Energieversorgung. Auch die Industrie, die auf einen schnell wachsenden Markt für Erneuerbare-Energie-Technologien zielt, müsste für deren räumlich uneingeschränkte Entfaltung und damit für die dezentrale Strukturierung der Energieversorgung eintreten.

Dass eine dezentrale Produktion nicht nur der schnellere Weg ist, sondern auch der wirtschaftlich effizientere und gesellschaftlich attraktivere, ergibt sich aus den *vier spezifischen Qualitäten* der Erneuerbare-Energie-Technologien:

- dem *Zusammenspiel von Energiegewinnung und -umwandlung in einem technischen System*: Die Aneignung von Solarstrahlung und Windkraft und deren unmittelbare Umwandlung in Strom in *einer* Anlage ist eine beispiellose technologische Vereinfachung, die vielfältige autonome Einsatzmöglichkeiten eröffnet;
- dem *räumlichen Zusammenspiel von Energiegewinnung, -speicherung und -nutzung*, die eine Energieökonomie der kurzen Wege mit einem schrittweisen Verzicht auf weiträumige Infrastrukturen ermöglicht;
- dem Einsatz sowohl von Solarstromanlagen im *Mini- wie im Groß-Format*, ohne dass die kleineren Formate einen Produktivitätsnachteil haben, weil die Produktivitätssteigerung der Technologien bei deren Produktion und nicht bei deren Einsatz erfolgt;

- der *Integration* der Energietechnik in ohnehin notwendige Produkte, so dass nur noch minimale Zusatzkosten anfallen: z. B. bei der Glasfassade eines Hochhauses, die gleichzeitig Solarmodul ist.

Diese *Hybrid-Möglichkeiten* sind in vielen Technologien erneuerbarer Energien angelegt und werden teilweise schon heute angewendet. Sie entziehen sich üblichen energieökonomischen Kalkulationen und führen diese ad absurdum. Die beiden ökonomischen Eigenschaften der erneuerbaren Energien in Verbindung mit ihren spezifischen Qualitäten signalisieren: Die Katalysatoren für den Energiewechsel sind die potenziell zahllosen autonomen Anwender, die Nutznießer der kommunal-, regional- und volkswirtschaftlichen Vorteile und die Anlagenproduzenten.

Beschleunigend wirkt alles, was die Systemstarre durchbricht und unmittelbar realisierbar ist. Das Beschleunigungstempo steigert sich, wenn es sich um nicht allzu komplexe, einfach installier- und nutzbare sowie modular einsetzbare Technologien handelt, für die eine große Zahl unabhängiger Investoren bereitsteht. Die am Ende des 2. Kapitels genannten Einführungszahlen, die statt aus wenigen großtechnischen Projekten aus vielen Einzelinvestitionen stammen, belegen das eindrücklich. Wäre im Jahr 2000 in Deutschland statt des EEG ein Projekt à la Desertec beschlossen und gestartet worden, so wäre mit höchster Wahrscheinlichkeit bis zum Jahr 2010 noch keine einzige zusätzliche Kilowattstunde aus erneuerbaren Energien ins deutsche Versorgungsnetz geflossen.

## A. Systembrecher:
### Das wachsende technologische Potenzial für Energieautonomien

Technologien für erneuerbare Energien sind Instrumente der Beschleunigung. Das technologische Potenzial zur autonomen Nutzung erneuerbarer Energien wird laufend vielfältiger und einsetzbarer. Die entfachte Entwicklung und die erhöhte Aufmerksamkeit stimulieren anwendungsorientierte Weiterentwicklungen, die die Intelligenz der Techniken erhöhen und ihre Anwendungsmöglichkeiten erweitern. Sie führen bis zu einer »solaren Bionik«, wie es Helmut Tributsch nennt: Die funktionale Intelligenz und Effizienz natürlicher Systeme werden zum Vorbild für technische Entwicklungen.[56]

Denken wir an das Spektrum neuer Möglichkeiten photovoltaischer Stromerzeugung, deren Produktion teilweise schon begonnen hat: an mikro- und nanostrukturierte Solarzellen, auch auf biologischer Basis, die Material einsparen, die Leistungsfähigkeit der Zellen erhöhen und als Kunststoff- oder Farbstoffzellen mühelos und flexibel installierbar sind. An Solarzellen mit Konzentratoren, die vor der Markteinführung stehen und den Wirkungsgrad bereits jetzt verdoppeln und dadurch die Kosten deutlich senken. An Fenster, die künftig Solarstrom erzeugen. Jede horizontale oder vertikale Baufläche, jedes Dach und jede Fassade kann künftig zur Stromerzeugung dienen.

Denken wir an das Spektrum der solarthermischen Stromerzeugung: an die Entwicklung thermoelektrischer Solarzellen, die Blockheizkraftwerke ohne Brennstoffeinsatz antreiben. An solarthermische Kraftwerke, die auch in kleinen Formaten installierbar sind. An Flüssigsalzspeicher auch im dezentralen Format, mit in Parabolspiegeln konzentriert gewonnener Sonnenwärme. An Magnesiumhydrid-Systeme, in denen sich durch die Sonnenwärme Wasserstoff aus der Magnesiumverbindung löst, der in $H_2$-Behältern zwischengespeichert und bei der Rückströmung zur Stromerzeugung in einem Stirling-Motor eingesetzt wird. An den Einsatz hochkonzentrierter Wärme für industrielle Fertigungsprozesse. Daran, dass jedes Gewächshaus mit Solarwärme oder mit durch Solarstrom betriebenen Wärmepumpen beheizbar ist, und an das Potenzial solarer Wärmegewinnungstechniken für Kühlsysteme. An organische Kunststoffmaterialien für Solarkollektoren, Wärmespeicher und -tauscher oder an Langzeitwärmespeicher mit Silikat-Gel.

Denken wir nicht nur an die größer und leistungsfähiger werdenden Windkraftanlagen in freier Landschaft, sondern auch an das bisher weniger beachtete Potenzial von Kleinwindkraftanlagen und an eine urbane Windstromerzeugung in Straßenschluchten und zwischen Hochbauten, wie sie im Golfstaat Bahrain bereits zu besichtigen ist. An das weit unterschätzte Potenzial von Kleinwasserkraftwerken für den Einsatz in zahllosen Fließgewässern, darunter Anlagen, die wie Boote verankert werden können. Oder neben Wellenkraftwerken an Meeresströmungs- und an Meerestemperatur-Gradienten-Kraftwerke oder an schwimmende Solarzellenplattformen im Küstenbereich.

Denken wir an das Potenzial energetisch nutzbarer Biomasse aus landwirtschaftlichen Reststoffen und organischen Abfällen in Städten, an zahllose Energiepflanzen, die nicht zu den Nahrungsmittelpflanzen gehören, darunter Wasserpflanzen auch aus Salzgewässern, insbesondere Algen. An die Möglichkeit der Doppelnutzung von Freiflächen für Landwirtschaft und Solar- und Windstromerzeugung. An Hydrierverfahren mit organischen Materialien und den Einsatz von Enzymen für die Produktion von Bioethanol. An die Produktion von Kerosin und Benzin aus Pflanzenabfällen.

Denken wir an das thermische Potenzial, und zwar nicht nur an das der Tiefengeothermie, sondern auch das der überall vorhandenen Oberflächengeothermie und das in der Luft und in Gewässern – und daran, dass mit Niedertemperaturwärme Stirling-Motoren betrieben werden können; und überhaupt an den Einsatz unterschiedlichster Motoren zur Strom- und Wärmeerzeugung mit Biogas, Pflanzenölen, Bioethanol bis hin zu biosynthetischen Kraftstoffen. An die zahlreichen Geräte, die sich über integrierte Solarzellen und Mikromotoren selbst mit Strom versorgen können.

Und denken wir an die vielerlei Möglichkeiten, mithilfe der genannten Technologien und wärmedämmenden organischen Baumaterialien zu Nullemissionshäusern zu kommen, die allein mit der natürlichen Umgebungsenergie versorgt werden und damit alle Energiebedürfnisse von der Wärme bis zur Kühlung und sogar den Energiebedarf von Elektrofahrzeugen befriedigen können. Allein schon damit können bis zu 50 Prozent des Energiebedarfs der Gesellschaft gedeckt werden. Und denken wir schließlich an die bereits im vorigen Kapitel genannten Speicherpotenziale und regeltechnischen Möglichkeiten eines nachfrageorientierten Netzmanagements in

Areal-, Insel-, Lokal- und Regionalnetzen. An die kommunalen und regionalen »Smart grids«, die »virtuelle Kraftwerke« betreiben, in Form eines Energieflussmanagements breit gestreuter Einzelanlagen, wie es von einigen Stadtwerken schon erfolgreich und mit erheblichen Energiespareffekten praktiziert wird. Die Einführung elektronischer Stromzähler hat in großem Stil begonnen, in Verbindung mit zeitvariablen Tarifen, so dass Stromkunden die Kostenkontrolle über ihren Verbrauch bekommen und ihr Verbrauchsverhalten besser steuern können. Die Stadtwerke von Sacramento in Kalifornien führen dies aktuell für alle ihre 600.000 Stromkunden ein. Und nehmen wir zur Kenntnis, was Amory B. Lovins mit seinem Team im Rocky Mountains-Institute in Colorado akribisch als »small is profitable« vorgerechnet hat: dass wir Energie endlich anders als bisher kalkulieren und nicht nur die vermiedenen Brennstoff- und externen Kosten berücksichtigen müssen, sondern auch die vermiedenen Energietransportkosten.[57]

Und vergleichen wir das alles mit den groß dimensionierten Projekten einer hochkomplex organisierten, weiträumigen Vernetzung erneuerbarer Energien und dem Infrastrukturbedarf dafür, den damit verbundenen Abhängigkeiten, der Intransparenz der Abläufe, den technischen Anfälligkeiten, der unübersehbaren Zahl anonymer Mitspieler und Mitprofiteure – also mit Strategien technokratischer Planifikation, die eine internationalisierte und durchrationalisierte Feinabstimmung aller Energieinvestitionen erfordern. Es wäre die energetische Verplanung der Gesellschaft, ausgerichtet an einem einzigen Kriterium: dem der scheinbar optimalen Allokation der Energieinvestitionen, größtmöglicher Kosteneffizienz und niedrigstmöglicher Preise. Solche Pläne funktionieren nur in Computersimulationen, aber nie in der Realität einer Gesellschaft, deren Mitglieder unterschiedliche Motive, Prioritäten, Werte und Interessen haben.

Bei freier Entfaltung werden die Technologien erneuerbarer Energien aufgrund ihrer vielfältigen autonomen Anwendungsformen unaufhaltsam zur bestimmenden Kraft. Die bereits vorhandenen und die hinzukommenden Technologien zum Ernten, zur Umwandlung und Nutzung erneuerbarer Energien – im kleinsten bis zu größeren Maßstäben und in unterschiedlichen autonomen Verfügbarkeiten – sind zugleich die Katalysatoren für sozialere Verteilungsverhältnisse, Produktionsweisen und wirtschaftliche Strukturen. Dem gegenüber sind konventionelle Großkraftwerke ineffiziente und unflexible Auslaufmodelle, und selbst neue Großkraftwerke nur Reservate technologischer Rückständigkeit.

### Neue Speicher- und Reservepotenziale

Die genannten technologischen Optionen lassen teilweise bereits eine Kombination von Energieerzeugung und -speicherung zu. Daneben existiert eine Fülle weiterer Optionen. Jahrzehntelang gab es kaum Entwicklungsanstrengungen für bessere Batterien, weil der Bedarf nicht nennenswert schien. Dies hat sich erst mit dem wachsenden Bedarf an Mikrospeichern für Mobiltelefone, Laptops und Hybridautos geändert. Der Markterfolg leistungsstarker netzunabhängiger Kommunikationsgeräte wäre ohne möglichst leichte und langlebige elektrochemische Speicher mit hoher Energiedichte nicht möglich gewesen. Die unmittelbar bevorstehende Serienproduktion von Elektrofahrzeugen garantiert zusätzliche Entwicklungssprünge. Die gegenwärtig vielbeachtete Lithium-Ionen-Batterie ist nicht die einzige neue elektrochemische Speichertechnologie. Daneben sind unter anderem bereits die Redox-Flow-Batterie und die Natrium-Schwefel-Batterie verfügbar. Es gibt bereits Batterien mit 100 MW-Kapazität.

Die These, dass erst umfangreiche Speicherkapazitäten installiert sein müssten, bevor ein breiter Ausbau der Stromerzeugung aus erneuerbaren Energien möglich oder verantwortbar sei, ist aus praktischer Sicht absurd: Jede Investition in Stromspeicherkapazitäten kann sich nur an der jeweiligen Stromproduktion ausrichten, im jeweils konkret werdenden Umfang des tatsächlichen Speicherbedarfs – und nicht umgekehrt. Mit dem konkreten Bedarf an Speicherkapazitäten erfolgen auch die Investitionen. So ist jede Technologieentwicklung verlaufen: Der konkrete Bedarf generiert die Investitionen und darüber hinaus weitere Innovationen.

Wie die Beiträge zu der jährlichen Internationalen Speicherkonferenz für Erneuerbare Energien (International Renewable Energy Storage Conference/IRES) zeigen, die von EUROSOLAR und dem Weltrat für Erneuerbare Energien durchgeführt wird[58], stehen neue Speichertechnologien vor der Marktreife: Großbatterien, die für ein komplettes Versorgungsgebiet eine unterbrechungsfreie Stromversorgung allein aus Sonnen- oder Windkraft ermöglichen; thermische Speicher für Hoch- und Niedertemperaturwärme; Erdspeicher, Schwungräder mit längerer Drehzeit, der gezielte Einsatz von Kraft-Wärme-Kopplung für den Strombedarf. Eine der einfachsten Stromspeichermöglichkeiten ist die in Dänemark bereits praktizierte Produktion von Heißwasser, um mit diesem in Stirling-Motoren wiederum Strom zu erzeugen, wofür schon Temperaturen von 70 Grad Celsius ausreichen.

Wie kreativ die Entwicklung der Energiespeichertechnologien verläuft, zeigt das Beispiel einer Technologie, die auf der IRES 2009 zum ersten Mal vorgestellt wurde: synthetisch erzeugtes Methan aus Wasserstoff und Kohlendioxid. Im Gegensatz zu reinem Wasserstoff kann Methan nämlich ohne Probleme ins bestehende Erdgasnetz eingespeist und darüber verteilt werden. Über Kraft-Wärme-Kopplung kann es dann in Strom und Wärme umgewandelt und auch in Fahrzeugen genutzt werden. Interessant ist neben der Anwendungsbreite auch, dass sich Methan sowohl für die kurzfristige Netzstabilisierung als auch für saisonale Speicherung eignet, die bei einer ausschließlichen Versorgung mit erneuerbaren Energien gewährleistet sein muss. Mit Mikro-Blockheizkraftwerken kann die Reserveenergie bereitgestellt werden, worauf das 100.000-Mikro-Blockheizkraftwerke-Programm von Volkswagen und dem Ökostrom-Unternehmen Lichtblick bereits angelegt ist. Gleiches geht mit Hybridanlagen, die kombiniert Windkraft, Biogas und Solarstrom erzeugen – ein Synergie-Kraftwerk der erneuerbaren Energien.

Mit Solarstrom, der auf Gebäuden und frei stehenden Überdachungen erzeugt wird, und Windstrom, der an Autobahnen und Schienenstrecken produziert wird, können die Akkus von Elektroautos und Lokomotiven gespeist werden. Mit den Elektroautos erwächst ein gigantisches Speicherpotenzial für Strom quasi zum Nulltarif, weil die Speicher bereits Bestandteil der Kosten für das Automobil sind. Sie machen das Elektromobil auch in Standzeiten produktiv einsetzbar. Deshalb wird diese Möglichkeit der Doppelnutzung des Speichers Schule machen. Dies wird eine kulturelle Veränderung auslösen, die der des Laptops gleicht: die Solaranlage auf dem Dach, finanziert als Dachkosten, und Stromspeicher, finanziert über das Auto: Wer will die davon ausgehende Marktexplosion aufhalten, und mit welchen politischen Mitteln? Lohnen sich Investitionen in neue Großkraftwerke dann überhaupt noch?

Die Technologien erneuerbarer Energien sind »Systembrecher«. Je kleiner der Maßstab in Verbindung mit den Speichermöglichkeiten, desto geringer sind der Infrastrukturbedarf und die damit verbundenen Kosten und Abhängigkeiten. Kleinere Anwendungsformen sind für zahlreiche Menschen attraktiver, die andere als nur enge energieökonomische Motive haben, und lösen damit eine Springflut an Investitionen aus. Energieökonomische Analysen reduzieren alles auf die Frage, ob sich die jeweilige Energie »rechnet«, als hätten alle Menschen die gleichen Kalkulations- und Wertmaßstäbe. Dass das nicht die gesellschaftliche Realität widerspiegelt, ist evident. Etwa beim Auto: Ginge es allen Autofahrern allein um den Gebrauchswert, das heißt um die Fahrleistung im Verhältnis zu den Anschaffungs- und Unterhaltungskosten, hätte sich schon lange das Einheitsauto durchgesetzt. Die gesamte Wirtschaft könnte sich den Milliardenaufwand für Produktwerbung sparen und sich darauf beschränken, die jeweiligen technischen Daten ihrer Produkte mit Kostenangabe zu veröffentlichen. Nicht nur die Werbebranche, sondern auch die Designer würden arbeitslos. Dass alle Menschen bei der Wahl der Energie trotz der fundamentalen Unterschiede zwischen konventionellen und erneuerbaren Energien nur nach aktuellen Kostenkriterien entscheiden, ist in keiner Weise plausibel. Das Argument zeigt nur, wie eng das geistige Gefängnis ist, in dem sich viele Energieökonomen bewegen.

### Von der passiven zur aktiven Energiegesellschaft

Was dagegen alle wollen, ist Zugang zu einer gesicherten Energieversorgung. In den Entwicklungsländern geht es Milliarden Menschen erst einmal darum, dass sie überhaupt Zugang zu Energie – vor allem Strom – haben. Wenn dieser Zugang mit erneuerbaren Energien auch auf anderen Wegen als den gewohnten gesichert ist, werden immer mehr Menschen diese Möglichkeit ergreifen – umso schneller, je kostengünstiger dies für sie ist. Mit der Möglichkeit der autonomen Verfügbarkeit erneuerbarer Energien wird Energie vom bloßen Wirtschafts- und Konsumgut zum Kulturgut. Das ist die Sozio-Logik erneuerbarer Energien: Aus der »passiven Energiegesellschaft«, mit immer weniger und dabei immer größer werdenden Anbietern einerseits und gleichgeschalteten und verplanten Energiekonsumenten andererseits, wird die »aktive Energiegesellschaft«, in der die Energieversorgung in wachsendem Maß autonom erfolgt, in zahlreichen neuen Trägerformaten.

Diese Entwicklung wird durch weitere wirtschaftliche Faktoren begünstigt: Da die Primärenergie kostenlos und auf Dauer gesichert ist, sind erneuerbare Energien kalkulierbarer als konventionelle Energien mit ihren steigenden Brennstoffkosten. Dieser Kalkulationsvorteil erstreckt sich auch auf die modulare Bereitstellung der Technik: Der Kapazitätsbedarf ist bei dezentralem Technikeinsatz präzise kalkulierbar. Fehlinvestitionen in Form von Überkapazitäten können vermieden werden. Steigt der Kapazitätsbedarf, sind zusätzliche Module schnell installiert. Und weil die Installationszeit bei dezentralen Anlagen sehr kurz ist und die Produktion sofort beginnt, setzt auch der Kapitalrücklauf sofort ein.

Dies alles macht deutlich, warum das aufblühende Potenzial der Technologien der erneuerbaren Energien alle langfristig angelegten Energiepläne konterkariert – unabhängig davon, ob diese auf konventionelle oder erneuerbare Energien ausgerichtet sind. Jede langfristige Investition wird unvermeidlich zum Risiko, das nur begrenzbar erscheint, indem man diese Entwicklung weiter willkürlich behindert – mit Genehmigungsverweigerungen, Anwendungsverboten, Anschluss- und Benutzerzwängen, direkter und indirekter Subventionierung zentraler Anbieterstrukturen, bis hin zu Importverboten für die neuen Energietechniken in denjenigen Ländern, in denen diese nicht produziert werden. Eine Risikoverminderung für Großinvestitionen ist nur mit politischer Hilfe möglich. Bei freier Entfaltung der neuen Technologien können Investitionen in Großanlagen und weiträumige Infrastrukturen für ihre Träger schon mittelfristig zum Desaster werden, weil die Auslastung laufend sinkt.

Dass Kraftwerke unrentabel werden und geschlossen werden müssen, ist dabei sogar das relativ geringere Problem, weil es nur die Kraftwerksbetreiber betrifft. Zum generellen Problem werden weiträumige Infrastrukturen, von den Pipelines für Erdöl und -gas bis zu den Hoch- und Höchstspannungsnetzen der Stromübertragung, wenn durch regionale Produktionen die langen Versorgungswege immer weniger in Anspruch genommen werden. Für die Abnehmer, die von den schlechter ausgelasteten Netzen abhängig bleiben, steigen dann zwangsläufig die anteiligen Übertragungskosten. Dies verstärkt wiederum den Trend zur autonomen Versorgung, was den Netzbetrieb weiter verteuert. Mit der zügigen Entfaltung der Technologien erneuerbarer Energien kippt ab einem bestimmten Punkt das System der herkömmlichen Energieversorgung, ausgelöst durch Veränderungen am Ende seiner Bereitstellungskette, schon bevor es aufgrund der Erschöpfung der konventionellen Energieressourcen obsolet wird.

Um sich darauf praktisch einzustellen, braucht man das, was der Soziologe Oskar Negt als »soziologische Fantasie und exemplarisches Lernen« bezeichnet. Aus sich vermehrenden Beispielen »guter Praxis« erwächst eine breite gesellschaftliche Bewegung.

## B. Akteure: Die gesellschaftliche und ökonomische Bewegung zu erneuerbaren Energien

Eine Bewegung entsteht durch Anstöße mit Breitenwirkung. Die Anstöße dafür müssen organisiert werden, eine Bewegung mit entfachter Breitenwirkung nicht mehr. Dieses gilt jedenfalls für Bewegungen, die von einer Idee mit großer Anziehungskraft für breite Bevölkerungsschichten getragen werden, deren gesellschaftlicher Wert ebenso unbestreitbar ist wie die Notwendigkeit, sie praktisch umzusetzen. Ist die Realisierungsmöglichkeit unübersehbar bewiesen, wird es für ihre Gegner immer schwerer, die Bewegung totlaufen zu lassen. Sie können ihr nur noch Steine in den Weg legen, mit immer fragwürdiger werdenden Methoden.

Das wesentliche Antriebselement für den Energiewechsel ist die höhere gesellschaftliche Legitimation der erneuerbaren Energien. Wie groß diese Legitimationskraft ist, belegen indirekt die verbalen Bekenntnisse und die »greenwashing«-Methoden derjenigen, die die erneuerbaren Energien immer noch aufhalten wollen – und sei es, indem sie ihnen nunmehr ein Kontingent innerhalb der herkömmlichen Energieversorgung zugestehen bzw. zuweisen wollen. Das von der deutschen Bundesregierung angekündigte »energiepolitische Gesamtkonzept« wird damit begründet, dass die »Anteile der Energieträger« darin neu bestimmt werden sollen. Sich darauf einzulassen, statt den Legitimationsvorteil – den höheren gesellschaftlichen Wert – erneuerbarer Energien auszuspielen, ist der größte Fehler, den Protagonisten erneuerbarer Energien machen können.

Ein Fehler ist es auch, sich auf kontextlose Kostenvergleiche mit konventionellen Energien oder das Zugeständnis einzulassen, dass es politisch nur darum ginge, erneuerbare Energien mit den Altenergien wettbewerbsfähig zu machen. Falsch ist nicht das Bemühen um laufende Kostensenkungen für erneuerbare Energien, sondern die Beschränkung auf diese Betrachtungsweise. Der Fehler, den überlegenen Legitimationsvorteil der erneuerbaren Energien zu relativieren, steckt auch in der Quotierung erneuerbarer Energien in politischen Energieplänen oder in Emissionszertifikaten für fossile Energieunternehmen, die diesen festgelegte Marktanteile in Form von »Verschmutzungsrechten« zugestehen. Alle »time and targets«-Konzepte, wie sie auf Weltklimakonferenzen und in nationalen Energiestrategien gefordert und entworfen werden – mit dem Ziel festzulegen, in welchen Quoten und bis wann erneuerbare Energien eingeführt bzw. konventionelle Energien noch genutzt werden dürfen – enthalten diesen Fehler. Solche Konzepte sind zwar als Handlungsverpflichtung für den Energiewechsel gedacht, gleichzeitig legitimieren sie aber die Beibehaltung konventioneller Energien, deren öffentliche Akzeptanz damit gestützt werden soll. Eine Kontingentierung erneuerbarer Energien ist jedoch widersinnig, da sich die Bewegung in der Gesellschaft schon in unterschiedlichster Weise verselbstständigt hat, außerdem nicht mit einer Stimme sprechen und daher kein Verhandlungspartner sein kann. Eine erzwungene Entschleunigung käme einer *politischen Deliberalisierung* erneuerbarer Energien gleich. An diese Konsequenz denken viele nicht, die sich für vereinbarte Anteile erneuerbarer Energien an der Energieversorgung aussprechen.

### Emanzipation vom konventionellen Energiesystem

Die gesellschaftliche Bewegung zu erneuerbaren Energien entfaltet sich über zahlreiche Schritte der praktischen Emanzipation vom konventionellen Energiesystem, dessen Entscheidungsmuster technokratisch und dessen Entscheidungsverfahren hierarchisch sind und sein müssen. Sie entsteht über zahlreiche »bottom up«- statt über »top down«-Initiativen. Emanzipation wird niemals gewährt und kann auch nicht beschlossen, sondern muss praktiziert und erlebt werden. Sie stiftet an, produziert und kultiviert freiheitlichere Verhaltensformen. Die energetische Emanzipation zielt auf eine Liberalisierung der Initiativen für erneuerbare Energien. Sie erfolgt nicht »von oben« durch Regierungen, durch politische Artisten in Zirkuskuppeln, denen die Gesellschaft nur zuschaut. Jede Regierung ist in ein Interessengeflecht eingebunden und mit diesem mehr oder weniger eng verwoben, was einer der Gründe für die politische Unbeweglichkeit gegenüber erneuerbaren Energien ist.

Das revolutionäre, heute von vielen Ländern als Praxismuster übernommene deutsche Erneuerbare-Energien-Gesetz wurde gegen dieses Interessengeflecht durchgesetzt. Professionell organisierte und im Regierungsbetrieb verankerte wirtschaftliche Interessenorganisationen für erneuerbare Energien gab es im Jahr 2000 noch nicht. Sie sind bis heute schwach organisiert, gemessen an der geballten politischen Interessenwahrnehmung der konventionellen Energiewirtschaft. Die Durchsetzung des EEG wäre ohne die gesellschaftliche Bewegung für erneuerbare Energien nicht denkbar gewesen. Sie war längst populär geworden, hatte bereits viele kommunale Initiativen ausgelöst und Anklang vorwiegend in der SPD und bei den GRÜNEN und deren Parlamentsfraktionen gefunden, die zum Zeitpunkt der Verabschiedung des EEG die Regierungsmehrheit stellten. Das Gesetz war keine Initiative der Regierung, sondern entstand in den Fraktionen, wurde mehrheitlich von diesen getragen und gegen Obstruktionsversuche auch in der von ihnen gestellten Regierung durchgefochten. Es war das erste Energiegesetz, das gegen den massiven Widerstand der organisierten Energiewirtschaft durchgesetzt wurde. Der Nährboden für das Zustandekommen dieses Gesetzes war, dass die gesellschaftliche Bewegung für erneuerbare Energien bereits in das politische System vorgedrungen war. Ausschlaggebend war nicht mehr die politische Einflussmacht der etablierten Energiekonzerne, sondern die Legitimationskraft erneuerbarer Energien. Dieses Beispiel belegt, dass sich politische Parteien und Regierungen eine couragierte Politik für den Energiewechsel nicht nur leisten könnten, sondern dass diese auch zunehmend von ihnen erwartet wird. Eine über die Machbarkeit und die Vorzüge der erneuerbaren Energien aufgeklärte Bevölkerung ist die wichtigste politische Unterstützungskraft für den Energiewechsel.

### Die Multiplizierung der Akteure

Die Bewegung zu erneuerbaren Energien erfasst zunehmend mehr Bereiche, in denen sich die Erkenntnis ihres prinzipiellen Stellenwerts mit Eigeninteressen verbindet. Dies entspricht meinen Erfahrungen aus zahlreichen Vorträgen und Diskussionen, ob mit einem Publikum, das den Querschnitt der Bevölkerung repräsentiert, oder auf Konferenzen von Ingenieur-, Architekten-, Industrie- und Handelskammern, Gewerkschaften, Handwerker- oder Landwirteverbänden, Finanzmanagern oder Jungunternehmern, Umweltverbänden, lokalen Energieinitiativen. In der Perspektive einer grundlegenden Umorientierung auf erneuerbare Energien können sich unterschiedliche gesellschaftliche Akteure wiederfinden. Schwieriger wird es nur bei den eingefleischten, auf das überkommene Energiesystem fixierten »Energieexperten«.

Massive öffentliche Proteste und Widerstände haben in jüngster Zeit wiederholt den Bau neuer Kohlekraftwerke verhindert – so in Berlin-Köpenick, in Guben (Mecklenburg-Vorpommern), in Emden (Niedersachsen) oder in Mainz (Rheinland-Pfalz). Die Behauptung, dass diese Kraftwerke einstweilen unverzichtbar seien, verfängt bei ihnen nicht mehr. Sie setzen sich jeweils für konkrete Alternativen ein, je nach dem jeweiligen regionalen Angebot erneuerbarer Energien. So wird jede erfolgreiche Verhinderung eines neuen konventionellen Großkraftwerks zum Beschleunigungsfaktor für erneuerbare Energien.

Städte haben begonnen, auf der Basis wissenschaftlicher Untersuchungen Solarkataster zu erstellen, um damit geeignete Standorte für private Investitionen auszuweisen. Sie kommen regelmäßig zu dem Ergebnis, dass allein schon mit innerstädtisch installierten Solarstromanlagen mehr als die Hälfte des Strombedarfs der Bevölkerung gedeckt werden könnte. Stadtwerke beginnen, ihren Investitionsschwerpunkt auf erneuerbare Energien zu verlagern und wollen ihre Rolle als Stromproduzenten zurückerobern – von kleinen Städten wie dem nordhessischen Wolfshagen bis zu Großstädten wie München. Städte kaufen reihenweise ihre früher veräußerten Stromnetze zurück, Bürgerentscheide stimmen mit großer Mehrheit – in Leipzig mit 86 Prozent der abgegebenen Stimmen – gegen den geplanten Verkauf ihrer Stadtwerke.

Industrieunternehmen vor allem im Bereich des Maschinen- und Anlagenbaus entdecken ihre Möglichkeit, auf der Basis ihres angestammten Know-hows zu Produzenten von Erneuerbare-Energien-Techniken zu werden, um diesen Zukunftsmarkt für sich zu erschließen. Die Zahl der Unternehmen, die für ihren Strom-, Wärme-und Kühlbedarf eigene Kraftwerke betreiben, nimmt zu. Sie erkennen den Vorteil der Eigenerzeugung im Unternehmen selbst, weil sie dadurch nicht nur die Netzgebühren, sondern auch die Rendite des bisherigen Lieferanten einsparen können. Diese Schritte zur Gewinnung von Energieautonomie laufen alle auf erneuerbare Energien zu, selbst wenn sie noch nicht ausschließlich mit diesen unternommen werden. Die deutsche Telecom hat im Juni 2010 angekündigt, lokale »Smart grids« zu einem strategischen Unternehmensprojekt zu machen, um den »Netzausgleich von unten« zu realisieren. Dies verträgt sich nicht mit dem langen Zeitbedarf einer Restrukturierung der zentralisierten Energieversorgung. Deshalb wird sich insgesamt der Trend zu dezentralen Eigeninitiativen und damit zur Dezentralisierung erneuerbarer Energien verstärken und zu einer Emanzipation der Wirtschaftsunternehmen von der hoch konzentrierten und entsprechend unbeweglichen Energiewirtschaft führen.

Dieser Prozess vollzieht sich auch in der Kreditwirtschaft. Das Kredit- und Investmentgeschäft war auf dem Energiesektor jahrzehntelang auf Großanlagen ausgerichtet und damit das Metier der Großbanken und großer Investmentgesellschaften. Mit der Bewegung zu erneuerbaren Energien und der Finanzierung ihrer praktischen Umsetzung ging die Erfahrung einher, wie vorteilhaft Investitionen in dezentrale Projekte sind: Es gibt keine großen Investitionsrisiken; Brennstoffkosten werden dauerhaft vermieden, ebenso Zeitfehler bei der Anlageninstallation; Kostenpläne können weitgehend eingehalten werden, und der Kapitalrückfluss setzt wegen der kurzen Installationszeit rascher ein. Kreditgeber haben begriffen, was Energieökonomen nicht verstehen können oder wollen.

Thomas Dinwoodie hat in einer Vergleichsstudie über die direkten Kosten der Stromerzeugung aus erneuerbaren und traditionellen Energien am Beispiel der USA auf der Basis des Stands von 2008 präzise herausgearbeitet, welche Unterschiede sich tatsächlich ergeben – wenn bei allen dieselbe Laufzeit von 20 Jahren veranschlagt wird, ein Kredit von 60 Prozent der Investitionssumme mit einem Zinssatz von 7 Prozent sowie eine Rendite von 12 Prozent und gleiche Steuersätze angenommen werden. Dabei kommt er auf 128 US-Dollar pro Watt für Photovoltaik aus kristallinen Zellen und auf 96 Dollar bei Dünnschichtzellen, auf 44 Dollar bei der Windkraft, 74 Dollar bei Kohlestrom und 98 Dollar bei Atomstrom.[59] Und es ist klar, dass sich diese Kostenrelationen laufend zugunsten der erneuerbaren und zu Lasten der konventionellen Energien verschieben werden. Dies macht Investitionen in erneuerbare Energien besonders für Versicherungsgesellschaften und Pensionsfonds interessant, für die eine längerfristige Investition ohne unvorhersehbare Risiken wichtiger ist als kurzfristige hohe Renditen.

Dies alles sind Schubkräfte einer wachsenden und breiter werdenden Bewegung zu erneuerbaren Energien, die mit vereinzelten Solarkollektoren, Photovoltaikanlagen und Windkraftanlagen angefangen hat. Schon für die ersten kleineren Schritte war es notwendig, Vorschriften und Gesetze zugunsten erneuerbarer Energien zu liberalisieren. Das öffentliche Regelwerk hat bis in die jüngere Zeit erneuerbare Energien nicht vorgesehen, so dass diesen immer noch zahlreiche administrative Hindernisse entgegenstehen, von kommunalen Bauvorschriften bis zu Baugesetzen, Landesplanungsgesetzen, Umweltgesetzen, Steuergesetzen, Landschaftsnutzungsgesetzen, Berggesetzen und Energiegesetzen. Um den erneuerbaren Energien die Wege zu ebnen, mussten nicht nur Energiegesetze geändert werden, sondern auch das Bundesbaugesetz, das für Anlagen der konventionellen Energieversorgung ein Genehmigungsprivileg enthielt, und auch das Naturschutzgesetz, das keinen Unterschied machte zwischen Energieanlagen, gleich, ob sie Schadstoffe emittieren oder nicht. Dieser Prozess der politischen Liberalisierung, der einer freien Entfaltung erneuerbarer Energien Gestaltungsräume eröffnet und die durchgängige Beschleunigung des Energiewechsels ermöglicht, steckt immer noch in den Anfängen.

Der strategische politische Schlüssel für den beschleunigten Energiewechsel ist die Umkehrung der in vielen Gesetzen implizit verankerten Vorzugsbehandlung der konventionellen Energieträger zugunsten erneuerbarer Energien, aus ökologischen, wirtschaftlichen und sozialen Existenzgründen und damit aus zivilisationsethischen Gründen. Die technologische Entwicklung und die Gesellschaften drängen gleichermaßen dahin. Die wichtigste politische Aufgabe ist, für erneuerbare Energien einen Rechtsrahmen zu schaffen, den die Gesellschaft produktiv ausfüllen kann.

## C. Vorränge:
### Der zeitgemäße ordoliberale Rahmen für eine gesellschaftsfähige Energieversorgung

Die politische Leitlinie zur Beschleunigung besteht darin, erneuerbaren Energien durchgängig politischen Vorrang einzuräumen und diesen gesetzlich zu verankern. Dies bedeutet mehr als nur die Beendigung noch vorhandener Privilegierungen konventioneller Energien, und es geht auch nicht nur um die gesetzliche Gleichbehandlung der erneuerbaren Energien. Die elementaren Unterschiede zwischen herkömmlichen und erneuerbaren Energien würden auch bei einer Gleichbehandlung nicht ausreichend beachtet. Deshalb muss sich ihr Vorrang, über die engere Energiegesetzgebung hinaus, in der gesamten Gesetzgebung niederschlagen, die für die Nutzbarmachung erneuerbarer Energien relevant ist. Die politischen Entscheidungen dafür sind prinzipieller Natur und müssen dauerhaft angelegt sein, gestützt auf soziokulturelle Wertentscheidungen. Sie begründen einen neuen allgemeinen Rechtsrahmen, der die öffentlichen Handlungskompetenzen neu bestimmt und die Bewertungs- und Entscheidungskriterien des öffentlichen Verwaltungshandelns verändert. Es sind strukturelle Rahmenentscheidungen von schlüsselhafter Bedeutung, im Unterschied zu solchen politischen Entscheidungen, die lediglich in Problemsegmenten einzelne Stellschrauben neu justieren und eher eine Stückwerkpolitik im vorgegebenen Rahmen darstellen.

Viele politische Einzelentscheidungen erübrigen sich, wenn die weitere Entwicklung auf eine neue Grundlage gestellt wird, die für alle gilt. Schlüsselentscheidungen mit dem Ziel einer vollständigen Umstellung auf erneuerbare Energien machen zahlreiche Gesetze und Vorschriften zur Beschränkung von Emissionen und zum Schutz vor diesen tendenziell überflüssig, einschließlich des gesamten Kontrollaufwands. Es sind »begin of pipe«-Regelungen: Bei einem umfassenden Einsatz erneuerbarer Energien, die sowohl in der Aneignung wie in ihrer Nutzung schadstofffrei sind, können viele gefahrenmindernde Regelungen, wie etwa Emissionsschutzvorschriften entlang des konventionellen Energieflusses oder an dessen Ende (»end of pipe«), entfallen. Der Energiewechsel hat damit auch einen entbürokratisierenden Effekt. Die grundlegenden Weichenstellungen sind zunächst schwer durchzusetzen, aber danach erleichtern sie alles. Zu erkennen, welche Entscheidungen eine Schlüsselrolle spielen, um ein breites Feld neuer Entwicklungen zu erschließen, ist die wichtigste programmatische Herausforderung. Um sie durchzusetzen, ist Handlungsmut die wichtigste politische Ressource.

Im Wesentlichen geht es darum, vier ordnungspolitische Grundsätze gesetzlich zu verankern, die dem naturgesetzlich begründeten energetischen Imperativ und zugleich sozialethischen Werten entsprechen:

- den bleibenden Vorrang für erneuerbare Energie im Strommarkt;
- den Vorrang für Erneuerbare-Energien-Anlagen in der Raumordnungspolitik und öffentlichen Bauleitplanung;
- eine grundlegende Umwandlung der Energiesteuern zu einer Schadstoffbesteuerung und
- eine stringente Gestaltung der Energie-Infrastruktur als Gemeinschaftsgut, in der die kommunale Energievorsorge die zentrale Rolle spielt.

Diese Grundsätze können nur auf der Ebene der Einzelstaaten durchgesetzt werden, weil sie deren jeweilige Rechtsordnungen direkt berühren und deshalb auch nur in unterschiedlicher Weise umgesetzt werden können. Deshalb kann sich diese Entwicklung auch nur in unterschiedlichen Geschwindigkeiten vollziehen. Daneben und über diese Schritte hinaus stellt sich die grundlegende Frage, welche gemeinsamen Aufgaben sich für die internationale Staatengemeinschaft ergeben, nachdem die Bemühungen der Weltklimakonferenz aus den im 2. Kapitel genannten Gründen als gescheitert betrachtet werden müssen. Diese Fragen werden im 6. Kapitel behandelt.

### Ordoliberalismus energet(h)isch definieren

Den Primat erneuerbarer Energien auf der politischen Ebene zur Norm zu machen, hat nichts mit Planwirtschaft oder wirtschaftlichem

Dirigismus zu tun. Die Verstaatlichung großer Stromkonzerne wäre alles andere als ein progressiver Schritt zum Energiewechsel. Konventionelle Energiekonzerne im Staatsbesitz – wie es sie etwa in Frankreich, Italien, Griechenland oder Österreich gibt, ob in der Stromversorgung oder in der Öl- und Gaswirtschaft – haben sich gegenüber erneuerbaren Energien als genauso hemmend erwiesen wie privatwirtschaftliche Energiekonzerne. Die staatlichen nehmen sogar einen unmittelbareren Einfluss auf die jeweiligen Regierungen, und diese können kein Interesse daran haben, ihre Energiekonzerne durch einen schnell eingeleiteten Energiewechsel unwirtschaftlich werden zu lassen. Die Stromkonzerne mit ihren Atom- und Kohlekraftwerken zu verstaatlichen wäre wie eine öffentliche »bad bank«, in der die schlechten Risiken gebündelt werden. Priorisierung erneuerbarer Energien bedeutet also nicht »mehr Staat« in der Energieproduktion.

Die gesetzlichen Vorränge für erneuerbare Energien konstituieren nicht zuletzt einen marktwirtschaftlichen Ordnungsrahmen, der nicht willkürlich sein darf, sondern mit Zielen des Gemeinwohls legitimiert werden muss. Dies entspricht dem Grundgedanken des »Ordoliberalismus«, der genau das Gegenteil dessen ist, was unter der Flagge des Neoliberalismus geschehen ist, dessen gesellschaftliches »Schadstoffpotenzial« sich in den letzten Jahren erwiesen hat. Ein ordoliberaler Wirtschaftsansatz setzt Standards, die für alle Unternehmen gelten, vermeidet aber einzelwirtschaftliche politische Eingriffe, soweit dafür nicht ein zwingendes systemisches Interesse vorliegt. Insbesondere trägt er dem unverzichtbaren Stellenwert öffentlicher Infrastrukturen Rechnung, die unterschiedslos allen Wirtschaftsteilnehmern – Produzenten wie Konsumenten – zu gleichen Bedingungen zur Verfügung stehen müssen und damit den marktwirtschaftlichen Grundsatz der Wettbewerbs- und Konsumentengleichheit sichern. Sie sind »social overhead capital«, wie es Jan Tinbergen ausdrückte, der 1969 den erstmals verliehenen Nobelpreis für Wirtschaftswissenschaften erhielt. Dieser Grundgedanke war Allgemeingut marktwirtschaftlicher Theorien, bevor der »Neoliberalismus« ihn aushebelte und auch die öffentlichen Infrastrukturen seinen Renditezielen aussetzte. Zum klassischen Ordoliberalismus gehört die Verhinderung von wirtschaftlichen Monopolen, das Prinzip der Wettbewerbsgleichheit und soziale Verpflichtungen, die von allen Wirtschaftsteilnehmern gleichermaßen einzuhalten sind – Grundgedanken, die zur »Sozialen Marktwirtschaft« führen. Dass diese sozialen Verpflichtungen inzwischen auch ökologische sein müssen, ist aufgrund der hohen gesellschaftlichen Kosten des Einsatzes umweltschädigender Ressourcen evident. Eben deshalb muss der gesetzliche Vorrang erneuerbarer Energien dauerhaft durchgesetzt werden. Eine Wirtschaftsordnung, in der schmutziges Wasser denselben Marktwert hat wie sauberes Trinkwasser, ist Ausdruck gesellschaftlicher Verwahrlosung.

Eine generelle, gesetzlich verankerte Vorrangstellung erneuerbarer Energien hätte einen durchschlagenderen Effekt als alle anderen Politikansätze und ist deshalb nur gegen massive Widerstände durchsetzbar. Aber sie ist bei konsequentem Handeln dennoch leichter zu erreichen, weil sie der Öffentlichkeit besser vermittelt werden kann. Sie sorgt für mehr Transparenz und Gerechtigkeit. Hinzu kommt ein entscheidender psychologischer Vorteil: Ein solcher politischer Großentwurf entspricht dem wachsenden gesellschaftlichen Bedürfnis nach einer großen Lösung und einem schnellen Ausweg aus der Energiefalle. Er löst ein, was technische Großprojekte nur versprechen. Politische Initiativen zum Energiewechsel, bei denen man von vornherein weiß, dass sie allein der großen Herausforderung nicht gerecht werden können, reißen Menschen nicht aus ihrer Lethargie. Ein gesellschaftlicher Vorrang für erneuerbare Energien stellt die Energieversorgung auf eine neue Grundlage. Er aktiviert zahllose gesellschaftliche Initiativen für Investitionen in erneuerbare Energien und fördert die Mitverantwortung.

## 1. *Der Vorrang erneuerbarer Energien im Strommarkt*

Das international prominenteste Beispiel eines politisch abgesicherten Vorrangs erneuerbarer Energien ist das deutsche Erneuerbare-Energien-Gesetz, dessen viele überraschender Erfolg die schnell wirkenden Effekte eines solchen gesetzlich verankerten Grundsatzes belegt. Die Vorrangregelung dieses Gesetzes stützt sich auf drei Grundgedanken:

Zum einen hat jeglicher aus erneuerbaren Energien produzierte Strom *vorrangigen* Netzzugang vor herkömmlichen Energien; eine Einspeisung ins allgemeine Versorgungsnetz kann also nicht mit dem Argument verweigert werden, die Kapazitäten seien bereits durch konventionelle Kraftwerke ausgeschöpft.

Das zweite Element ist die *garantierte Einspeisevergütung* in einer Höhe, die die Investitionskosten deckt und auch Renditemöglichkeiten eröffnet. Die Höhe der Vergütung differenziert zwischen den verschiedenen erneuerbaren Energien, weil diese einen unterschiedlichen Entwicklungs- und Kostenstand haben, aber dennoch alle zur Entfaltung gebracht werden sollen – hin zu einem Mix aus erneuerbaren Energien. Der vorgezeichnete Weg ist der einer systematischen Erhöhung des Beitrags erneuerbarer Energien an der Stromversorgung bei gleichzeitiger Senkung des Beitrags konventioneller Energien. Die politisch festgelegten Garantievergütungen gelten für die Produzenten des Stroms aus erneuerbaren Energien, nicht für die Hersteller der Anlagen. Sie werden von Zeit zu Zeit synchron zu den laufenden Kostensenkungen reduziert, jedoch immer nur für die neu investierten Anlagen, weil nur diese den Degressionsvorteil der steigenden Anlagenproduktivität haben. Die Vergütungszeit ist befristet. Mit diesem zweiten Punkt ist *Investorenautonomie* für erneuerbare Energien geschaffen worden: Die Betreiber dieser Anlagen müssen nicht mehr bei den herkömmlichen Stromkonzernen anfragen, ob ihre Investition zu deren Kapazitätsplanungen passt oder nicht. Solange aufgrund der garantierten Einspeisetarife Mehrkosten anfallen, werden diese auf alle Stromkunden gleichmäßig verteilt, allerdings mit einigen Ausnahmen für Unternehmen mit hohem Stromverbrauch, wie etwa die Aluminiumindustrie. Das Prinzip der Garantievergütung, das von Gegnern dieses Gesetzes als Verstoß gegen die Marktwirtschaft denunziert wird, bewirkt in Wahrheit einen harten marktwirtschaftlichen Produktivitätswettbewerb unter Anlagenherstellern. Den Käufern dieser Anlagen bietet gerade die Garantievergütung einen großen Anreiz, die leistungsfähigste und produktivste Anlage zu bestellen, weil dadurch ihre Kosten sinken und ihre Rendite höher wird. Kein Politikkonzept für die Einführung erneuerbarer Energien hat mehr und schneller zu deren Produktivitätssteigerung beigetragen und der weltweiten Erneuerbare-Energien-Anlagenindustrie mehr Auftrieb gegeben.

Das dritte Element des Gesetzes ist, dass es *kein Einführungslimit* gibt. Bei von vornherein begrenzten Markterwartungen aufgrund einer limitierten Einführung erneuerbarer Energien halten sich Anlageproduzenten zurück. Sie brauchen die Perspektive eines stetig wachsenden Marktes. Indem diese Perspektive geöffnet wurde, ist das deutsche Erneuerbare-Energien-Gesetz zum Auslöser der globalen Industrialisierung Erneuerbarer-Energie-Techniken geworden.

### Marktordnung nach öffentlichen Zwecken

Dieses Vorranggesetz ist ein Marktordnungsgesetz, das auf mehreren unzweifelhaft wichtigen öffentlichen Zielen gründet: nicht nur dem der $CO_2$-Minderung aus Klimaschutzgründen, sondern auch darüber hinausgehenden Umweltschutzgründen, ferner der langfristigen Energiesicherheit durch die Beendigung von Energieimporten und der Förderung regionaler Wirtschaftsstrukturen, die mit dem Ausbau einer dezentralen Energieversorgung einhergeht. Es ist eine *parallele Energiemarktordnung* neben der gewöhnlichen. Und das bedeutet: Bei uneingeschränkter Weiterführung würde dieses Gesetz bis zur vollständigen Ablösung der konventionellen Stromversorgung gelten und sich dann selbst aufheben. Es würde in einen Energiemarkt nur mit erneuerbaren Energien übergehen, dessen Marktregeln wir heute noch nicht kennen können. Sie werden stark davon abhängen, wie autonom die Stromerzeugung dann sein wird, wie sich das Verhältnis zwischen individuellen, lokalen und regionalen Trägern gestaltet und wie groß die Kostenunterschiede zwischen den verschiedenen erneuerbaren Energien sein werden. Wir werden es dann mit einer anderen »Stromkultur« zu tun haben, die sich auf dem Weg dahin herausbildet.

Stromeinspeisegesetze für erneuerbare Energien müssen laufend weiterentwickelt werden, um den auftretenden neuen Anforderungen und Möglichkeiten entsprechen zu können. Einen Wegfall des Vorrangprinzips darf es dabei nicht geben, weder bei erreichter Preisgleichheit mit herkömmlichen Energien noch bei deren Unterbietung. Wer dies voreilig vorschlägt oder zugesteht, missversteht das EEG als reinen Preisregulierungsmechanismus. Zwar können bei Kosten- und Preisvorteilen erneuerbarer Energien ab einem bestimmten Zeitpunkt die Garantievergütungen entfallen, aber nicht die Vorrangstellung, die den bleibenden höheren gesellschaftlichen Wert erneuerbarer Energien vor konventionellen Energien markiert. Wesentlich für die Weiterführung des mit dem EEG eingeleiteten Energiewechsels ist die strategische Frage, welche Schritte nun folgen müssen.

Mit dem wachsenden Anteil von Strom aus erneuerbaren Energien im bestehenden Stromversorgungssystem spitzt sich der Systemkonflikt zwischen erneuerbaren Energien und konventionellen Energien zu. Der über die Abnahmegarantie ins Netz eingespeiste Strom ist nicht in gleicher Weise regelbar wie der dadurch ersetzte. Die Zeiten, in denen mehr Solar- und Windstrom ins Netz fließt, als gerade gebraucht wird, werden häufiger und länger. Eine Stromversorgung aus erneuerbaren Energien wird nicht das Problem haben, ob der Vorrat reicht, sondern was mit den zeitweisen Überschüssen in strahlungs- und windreichen Zeiten geschieht, die zum Zeitpunkt der Stromproduktion nicht gebraucht werden. Windkraft- und Solaranlagen nicht weiter produzieren zu lassen wäre unsinnig, denn ihre Produktion verursacht keinerlei Brennstoff- oder Arbeitskosten. Befriedigend beantwortet werden kann diese Frage letztlich nur über die Stromspeicherung.

## Die Weiterentwicklung des EEG

Nunmehr sind systemische Anreize wichtig, bei denen es nicht länger darum geht, erneuerbare Energien in den konventionellen Strommarkt zu integrieren, sondern diesen an die Erfordernisse erneuerbarer Energien anzupassen. Auf dieses Ziel muss die Weiterentwicklung des EEG ausgerichtet sein. So wie dieses Gesetz zum internationalen Vorbild wurde, werden dessen Weiterentwicklungen wiederum eine Vorbildfunktion in allen Ländern haben, in denen der Anteil erneuerbarer Energien systemrelevante Ausmaße erreicht.

Der wichtigste nächste Schritt ist deshalb die Einführung eines Kombi-*Kraftwerksbonus*, wie er in den Grundzügen von Jürgen Schmid vom Kasseler Fraunhofer-Institut konzipiert wurde. Danach würde die Einspeisevergütung in drei Tageszonen aufgeteilt, und zwar eine mit einer Mindestvergütung und zwei weitere mit höheren Vergütungen, die Investitionen in Speicherkapazitäten ermöglichen. In – je nach strahlungs- oder windbedingter Produktion – zwei Tageszonen wird ein Teil des Stroms gespeichert und in der dritten Zeitzone ins Netz gebracht. Welche Stunden das jeweils sind, lässt sich heute 24 Stunden vorher in Abstimmung mit dem Netzbetreiber festlegen. Dieses Konzept würde den Strom bedarfsgerechter ins Netz einbringen und zahlreiche Speicherinvestitionen auslösen.

Ein zweiter anstehender Schritt ist, dass Netzbetreiber *Kapazitätsmengen* ausschreiben, die ihnen gesichert geliefert werden müssen. Das bedeutet die garantierte Lieferung einer vereinbarten Strommenge in einem vereinbarten Zeitraum. Auch dies wäre eine Anpassung der Stromversorgung an die erneuerbaren Energien, weil es sich bei diesen Kapazitätsmengen um zeitgleich zur Stromnachfrage bereitgestellte Mengen handeln muss. Ein dritter Schritt wäre, die Kriterien für die sogenannte Anreizregulierung der nationalen Regulierungsbehörden (in Deutschland die Bundesnetzagentur) zugunsten von Investitionen für *Smart-Grids-Strukturen* auszulegen. Die Bundesnetzagentur genehmigt, welche Preise der Netzbetreiber für die Stromübertragung und die Stromverteilung im örtlichen Verteilernetz verlangen darf. Damit kann sie aber auch Investitionen in das Netz bzw. deren Abschreibung verhindern. Dies wird auch so praktiziert, weil es der Bundesnetzagentur gegenwärtig in erster Linie um die Senkung der Übertragungs- und Verteilerpreise geht, wodurch sie eine Investitionsbremse für die Anpassung des Netzes an die erneuerbaren Energien und für ein entsprechendes Netzmanagement darstellt. Diese Art der Investitionslenkung nach einem sehr einseitigen Kriterium ist kontraproduktiv und strukturkonservierend. Deshalb muss zur Sicherung des Vorrangs der erneuerbaren Energien gesetzlich festgelegt werden, dass alle auf diese bezogenen Netzinvestitionskosten anerkannt werden und in die Preisgestaltung einfließen dürfen.

Darüber hinaus muss gesetzlich sichergestellt werden, dass Betreiber von Produktionsanlagen für erneuerbare Energien die Möglichkeit erhalten, Anschlussleitungen an das Stromnetz selbst zu errichten, und die gleichen Übertragungs- bzw. Verteilerpreise verlangen dürfen wie die Netzbetreiber. Dies ist notwendig, um Verzögerungen des Ausbaus durch die Netzbetreiber zu verhindern.

### 2. *Vorrang in der Bauleitplanung und Landschaftsnutzung*

Der wichtigste Beschleunigungsfaktor ist, jegliche willkürliche Verhinderungspolitik gegen erneuerbare Energien bei Standortgenehmigungen auszuschließen. Welche Bremswirkungen diese haben, ist im 1. Kapitel herausgearbeitet worden. Mit der Verweigerung von Standortgenehmigungen kann die beste Marktordnung für erneuerbare Energien gezielt unterlaufen werden. Diese Verhinderungsstrategie zu beenden, hat eine signifikante Bedeutung. Wie das Problem der Standortgenehmigungen gelöst wird, entscheidet letztlich darüber, welche Strukturen sich bei erneuerbaren Energien herausbilden, ob die Entwicklung in vielen oder nur in wenigen Händen liegt, und ob die Chancen zur industriellen Erneuerung und breiten wirtschaftlichen Wertschöpfung genutzt werden können.

Die Kriterien für bauliche Maßnahmen sind in Raumordnungs- und Landesplanungsgesetzen festgelegt. Erst in der Neufassung des Raumordnungsgesetzes in Deutschland, das im Dezember 2008 nach mehrjährigen Initiativen verabschiedet wurde, sind der Klimaschutz und die erneuerbaren Energien explizit berücksichtigt. Es bestimmt, den räumlichen Erfordernissen des Klimaschutzes Rechnung zu tragen und die Voraussetzungen für den Ausbau erneuerbarer Energien zu schaffen. Die gesetzliche Implementierung muss jedoch aufgrund der in der deutschen Verfassung festgelegten Kompetenzaufteilung zwischen Bund und Ländern in letzteren erfolgen, was bisher nur unzureichend oder noch gar nicht geschehen ist. In den Landesplanungsgesetzen werden die gesellschaftlichen Funktionen, für die geografischer Raum beansprucht wird, als öffentliche Belange ausgewiesen. Bauliche Maßnahmen, die einem solchen öffentlichen Belang entsprechen, haben einen Genehmigungsvorrang. Bei Zielkonflikten zwischen mehreren öffentlichen Belangen muss von den Behörden abgewogen und notfalls gerichtlich entschieden werden, in oft langwierigen Verfahren. Als öffentliche Belange gelten überörtliche Verkehrswege wie Straßen und Schienen, Energienetze, die Ausweisung von Gewerbeflächen, Naturschutz, Agrarförderungen und regionale Entwicklungsschwerpunkte. Hinzu kommen Wasser- und Umweltgesetze mit ihren Ausschlusskriterien.

Eine Behörde, die eine Standortgenehmigung für eine Erneuerbare-Energie-Anlage verweigern oder verzögern will, findet in der Vielfalt einschlägiger Vorschriften fast immer einen Grund dafür. Um dem Vorwurf behördlicher Willkür zu entgehen, die spätestens bei einer Totalverweigerung offenkundig würde, ist es ein beliebtes Mittel, nur wenige Vorranggebiete auszuweisen und die weitere Landesfläche als Ausschlussgebiet zu deklarieren, womit ein breit und schnell durchgeführter Energiewechsel praktisch unmöglich gemacht wird. In Bundesländern wie Baden-Württemberg, Bayern und Hessen werden auf diesem Wege 99,8 Prozent der Landesflächen von der Errichtung von Windkraftanlagen ausgeschlossen. Dies kommt vor allem einem Investitionsverbot für Windkraft gleich und macht die Ausschöpfung des Kleinwasserkraft-Potenzials nahezu unmöglich. Erneuerbare Energien sind jedoch in den bisherigen Landesplanungsgesetzen nicht als öffentliche Belange anerkannt. Im Gegensatz dazu haben z.B. Stromübertragungsnetze ein gesetzlich gesichertes Planungsprivileg, dem grundsätzlich entsprochen werden muss.

Da bei einer dezentralen Strukturierung der Energieversorgung durch erneuerbare Energien viele Anlagen an vielen Standorten wenige konventionelle Großanlagen ersetzen, sind für sie zahlreiche Genehmigungen erforderlich und damit Blockierungsmöglichkeiten gegeben. Wie viele Investitionen in erneuerbare Energien durch Verhinderungsplanung und langwierige Genehmigungsprozeduren bis heute vereitelt wurden, ist nicht recherchierbar. Allein in Deutschland dürften es Zigtausende sein. Häufig verlangen die Behörden kostspielige Gutachten, die von den Antragstellern selbst finanziert werden müssen, ohne dass eine spätere Genehmigung dadurch aussichtsreicher würde.

Ein Vorrang erneuerbarer Energien im Planungsrecht, bezogen auf alle Aspekte und Stufen öffentlicher Bauleitplanung neben ihrem Vorrang im Strommarkt, ist der zweite entscheidende Schritt. Erneuerbare Energien müssen gesetzlich nicht nur als öffentlicher Belang kodifiziert werden, sondern auch unter diesen den Vorrang erhalten. Dies begründet sich damit, dass erneuerbare Energien mehrere der genannten Kriterien für öffentliche Belange gleichzeitig erfüllen. Sie dienen dem Natur- und Umweltschutz, weil dieser nur noch durch den umfassenden Wechsel zu einer emissionsfreien Energienutzung gewährleistet werden kann. Wenn das Verlegen von Stromtrassen als öffentlicher Belang für die Gewährleistung der Versorgungssicherheit gilt, muss das ebenso für Produktionsstandorte erneuerbarer Energien gelten. Erneuerbare Energien werden zwar regional produziert, haben aber zweifellos eine die örtlichen Belange übergreifende Bedeutung. Sie erfüllen alle Kriterien der regionalen Gewerbe- und Wirtschaftsförderung sowie der Agrarförderung in ländlichen Räumen – auch über die eventuelle Produktion von Energiepflanzen hinaus, weil landwirtschaftliche Flächen als Standorte für Windkraftanlagen dienen können, ohne der agrarischen Nutzung als Anbau- oder Weideflächen verloren zu gehen.

Wenn die Bereitstellung erneuerbarer Energien zum *vorrangigen öffentlichen Belang* in der Raumordnungspolitik und Bauleitplanung erklärt wird, führt dies im Verwaltungshandeln und in gerichtlichen Verfahren zu einer grundlegenden Neugewichtung. Mit einem Nutzenvergleich der verschiedenen Belange kann der Vorrang erneuerbarer Energien für alle plausibel gemacht werden: Im Vergleich zu anderen Umwelt- und Landschaftsschutzbelangen ist der Umwelt- und

Landschaftsschutzeffekt durch den Wechsel zu erneuerbaren Energien größer und umfassender. Erneuerbare-Energie-Anlagen sind Landschaftseingriffe, aber sie leisten einen unverzichtbaren Beitrag zum generellen Schutz der natürlichen Lebensgrundlagen, also zum Natur- und Landschaftsschutz. Eingriffsverbote durch flächendeckende Verweigerungen von Standortgenehmigungen bedeuten im Zuge des generellen Wechsels zu erneuerbaren Energien vermehrte Eingriffe in anderen Regionen, einschließlich vermehrter Natur- und Landschaftsbeanspruchung durch Energietransportnetze. In allen Regionen kann ein Beitrag zum Energiewechsel geleistet werden, und aus Gerechtigkeitsgründen sollten auch alle ihren Beitrag leisten. Politisch Verantwortliche, die den Menschen diese Zusammenhänge nicht vermitteln können, haben sie entweder selbst nicht verstanden oder sind zu feige, kurzsichtigen und eigennützigen Einwänden entgegenzutreten.

Die Grundsatzentscheidung, aus der praktischen Nachrangigkeit erneuerbarer Energien in den öffentlichen Flächennutzungs- und Bauleitplänen einen Vorrang zu machen, bedeutet den *Wechsel von einem passiven zum aktiven Naturschutz.* Passiver Naturschutz zielt darauf, Eingriffe in Naturräume zu vermeiden, was auf eine räumliche Verdichtung und Konzentration von Eingriffen in die Natur hinausläuft. Aktiver Naturschutz bedeutet demgegenüber, Natur und Zivilisation möglichst zu harmonisieren: Die Frage, wie sich Wirtschaft und Naturschutz vereinen lassen, wird dann nicht mehr durch wechselseitige räumliche Separierung, sondern im regionalen und lokalen Zusammenhang beantwortet.

### Das gesetzliche Grundmuster eines Vorrangs für die Bauleitplanung

Das erste Grundmuster eines solchen Vorranggesetzes habe ich 2008 erarbeitet. Es wurde zum Gesetzentwurf der hessischen SPD-Landtagsfraktion, deren Vorsitzende Andrea Ypsilanti seinerzeit als Ministerpräsidentin zur Wahl stand.[60] Sie wollte diesen Entwurf zum Gesetz machen, um damit erklärtermaßen eine »Springflut neuer Investitionen für erneuerbare Energien« auszulösen. Ergänzt um ein 100.000-Mini-Blockheizkraftwerk-Programm, womit allein schon zwei 1000-

MW-Großkraftwerke ersetzt werden können, hätte mit diesem Gesetz der Beitrag erneuerbarer Energien zur Stromversorgung im Bundesland Hessen bereits innerhalb von fünf Jahren von fünf auf 60 Prozent gesteigert werden können. Aus dem Entwurf wurde jedoch kein Gesetz, weil die Regierungsübernahme in letzter Minute an der Obstruktion von vier SPD-Abgeordneten scheiterte. Das mit diesem Gesetzesvorhaben avisierte Ziel der definitiven Einleitung des Energiewechsels hin zu einer für das Jahr 2025 angestrebten 100-Prozent-Versorgung wurde in seiner bahnbrechende Bedeutung erkannt und führte zu einem stark polarisierten Konflikt. Die »Frankfurter Allgemeine Zeitung« kommentierte es mit den Worten, dass »diejenigen, die eine Investition in erneuerbare Energien verhindern wollen, keine Gelegenheit mehr dazu haben«, wenn dieser Entwurf zum Gesetz werde. Aber die Kampagnen gegen dieses politische Vorhaben konnten nicht verhindern, dass es dabei an Popularität gewann.

Dieser Gesetzentwurf weist zwar Vorranggebiete für Windkraftanlagen aus, lässt aber – mit Ausnahme von Naturschutzgebieten – keine Ausschlussgebiete mehr zu. Anlagen in einem Vorranggebiet werden generell genehmigt. Über Genehmigungen außerhalb eines Vorranggebiets entscheidet allein die jeweilige Gemeinde, auf deren Gebiet die Anlage errichtet werden soll. Aber keine Gemeinde darf sich selbst zum Ausschlussgebiet erklären. Pauschale Höhen- oder Größenbegrenzungen der Anlagen gibt es nicht mehr, sondern nur noch Einzelfallentscheidungen. Darüber hinaus erhalten die Gemeinden das Recht, durch Satzung zu bestimmen, in ihrem Gemeindegebiet oder in Teilen davon die Verwendung bestimmter Brennstoffe zu untersagen und bestimmte Formen der aktiven Nutzung erneuerbarer Energien vorzuschreiben, insbesondere für Gebäude und andere bauliche Einrichtungen. Dieser Rahmen verpflichtet indirekt jede Gemeinde, den Energiewechsel aktiv voranzutreiben und Mitverantwortung zu übernehmen. Gleichzeitig gibt er den Gemeinden die dafür erforderliche selbstständige Entscheidungskompetenz, wodurch der Energiewechsel demokratisiert wird. Damit die kommunalen Entscheidungsträger ihrer Verpflichtung nachkommen und nicht nur auf beliebige Investitionsinitiativen reagieren müssen, wird die ihnen übertragene Eigenverantwortung wie von selbst dazu führen, dass sie in ihren Flächennutzungsplänen gemeindliche Vorranggebiete ausweisen und die aktive Nutzung erneuerbarer Energien in ihre eigene Entwicklungsplanung einbeziehen, schon wegen der damit verbundenen Chance zur lokalen Wirtschaftsförderung und Steigerung der kommunalen Steuereinnahmen. Die Kommunen werden außerdem darin bestärkt, mit ihren Stadtwerken die Rekommunalisierung der Energieversorgung voranzutreiben. Die konkrete Genehmigung neuer Anlagen erfolgt über Bebauungspläne, die vom Gemeinderat gebilligt werden müssen.

Damit würde der Schwerpunkt der aktiven Nutzung erneuerbarer Energien auf die Ebene gebracht, auf der es die meisten potenziellen Akteure gibt, das größte wirtschaftliche Eigeninteresse sowie die besten und effizientesten Möglichkeiten für einen Energiemix aus allen erneuerbaren Energien für einen regionalen Ressourcenkreislauf und multifunktionale Nutzungen: für die energetische Verwertung organischer Abfälle, also für die Integration von Abfallwirtschaft und Energieversorgung, was allein bis zu 20 Prozent des Strom- und Wärmebedarfs decken könnte; für eine Nutzung und Verarbeitung landwirtschaftlicher Reststoffe und Energiepflanzen sowie die Rückführung der Reststoffe aus biogener Energieerzeugung (z.B. entgaster Biomasse aus Biogasanlagen, Ölkuchen aus der Pflanzenölproduktion, Schlempen aus der Bioethanolproduktion) als Futter- oder Düngemittel in die Landwirtschaft des kommunalen Umlands; kombinierte Strom-, Wärme- und Kühlenergieerzeugung in trifunktionalen Kraft-Wärme-Kraft-Kopplungsanlagen; die Einbeziehung des Energiepotenzials der Oberflächengeothermie, was zu einer vollständigen Deckung des Strom- und Wärmebedarfs von Gebäuden führen kann; ein Strom- und Wärmenetzmanagement durch Stadtwerke unter Einbeziehung der Überschüsse und Reservekapazitäten unabhängiger privater Betreiber mit kombinierten Strom- und Wärmetarifen, was überwiegend über dezentrale Strukturen möglich ist und Stadtwerken einen natürlichen Wettbewerbsvorteil einräumt – und dies alles unter weitgehender Vermeidung von Transportkosten. Dass diese Ordnungspolitik vor allem auf kommunaler Ebene umsetzbar ist, ergibt sich aus der »Natur der Sache«. Nur dann können alle Möglichkeiten der effizienten Gewinnung erneuerbarer Energien ausgeschöpft werden.

Dies bestätigt auch das im März 2010 verabschiedete EU-Gesetz über neue Bauvorschriften: Es bestimmt, dass ab 2012 alle neu zu errichtenden öffentlichen Gebäude einen Null-Emissionsstandard haben, ab 2015 bei allen Gebäuderenovierungen verpflichtende Mindeststandards für den Einsatz erneuerbarer Energien gelten müssen, und ab 2020 ausnahmslos für alle zu erstellenden Gebäude – ein Standard, der nur mit dem lokalen natürlichen Angebot erneuerbarer Energien realisierbar ist.

### Kreativ nutzbares Flächenpotenzial

Wie groß das Flächenpotenzial bei kreativer Flächenausweisung ist, wurde exemplarisch in einem Memorandum von EUROSOLAR herausgearbeitet. In diesem ist die längste deutsche Autobahn, deren Trasse über eine Länge von 960 km von Nord nach Süd durch ganz Deutschland führt (die »A 7«), als »Energieallee« konzipiert.[61] Vorgeschlagen wird darin, alle für die Windenergienutzung geeigneten Autobahnabschnitte – geschätzte 80 Prozent der gesamten Strecke – mit Windkraftanlagen der 5 MW-Klasse zu säumen, in Abständen von 780 bis 900 m. Daraus ergeben sich 1.250 Einzelstandorte mit einer installierbaren Leistung von 6.250 MW, womit allein 2,2 Prozent des deutschen Strombedarfs gedeckt werden könnten, bei einem Investitionsvolumen von 7,5 Mrd. EUR. Je nach Standort würden die Rotoren sich um eine Nabe in Höhe von 100 – 130 m drehen. Die Anlagen würden auf ohnehin belasteten Flächen installiert. Da durch die Deklarierung des Vorrangs sämtliche Genehmigungsprozeduren zusammenfallen, ist sichergestellt, dass es genug Investoren geben würde. Eine vergleichbare Flächennutzung lässt sich an anderen Autobahnen realisieren. Um nach denselben Kriterien wie für die A 7 auf 15 Prozent des gesamten Strombedarfs – also die offizielle Zielmarke des Desertec-Projekts – zu kommen, wäre nach aktuellem Kostenstand für Windkraftanlagen der 5 MW-Klasse ein Investitionsaufwand von 50 Mrd. EUR erforderlich. Die Investitionen für Anschlüsse an das

Stromnetz wären verhältnismäßig gering, da viele Stromtrassen bereits entlang von Autobahnen verlaufen.

Vor allem aber könnte die Realisierung unverzüglich begonnen werden; sie würde kaum mehr als drei Jahre beanspruchen. Der erzeugte Strom könnte künftig vorzugsweise für das Aufladen der Batterien von Elektrofahrzeugen an den Autobahntankstellen eingesetzt werden. Windenergiealleen lassen sich auch entlang der Schienenwege errichten, insbesondere entlang der Haupt- bzw. Hochgeschwindigkeitsstrecken, was den zusätzlichen Vorteil bietet, den Windstrom direkt für den Energiebedarf der Lokomotiven einzusetzen. Eine solche Ausweisung von Vorranggebieten lässt sich auch auf die solare Stromerzeugung übertragen: mit Solarmodulen an den Autobahnrandflächen, an den Lärmschutzwänden oder auf offenen Autobahnüberdachungen. Besonders an ortsnahen Autobahnen oder vierspurigen Bundesstraßen, die mitten durch Städte führen, sind das städtebauliche Gestaltungsprojekte. Es besteht kein Grund, für die Ausweitung des Flächenpotenzials auf Ackerflächen zurückgreifen zu müssen.

Wenn gleichzeitig die Stromerzeugung aus erneuerbaren Energien außerhalb der Vorranggebiete ausgebaut wird, die Windkraft integrierter Bestandteil der kommunalen Flächennutzungsplanung und die Solarstromerzeugung integrierter Bestandteil der Gebäude-Bauplanung wird, ist die Dezentralisierung der Energieversorgung strukturell unaufhaltsam. Durch integrierte und verbrauchsnahe Produktionsformen eröffnen sich funktionale Synergien, die alle nur partikular und singulär errechneten energieökonomischen Analysen zur Makulatur machen. Die Energieversorgung findet dann auch außerhalb der Vorranggebiete nicht mehr räumlich konzentriert statt, sondern wird zum integralen Landschafts- und Stadtbild der Zukunft, mit breiter Wertschöpfung und geringem Übertragungsbedarf sowie reduzierten Transportkosten. Alles zusammen unterstreicht die weitreichenden Wirkungen eines Vorrangs erneuerbarer Energien in der Raumordnung und Bauleitplanung.

Wie sehr der Energiewechsel derzeit durch willkürliche Planungsrestriktionen eingeschränkt ist, zeigt sich auch daran, dass das »Repowering« von Windkraftanlagen weit hinter den Möglichkeiten und

Erwartungen zurückbleibt. Repowering bedeutet, dass eine bestehende Windkraftanlage geringerer Leistung durch eine leistungsstärkere ersetzt wird. Dies setzt jedoch voraus, dass Genehmigungen für höhere Anlagen erteilt werden. Weil diese überwiegend verweigert werden, ist das absurde Ergebnis eine gezielte politische Verhinderung kostengünstigerer Windstromerzeugung. Dieses Beispiel belegt, dass es in erster Linie auf die Ausschöpfung des politischen Potenzials ankommt.

Ohne diesen Standortvorrang werden die dezentralen Erzeugungsmöglichkeiten willkürlich beschränkt oder bleiben im bürokratischen Dickicht langwieriger und kostspieliger Genehmigungsprozeduren stecken. Es ist es eine längst untragbare vordemokratische Bevormundung, ein Relikt aus obrigkeitsstaatlichen Zeiten, dass sich Regierungsbehörden nach wie vor eine größere Entscheidungskompetenz über Standortbedingungen anmaßen als die kommunalen Entscheidungsträger mit ihrem Einblick und ihrer demokratischen Verantwortung für die örtliche Gemeinschaft.

### 3. *Schadstoffsteuer statt Energiesteuer*

Energiesteuern in eine Schadstoffsteuer zu überführen wäre der wichtigste Ansatz zur Durchsetzung des Vorrangprinzips erneuerbarer Energien. Der Gedanke ist so ungewöhnlich wie der des Vorrangs erneuerbarer Energien im Strommarkt, der vor einem Vierteljahrhundert noch völlig neu war. Die »Ökosteuer«, die einmal in aller Munde war und um die es stiller geworden ist, bedeutet höchstens eine Annäherung an die Schadstoffbesteuerung. Gleiches gilt für die $CO_2$-Steuer, die gegenwärtig breit diskutiert und in einigen Ländern bereits praktiziert wird. Ökosteuern und $CO_2$-Steuern ergänzen vorhandene Energiesteuern, stellen aber noch keine grundlegende Umstellung der Energiebesteuerung insgesamt dar. Der Grundgedanke der Schadstoffsteuer ist: Alle Energiesteuern einschließlich der Ökosteuer werden durch eine Schadstoffsteuer ersetzt, deren Höhe sich nach dem tatsächlichen Schadstoffausstoß richtet und entsprechend differenziert werden muss.

Damit würde ein langfristig angelegter Wandel sowohl der Produktions- wie der Konsumweisen eingeleitet. Das ist auch die Absicht von Ökosteuern, bei denen es aber seit Jahren keine Weiterentwicklung gibt und deren Ansatz nicht weit und tief genug greift. Das psychologische Problem des Begriffs »Ökosteuer« liegt darin, dass jede Steuer als Belastung wahrgenommen wird, obwohl es hier um den Abbau von Umweltlasten geht. Nicht zuletzt dadurch haben Ökosteuern ein öffentliches Akzeptanzproblem. Ein weiterer Grund dafür ist, dass Einnahmen aus der Ökosteuer nicht direkt mit ökologisch ausgerichteten Investitionen verknüpft sind. Wenn jedoch die Energiearten nach ihrer tatsächlichen Schadenswirkung ($CO_2$-Ausstoß, Gesundheitsgefährdung, atomare Rückstände, Wasserverschmutzung u.a.m.) besteuert werden, führt das zu einer Niedrig- oder Nullbesteuerung solcher Energien, die wenig oder gar keine Schadstoffe enthalten. Gleichzeitig hebt die Besteuerung schadstoffhaltiger oder Schaden verursachender Energien deren real bestehende Subventionierung durch die Gesellschaft auf, die in der Nichtbezahlung der Umweltschäden liegt. Eine Schadstoffbesteuerung stimuliert sowohl Produzenten wie Konsumenten zum Wechsel zu schadstoffarmer bzw. schadstofffreier Energie. Sie ist *das* Instrument zur Vermeidung sozialer Kosten und fördert die diesbezügliche technologische Entwicklung quer durch alle wirtschaftlichen Prozesse. Der unbezweifelbare volkswirtschaftliche Nutzen einer umwelt- und ressourcenschonenden Wirtschaftsausrichtung wird damit in einzelwirtschaftliche Anreize übersetzt.

Voraussetzung für die Einführung einer Schadstoffbesteuerung ist, dass eine »Schadstoffformel« entwickelt wird, die anhand der verschiedenen konkreten Umweltbelastungen durch fossile Energien und Atomenergie die Schadstoffbesteuerung wissenschaftlich begründet und öffentlich nachvollziehbar macht. Kampagnen gegen eine Schadstoffbesteuerung, wie sie gegen Ökosteuern stattfinden, wird damit ein kaum überwindbares psychologisches Hindernis entgegengesetzt: Wer immer fordern würde, die Schadstoffsteuer zu senken, müsste damit öffentlich eingestehen, dass er die Gesellschaft weiter mit Schadstoffen belasten will. Dieser Standpunkt ist nicht mehr gesellschaftsfähig. Die Schadstoffbesteuerung ist auch ein effektiveres Mittel zum Klimaschutz als eine reine $CO_2$-Besteuerung, die die zahlreichen negativen Umweltfaktoren der fossilen Energien nur dann erfasst, wenn diese synchron mit den $CO_2$-Emissionen anfallen. CCS-Kraftwerke, die trotz des Einsatzes fossiler Energien nicht von der $CO_2$-Steuer tangiert wären, blieben von einer Schadstoffsteuer nicht verschont – und ebenso wenig Atomkraftwerke.

Bei einer derart grundlegenden Umstellung von der Energie- zur Schadstoffbesteuerung stellt sich natürlich die Frage, was aus den Staatseinnahmen wird, die zu einem erheblichen Teil aus Energiesteuern kommen. Je mehr die Schadstoffbesteuerung greift und je mehr Produzenten und Konsumenten zu schadstofffreien Energien wechseln, desto geringer würden zwangsläufig die Einnahmen aus dieser Steuer. Bei einer finanzwirtschaftlichen Gesamtbetrachtung stellt sich jedoch das Problem versiegender Steuereinnahmen nicht: Zum Zeitpunkt des Wechsels im Steuersystem würden Schadstoffsteuern zunächst etwa in der Höhe der heutigen Energiesteuern anfallen. Voraussetzung für den schrittweisen Wegfall dieser Steuereinnahmen sind Investitionen in schadstofffreie erneuerbare Energien, das heißt zusätzliche wirtschaftliche Aktivitäten, die eine große Dynamik entfalten und neue Arbeitsplätze und Unternehmensumsätze generieren. Im Ergebnis steigen dadurch andere Steuereinnahmen, die die Mindereinnahmen bei weitem aufwiegen. Im Zuge dieser Entwicklung würde nicht nur die Leistungskraft der Volkswirtschaft, sondern auch die Lebens- und Umweltqualität steigen; die sozialen Kosten würden sinken.

Dieses Konzept ist natürlich nur in Ländern praktizierbar, in denen es bereits eine Energiebesteuerung gibt. Auf Entwicklungsländer ist es kaum übertragbar. In diesen wird der Energieverbrauch oft sogar subventioniert, weil die Kaufkraft der Bevölkerung nicht ausreicht, um selbst unbesteuerte Energie zu bezahlen. Übertragbar wäre das Konzept dagegen auf solche Erdöl- und Erdgasförderstaaten, die wegen ihrer hohen Einnahmen derzeit noch auf eine Energiebesteuerung verzichten und die Energiepreise extrem niedrig halten. Hier ginge es deshalb nicht um einen Wechsel im Steuersystem, sondern um eine Abgabe, mit der das Bewusstsein der Menschen für den Schutz der eigenen Umwelt und den sparsamen Umgang mit Energie geweckt werden kann.

## D. Gemeingut:
### Die Schlüsselrolle kommunaler Energievorsorge

Dass wirtschaftliche Monopole dazu missbraucht werden, anderen – oft produktiveren und besseren – Wirtschaftsgütern den Marktzutritt zu versperren, ist unbestritten. Es gilt für privat- wie für staatswirtschaftlich betriebene Monopole gleichermaßen. In der Behinderung erneuerbarer Energien haben sich beide gleich verhalten. Die Liberalisierung der Energieversorgung, die es im Bereich der Mineralölwirtschaft schon lange gab und die für die Strom- und die Gasversorgung seit den 1980er Jahren in vielen Ländern eingeführt wurde, hat deshalb die Bedingungen für erneuerbare Energien nicht verschlechtert. Teilweise hat sie diese sogar geringfügig verbessern können, weil sie Anbietern von Öko-Strom den Marktzugang öffnete. Andererseits hat diese Liberalisierung aber auch die mentalen Barrieren gegen erneuerbare Energien erhöht, weil – wie im Abschnitt über den Markt-Autismus (S. 116) beschrieben – von diesen verlangt wurde, sich auf einem Markt unter von vornherein ungleichen Bedingungen durchzusetzen. Außerdem wurde sie nur halbherzig durchgeführt, was vor allem im Stromsektor zu verfolgen ist: Das Kernelement der Liberalisierung ist die unternehmerische Trennung von Stromerzeugung, -übertragung und -verteilung. Auf eine Eigentümer-Separierung wurde bei den großen Energiekonzernen jedoch verzichtet.

Ein Stromproduzent, der zugleich Eigentümer des Stromübertragungsnetzes ist, darf sich zwar bei den Übertragungs- und Verteilungstarifen nicht selbst privilegieren und andere nicht diskriminieren. Ein Netz ist jedoch ein natürliches Monopol. Es wird potenziell von allen gebraucht, und konkurrierende Netze sind aus räumlichen und funktionellen Gründen nicht möglich. Dies gilt für alle erdgebundenen Straßen-, Schienen-, Kommunikations-, Wasser-, Gas- und Stromnetze und bedeutet, dass sie allen Benutzern gegenüber neutral betrieben werden müssen. Dies ist nur dann wirklich sicherzustellen, wenn sie in öffentlicher Hand sind und nicht renditeorientiert bewirtschaftet werden, weil im Allgemeininteresse auch unrentable Netzabschnitte aufrechterhalten werden müssen. Wenn es nur um diskriminierungsfreie Netzbenutzungstarife ginge, wäre eine Regulierungsbehörde ausreichend.

Aber bei einem Stromnetz geht es um zwei weitere Aspekte. Zum einen hat es eine Regelfunktion, weil das Transport- und Verteilgut kein physischer Gegenstand ist und Einspeise- sowie Nachfragemenge zeitlich abgestimmt sein müssen. Damit entscheidet der Netzbetreiber, welche Mengen er einspeist und woher er die Energie bezieht. Zum anderen muss ein Netzbetreiber die Auslegung seines Netzes an den Produktionsstandorten orientieren. Dies bedeutet aber, dass es vom Netzbetreiber abhängt, ob und wie schnell dieser den mit erneuerbaren Energien anstehenden Strukturwandel der Stromerzeugung von wenigen Großkraftwerken zu vielen dezentralen Stromerzeugern mit vollzieht und bereit ist, letztere an das Stromnetz anzuschließen. Verzögert oder verweigert er dies, verschleppt oder blockiert er diesen Strukturwandel.

Daraus ergeben sich für das Ziel des schnellen Energiewechsels klare Konsequenzen: Das natürliche Monopol des Stromnetzes muss in öffentlicher Hand liegen und demokratisch kontrolliert werden. Das gilt besonders für die kommunalen Netze auf der Niederspannungs- und auch Mittelspannungsebene, an die dezentrale Stromerzeuger weit überwiegend direkt angeschlossen sind: Die für deren Netzanschluss gegebenenfalls erforderlichen Anschlussleitungen und Netzverstärkungen können, soweit erforderlich, hier am schnellsten realisiert werden, weil es sich meist um kurze Stichleitungen handelt. Dies beweist einmal mehr, dass der Energiewechsel durch eine Dezentralisierung der Erzeugung der schnellere Weg ist. Da es sich um überschaubare Vorgänge handelt und die Kommunen an einer Dezentralisierung der Stromerzeugung größeres Interesse haben als zentrale

Netzbetreiber oder Stromproduzenten, spricht alles für einen kommunalen Netzbesitz. Die Veräußerung des lokalen Netzes durch eine Kommune verzögert den Energiewechsel, die Rekommunalisierung beschleunigt ihn.

Aber auch Übertragungsnetze müssen demokratisch vergesellschaftet werden; es geht also nicht nur darum, sie im öffentlichen Eigentum zu halten, sondern um eine effiziente demokratische Kontrolle. Dies ist etwa in Dänemark und Schweden der Fall, wo die Übertragungsnetze ausschließlich in öffentlicher Hand sind. Stromnetze dürfen keine Spielwiese für börsennotierte Aktiengesellschaften sein, die für ihre privaten Aktionäre Renditen erwirtschaften müssen und deshalb nicht an Neuinvestitionen interessiert sind, die zu Lasten der von der Regulierungsbehörde zugestandenen Durchleitungstarife gehen. Ein öffentlich betriebenes Strom- und Gasnetz braucht nur nach dem Kostendeckungsprinzip zu arbeiten, eine regelmäßige Wirtschaftsprüfung kann eine effiziente Betriebsführung sichern. Alle Gründe, die gegen eine Privatisierung des Schienennetzes geltend gemacht werden, sprechen auch dafür, Übertragungsnetze in gesellschaftlichem Eigentum zu halten, um mit dem Gemeingut des »natürlichen Monopols« der Netzinfrastruktur das Gemeingut der erneuerbaren Energien optimal auszuschöpfen. Deshalb war es in Deutschland ein kapitaler politischer Unterlassungsfehler, die von zwei deutschen Stromkonzernen – E.ON und Vattenfall – im Jahr 2009/2010 verkauften Übertragungsnetze nicht zu erwerben und dafür eine öffentliche Netzgesellschaft zu gründen. Nicht einmal die beiden Parteien, die sich programmatisch zum Energiewechsel bekennen, die SPD und die Grünen, machten sich für eine staatliche Übernahme stark. Eine breite Debatte, wie sie über die Privatisierung von Schienennetzen geführt wurde, fand nicht statt – als wäre das Übertragungsnetz von geringerem öffentlichen Interesse.

### Infrastruktursynergien

Für ein gesellschaftliches Eigentum an den Netzen spricht auch ein weiterer Grund. Er betrifft die gesamte künftige Gestaltung aller erdgebundenen Infrastrukturen, die bisher getrennt voneinander errichtet wurden und betrieben werden: neben den Stromnetzen auch das Straßennetz, das Schienennetz, Wasserstraßen und das Wasserversorgungsnetz, die alle die Landschaft beanspruchen und zugleich prägen. Eine Energieversorgung, die der technologischen Vielfalt erneuerbarer Energien entspricht, macht Synergien möglich und gesellschaftlich produktiv: Bundesstraßen, in die auch Stromtrassen integriert sind, etwa in Form von Erdkabeln in den Mittel- oder Randstreifen von Autobahnen; oder Wasserversorgungsnetze, in die Wasserkraftwerke und Pumpspeicherwerke integriert sind. Solche Synergielösungen sind wirtschaftlich produktiv und landschaftssparend. Der Idealzustand wäre eine öffentliche Netzbetriebsgesellschaft für alle diese Infrastrukturnetze, unter einer Aufsicht, in der neben Repräsentanten des Staates als öffentlichem Eigentümer auch unabhängige Vertreter öffentlicher Belange mitwirken – Kommunalverbände, Umweltverbände, Verbraucherorganisationen, Industrieverbände und Gewerkschaften. Allerdings könnte daraus das Problem einer unbeweglichen Mammutorganisation erwachsen, weshalb es zunächst ratsam ist, Synergien über die Errichtung einer gemeinsamen *Netzbetriebsagentur* zu realisieren, die einen jährlichen öffentlichen Infrastrukturbericht erstellt und konkrete Entscheidungsempfehlungen für synergetische Infrastrukturinvestitionen gibt.

### Citizen Value

Auf der kommunalen Ebene besteht die Gefahr einer Mammutorganisation nicht, hier haben Infrastruktursynergien eine unmittelbare praktische Relevanz. Dies spricht für eine Renaissance des klassischen kommunalen Versorgungsbetriebes, der die Rolle des Netzbetreibers übernimmt, eigene Kraftwerke mit Strom- und Wärmespeicherkapazitäten sowie Strom- oder Biogastankstellen betreibt – und darüber hinaus auch für die Wasserversorgung, die Abfallbeseitigung und -verwertung sowie für den örtlichen Straßenbau verantwortlich ist. Die kommunaleigenen Stadtwerke sind keinem »shareholder-value«-Kriterium verpflichtet, sondern müssen nach dem »citizen value«-Kriterium arbeiten, wie es der Münchner Oberbürgermeister Christian Ude in seiner Rede auf der EUROSOLAR-Konferenz »Erneuerbare Energien für Stadtwerke« auf den Punkt brachte. Stadtwerke zu privatisieren ist zukunftsblind und unterminiert die Möglichkeiten und Erfordernisse der allgemeinen Daseinsvorsorge. Eine Rekommunalisierung früher veräußerter Stadtwerke und Netzrückkäufe oder die Gründung neuer Stadtwerke sind elementare Voraussetzungen für eine schnelle Energiewende, für eine produktive Energienutzung mit Netzsynergien und damit für eine insgesamt produktivere Versorgungsstruktur. Sie helfen, Entscheidungskompetenz für eine kommunale Selbstverwaltung zurückzugewinnen und der kommunalen Demokratie neue Impulse zu geben.

Mit Stadtwerken begann die moderne Energieversorgung. Mit deren Zentralisierung wurden sie marginalisiert, vielfach aufgegeben und veräußert. Aber sie sind derjenige Teil der überkommenen Energiewirtschaft, der in einer Energieversorgung mit erneuerbaren Energien die Hauptrolle übernehmen muss und sogar eine Bedeutung gewinnt, die weit über ihre originäre Gründerrolle für die Energiewirtschaft hinausgeht. In der beschriebenen Rolle sind sie die wichtigsten Träger des Gemeinguts der Infrastrukturen, ohne das es keine gesellschaftsfähige Wirtschaft geben kann. Mit ihnen kann die »Tragik der Allmende« überwunden werden, von der Elinor Ostrom spricht, die für ihre am Konzept des Gemeinguts orientierten Theorien 2009 den Nobelpreis für Wirtschaftswissenschaften erhielt. Kommunen können wieder zu Trägern der »Verfassung der Allmende« werden, indem sie das Gemeingut erneuerbarer Energien lokal verfügbar machen und damit einen Gegenentwurf zur uferlosen Globalisierung existenzieller gesellschaftlicher Grundbedürfnisse darstellen.[62]

Wenn die Kommunen das Genehmigungsrecht über Standorte für die neue Energieproduktion erhalten, haben sie auch die Möglichkeit, damit für sozialen Ausgleich zu sorgen: Jede Genehmigung zum privaten Betrieb einer Windkraftanlage auf einer Freifläche gibt dem Grundstückseigner ein finanzielles Privileg, das andere nicht haben – so wie es auch im Baurecht der Fall ist, das denjenigen privilegiert, dessen Grundstück zu Bauland erklärt wird. Dies produziert Neid und soziale Ungleichgewichte. Um dem entgegenzuwirken, sollten Kommunen dazu übergehen, bei Standortgenehmigungen genossenschaftlichen Betreibern den Vorrang zu geben oder Stadtwerken ein Vorkaufsrecht oder Vorpachtrecht einzuräumen. Das entspricht dem Gemeingutcharakter der Energieversorgung.

Der Rechtswissenschaftler Fabio Longo hat in seiner Dissertation »Neue örtliche Energieversorgung als kommunale Aufgabe« überzeugend herausgearbeitet, dass Initiativen für erneuerbare Energien klassische kommunalpolitische Aufgaben darstellen, was sich bereits aus der Verfassung und weiteren existierenden Gesetzen ableiten lässt. Im deutschen Grundgesetz wird den Kommunen die Selbstverwaltungskompetenz für alle Angelegenheiten der örtlichen Gemeinschaft zuerkannt (Art. 28, Abs.2), was auch siedlungsökologische Anliegen wie lokale Luftreinhaltung, Schutz des lokalen Klimas und die bauliche Nutzung der natürlichen lokalen Energiekreisläufe umfasst. Die Kommunen können ihre politische Verantwortung auch aus dem Baugesetz (§ 1, Abs.6) ableiten, das zu ihrer Zuständigkeit für die städtebauliche Zielsetzung gehört, wie auch das Bemühen um eine »mittelständische Struktur im Interesse einer verbrauchernahen Versorgung der Bevölkerung«, was für die Energieversorgung nur durch eine lokale und damit dezentrale Bereitstellung erneuerbarer Energien gewährleistet werden kann. [63]

Die Kommunen müssen im Übrigen nicht selbst als Investoren tätig werden, sondern können sich darauf beschränken, den Freiraum für Investitionen durch private Träger und von Stadtwerken zu schaffen. In jedem Fall findet die Wertschöpfung von privaten Trägern, einschließlich der Beschäftigung des lokalen Handwerks für Installations- und Wartungsarbeiten, dezentral statt und beschränkt sich nicht auf die wenigen Standorte zentraler Energielieferanten.

Dezentralisierung in diesem Sinne führt zu einer Angleichung der Lebensverhältnisse in der Gesellschaft. Stellen wir uns eine Region mit einer Million Einwohnern vor, die gegenwärtig 100 Prozent ihres Energiebedarfs von zentralen Anbietern bezieht. Die Energiekosten pro Kopf – ohne Anlageninvestitionen – liegen in Deutschland bei durchschnittlich 2500 EUR im Jahr, in denen alle direkten und indirekten Energiekosten enthalten sind, also Strom, Wärme, Kraftstoffe, die Energiekostenanteile aller Waren sowie der erbrachten Dienstleistungen. In der Summe sind das Energiekosten in Höhe von 2,5 Mrd. EUR im Jahr, die den Wirtschaftskreislauf dieser Region verlassen. Bei voller Umstellung auf eine Energieversorgung mit erneuerbaren Energien aus regionalen Quellen würden diese 2,5 Mrd. EUR im eigenen Wirtschaftskreislauf verbleiben. Dies ist gleichbedeutend mit einem Wirtschaftsförderungsprogramm in dieser Größenordnung, und das Jahr für Jahr, ohne bürokratischen Aufwand und auf alle verteilt! Keine Regierung könnte ein solches Förderungsprogramm je finanzieren. Dass Energieökonomen, die – unabhängig von der Herkunft der Energie – nur auf die Kilowattstundenpreise starren, dieser Zusammenhang entgeht, fällt auf sie selbst zurück.

## 5. PRODUKTIVE FANTASIE: Der Energiewechsel als ökonomischer Imperativ

Mit der Ausrichtung der Energieversorgung auf die konventionellen Energien hat sich in der gesamten Unternehmenswirtschaft die Betrachtung der Energieprobleme aus der Perspektive der konventionellen Energiewirtschaft durchgesetzt. Was für diese effizient, wirtschaftlich oder machbar ist, wurde zum allgemeinen Verständnis von Effizienz, Wirtschaftlichkeit und Machbarkeit – nicht nur in der Energiewirtschaft. Der systemische Wirtschaftsbegriff der überkommenen Energiewirtschaft wurde zum volkswirtschaftlichen. Ihr Allzuständigkeitsanspruch ist Teil ihres Selbstverständnisses. Als die atomare und fossile Energieversorgung unter dem Einfluss der Ökologiebewegung in den 1970er Jahren erstmals zum gesellschaftlichen Streitfall wurde, reagierte die etablierte Energiewirtschaft darauf mit der Forderung nach einer »Rückkehr zum Energiekonsens« und meinte damit eine Entpolitisierung der Energiefrage. Unter »Energiekonsens« verstand sie ein politisches Einmischungsverbot und eine Tabuisierung jeglicher Kritik. Die politischen Institutionen und auch »die Wirtschaft« haben den durch Selbstermächtigung entstandenen Primat der Energiewirtschaft jahrzehntelang respektiert und akzeptiert. Daraus entwickelte sich die bis heute bestehende gesellschaftliche Rollenverteilung zwischen Energieanbietern und -konsumenten und eine wirtschaftliche Arbeitsteilung zwischen Energielieferanten einerseits und Produzenten von Gütern und Dienstleistungen andererseits.

Das erschwert es vielen Wirtschaftsunternehmen zu realisieren, welche Perspektiven ihnen der Energiewechsel eröffnet. Statt den

Blick starr auf die ständig steigenden Energiepreise zu richten, müssten sie sich mit ihrer eigenen künftigen Rolle als Produzenten und Anwender auseinandersetzen. Die Energieversorgung mit erneuerbaren Energien läuft in erster Linie über neue Technologien; es geht dabei immer weniger – und teilweise gar nicht mehr – um Energielieferung. Erst diese Erkenntnis macht die realwirtschaftliche Bedeutung der erneuerbaren Energien für alle Wirtschaftszweige sichtbar – und die tragende Rolle, die vor allem Technologieunternehmer darin übernehmen können und müssen. Die Entwicklung und Herstellung von Erneuerbare-Energie-Technologien werden einen neuen wirtschaftlichen Aufschwung auslösen. Im Unterschied zu früheren Boomzeiten wird der durch den Energiewechsel ausgelöste Boom eine grundlegende Qualitätsveränderung bewirken. Die Realwirtschaft wird sich dann nicht mehr mit den Grenzen und Folgen des konventionellen Energiewachstums auseinandersetzen müssen. Wenn durch die Dezentralisierung regionale Ressourcenkreisläufe selbstverständlich geworden sind, kann das grundlegende Wirtschaftsgut Energie niemandem mehr vorenthalten werden.

Mit erneuerbaren Energien differenziert sich die Wachstumsdebatte. Wirtschaftliches Wachstum wird mit Umwelterhaltung und Naturwachstum verknüpft – und damit mit dem einzigen tatsächlichen Wachstumsvorgang auf der Erde: dem von der Sonne bewirkten. Aus Entropie – dem Gesetz der Energieentwertung – wird Negentropie durch Biosynthese, also durch Pflanzenwachstum; aus schädlichem wird – zumindest in der Energieversorgung, noch nicht zwangsläufig bei der Verarbeitung anderer industrieller Rohstoffe – nützliches Wachstum. Aus individuell kalkulierten wirtschaftlichen Wachstumsgewinnen auf Kosten der ausgebeuteten Natur, die in Wahrheit Schadenszunahme und Ressourcenvernichtung bedeuten, wird dann tatsächlich ein wirtschaftlicher und gesellschaftlicher Mehrwert. Der Gegensatz von Ökologie und Ökonomie hebt sich auf, zumal Ökonomie nur eine Unterkategorie von Ökologie sein kann. Der Begriff beschreibt den Lebensraum, der uns zur Verfügung steht, richtig verstandene Ökonomie dessen effiziente und haushälterische Nutzung. Der tatsächliche Gegensatz, mit dem wir es zu tun haben, ist der zwischen einer unökologischen und damit verderblichen Ökonomie und einer ökologischen und damit natur- und gesellschaftsgerechten Ökonomie.

## A. Synergien: Neue Produkte für multifunktionale Anwendungen

Vor dieser Weggabelung steht auch die produzierende Wirtschaft, der sich mit dem Energiewechsel neue Tätigkeitsfelder eröffnen, je mehr sich die Unternehmen offensiv darauf einstellen und ihre Produktionen entsprechend anpassen und umstellen. Der Energiewechsel erschließt einigen klassischen Industriezweigen neue Wachstumsmöglichkeiten. Die elektrotechnische Industrie wird mit erneuerbaren Energien ihre tragende Rolle behalten, ebenso die metallverarbeitende Industrie. Für andere große Wirtschaftszweige eröffnen sich neue Entfaltungs- und Diversifizierungschancen, wenn sie die mit erneuerbaren Energien möglichen Synergien nutzen. Für einige Industriezweige ergibt sich jedoch die Notwendigkeit einer umfassenden Konversion ihrer Tätigkeitsschwerpunkte, wenn sie aus ihrer Rolle als Verhinderer herauskommen wollen.

### Motor- und Energiewechsel für Automobile

Ein Beispiel dafür ist die *Automobilindustrie.* Es liegt in ihrem Eigeninteresse, sich so schnell wie möglich aus der für sie längst unselig gewordenen Allianz mit der Mineralölwirtschaft zu befreien. Mit ihren bisherigen Produktlinien für Fahrzeuge mit Verbrennungsmotoren hat sie keine längerfristigen Marktchancen mehr. Sie muss daher Fahrzeuge mit Antriebstechniken anbieten, die nicht auf fossile Kraftstoffe angewiesen sind. Versäumt oder verschleppt sie diese Entwicklung, wird sie schon deshalb mit einem schrumpfenden Markt rechnen müssen, weil mit der nahenden Erschöpfung der fossilen Energiequellen die Kraftstoffpreise unweigerlich steigen und die Betriebskosten eines Autos damit für viele Menschen zum Problem werden. Deshalb ist der generelle Trend zu Elektrofahrzeugen vorprogrammiert, die neben der höchsten Energieeffizienz die niedrigsten Betriebskosten aufweisen. Selbst ein Fünfliter-Auto hat bei einem Kraftstoffpreis von etwa 1,40 EUR pro Liter Betriebskosten von 7 EUR für 100 km; bei einem Elektromobil wird nach heutigem Stand der Technik jedoch nur ein Drittel dieser Summe anfallen. Die Massennachfrage nach Elektromobilen wird schon deshalb sprunghaft ansteigen.

Dass der Strom zu deren Betrieb aus erneuerbaren Energien kommen muss und wird, ist inzwischen von der Automobilindustrie anerkannt. Es ist noch nicht einmal nötig, die Einführung von Elektromobilen zwingend daran zu knüpfen, dass sie nur mit Strom aus erneuerbaren Energien betrieben werden. Dies lässt sich zum einen kaum kontrollieren, zum anderen würde es die Entwicklung bremsen, wollte man Elektromobile erst dann in der Breite einführen, wenn die Umstellung auf erneuerbare Energien abgeschlossen ist. Da dies einem Einführungsverbot für Elektromobile gleichkäme, wäre es im Übrigen auch politisch kaum durchsetzbar. Der Zeitpunkt, an dem Klein- und Mittelklassewagen mit Elektroantrieb und Fahrdistanzen zwischen 200 und 300 Kilometern etwa zu Preisen eines vergleichbaren herkömmlichen Fahrzeugs auf den Markt kommen, rückt näher.

Es ist deshalb sinnvoll, den Wechsel zu Elektrofahrzeugen politisch zu forcieren, weil deren Massenproduktion zu immer leistungsfähigeren und billigeren Batterien führen wird. Damit wird das Elektromobil zu einem Treibriemen des Energiewechsels. Um diesen Prozess politisch zu beschleunigen, bietet sich ein Förderprogramm für die Einführung von Elektromobilen an, etwa in Form von Niedrig-Zins-Krediten. Um zugleich die Produktion von Strom aus erneuerbaren Energien voranzutreiben, sollte diese Förderung daran geknüpft werden, dass die Automobilhersteller in der Größenordnung des durchschnittlichen Stromverbrauchs der von ihnen produzierten Elektromobile in eine zusätzliche Stromproduktion aus erneuerbaren Energien investieren. Sie würden damit parallel zu ihrer Rolle als Automobilproduzenten zu Stromproduzenten werden. Damit ist die unmittelbare Verknüpfung der Einführung von Elektrofahrzeugen und des Wechsels zu erneuerbaren Energien auf unbürokratische Weise möglich – ein multifunktionaler Effekt. Dieses Konzept habe ich in dem im April 2010 veröffentlichten Memorandum »Mehr Tempo für die Elektromobilität« vorgeschlagen. [64]

Die Entwicklung zur Elektromobilität bedeutet den Einstieg der Automobilindustrie in die Produktion von Stromspeichern. Die Nachfrage dafür wird über die nach Automobilen hinausgehen, was wiederum den Energiewechsel weiter vorantreibt. Dies gilt auch für mögliche weitere Speichertechnologien, die in Fahrzeugen oder auch anderswo eingesetzt werden können, wie etwa Druckluftbehälter, die im Unterschied zu Batterien beliebige Ladezyklen haben und völlig rückstandsfrei arbeiten. Druckluft könnte Batterien ersetzen. Erneut wären Nachfrage und multifunktionale Anwendung über den Einsatz in Automobilen hinaus gesichert. Auch auf dem klassischen Feld der Verbrennungsmotoren könnte die Fahrzeugindustrie zu einer Differenzierung ihrer Produktpalette kommen, indem sie in die Produktion von Mini-Block-Heizkraftwerken einsteigt, also die Produktion von Autos – sprich: Kleinkraftwerken auf Rädern – durch eine Produktion von stationären Kleinkraftwerken ergänzt. Durch den Serieneffekt würden die Kosten schnell sinken, wodurch deren Betreiber dann jedes konventionelle Energieangebot unterbieten können. Die Verbrennungstechnologie ist über die Mini-BHKWs hinaus eher ein Anwendungsfeld für Schwerlastfahrzeuge, z.B. für Flugzeugmotoren, die das künftige Einsatzfeld für Biokraftstoffe darstellen.

### Baustoffe als solare Energieträger

Synergien ergeben sich ebenso für die *Baustoffwirtschaft*, die ein tragender Wirtschaftssektor ist und bleiben wird. Wenn komplette Dächer, Fassaden und Fenster für Solarstromerzeugung, Wärmegewinnung und -dämmung genutzt werden und die herkömmlichen Energiekosten gegenstandslos machen, eröffnen sich der Baustoffindustrie neue Entwicklungsmöglichkeiten. Mit den steigenden Kosten für herkömmliche Energie, die auch die Baustoffe verteuern und als versteckte »graue Energie« in Häusern bekannt sind, wird der von der Sonne produzierte Baustoff Holz laufend attraktiver. Die Renaissance dieses Baustoffs hat bereits begonnen. Wenn die Holzproduktion zunimmt, weil – worauf ich im nächsten Kapitel zurückkomme – an einem umfassenden Aufforstungsprogramm zugunsten der globalen Klimastabilisierung kein Weg vorbei führt, wird sich dieser Trend verstärken.

Die Holzwirtschaft dient u. a. auch der Papierproduktion. Mit ihren großen Zellulosemengen wächst die holzverarbeitende Industrie in die Rolle des Bioethanol-Produzenten hinein, für den Eigenbedarf und darüber hinaus für einen Biokraftstoffmarkt, der sich vorwiegend auf die Verwertung organischer Reststoffe stützen sollte. Für die Reststoffe der Bioethanol-Produktion ergeben sich weitere energetische Verwertungsmöglichkeiten, so zum Beispiel der Einsatz der Schlempe als Düngemittel oder für Kraft-Wärme-Kopplungsanlagen. Solche Kettenwirkungen können umso besser genutzt werden, je mehr sie in regionalen Ressourcenkreisläufen stattfinden.

### Die Diversifizierung der Chemieindustrie

Ähnliches gilt für die *chemische Industrie*. Deren wichtigster Grundstoff ist Petroleum. 15 Prozent der globalen Erdölförderung werden von der chemischen Industrie verarbeitet, jährlich 600 Mio. t. Mit der Verknappung des Erdöls steigen die Grundstoffkosten für diesen schmutzigen Kohlenwasserstoff. Pflanzliche und dadurch saubere Kohlenwasserstoffe können ihn ersetzen. Der Einsatz von Biomasse als Rohstoff ist wichtiger als deren Verbrennung als Energieträger, weil es zu ihr als neuem (und erneuerbarem) Grundstoff der chemischen Industrie keine Alternative gibt. Dieser Grundstoffwechsel erleichtert wiederum eine Dezentralisierung der Produktionsstätten für chemische Produkte. Die Erdölderivate verarbeitenden Großraffinerien werden dann abgelöst durch kleinere Bioraffinerien, die lange Biomassetransporte vermeidbar machen. Einige chemische Firmen haben mit dem »Stoffwechsel« – ein Begriff des Pflanzenchemikers und Naturfarbenproduzenten Hermann Fischer – bereits begonnen. Pflanzenchemieprodukte können nicht nur leichter und mit weniger Energieaufwand wiederverwertet, sondern als biogene Reststoffe energetisch genutzt werden, beginnend wieder mit dem Eigenbedarf der Produzenten. Sämtliche Verpackungsmaterialien und Plastikmaterialien könnten so zu einer erneuerbaren Energieressource werden. Als politisches Instrument bietet sich an, ab einem zu beschließenden Stichtag nur noch biogene Verpackungsmaterialien zuzulassen. Dies erleichtert und vereinfacht die Mehrwegeabfallwirtschaft, die dann nur noch aus zwei Abfallkategorien bestehen wird: einerseits organischer Abfall und andererseits Sondermüll. Der organische Abfall wird dann der Energieverwertung zugeführt und zum integralen Teil der kommunalen Energieversorgung. Statt für diesen Energierohstoff zu bezahlen, erhält der wirtschaftliche Verwerter dieses Abfalls sogar Entsorgungsgebühren.

### Agro-Primärwirtschaft mit erneuerbaren Energien

Besonders vielfältig sind die Möglichkeiten für Synergien und Multifunktionalitäten in der *Landwirtschaft.* Sie ergeben sich zum einen aus der Möglichkeit, die Produktion von Nahrungsmitteln, Energie- und Industrierohstoffen miteinander zu verknüpfen. Allerdings muss dabei bedacht werden, dass die Bioenergie die komplexeste Option der erneuerbaren Energien ist. Land- und Forstwirtschaft können schon ohne die Produktion von Energie- und Rohstoffpflanzen desaströse ökologische Konsequenzen haben, sie können aber auch nachhaltig gestaltet werden. Die schlichte Nutzung von Pflanzengut für Energiebedürfnisse ohne Neupflanzungen – wie es z.B. beim Abholzen von Wäldern vor allem in Entwicklungsländern üblich ist, wo die Menschen aus Kostengründen keinen Zugang zu anderen Energien haben – ist ökologisch sogar verheerender als die Verbrennung fossiler Energien, weil sie zur weiträumigen Degradierung von Böden führt und regionale Wasserquellen versiegen lässt. Deshalb kann diese Art der Bioenergienutzung nicht als erneuerbare Energie gelten. Das Gleiche gilt für landwirtschaftliche Produktionsweisen, die schnell zur Ermüdung von Böden, zu dramatischen Humus- und Grundwasserverlusten und -verseuchungen führen.

Die Nahrungsmittelerzeugung muss in der Landwirtschaft Priorität haben. Doch allein schon die hier anfallenden Reststoffe stellen ein enormes Energiepotenzial dar. Bei der Verarbeitung zu Nutzenergien fallen wiederum Reststoffe an, die in der Landwirtschaft als Düngemittel, als Tierfutter oder zur nochmaligen Energieverwendung eingesetzt werden können. Diese Verwertungskette fördert die Entwicklung zu einer Kreislaufwirtschaft, weil die Ausschöpfung ihres Wertstoffpotenzials umso stärker optimiert werden kann, je geringer der Transportaufwand ist. Sie macht die Landwirtschaft nicht nur ökologischer, sondern auch ökonomischer als die konventionelle. Mit den natürlichen Primärenergien gewinnt die Landwirtschaft als klassische »Primärwirtschaft« wieder eine wachsende und dauerhaft tragfähige – und tendenziell von Subventionen unabhängige – Rolle.

Voraussetzung ist, dass die Energieerzeugung in der Nähe der landwirtschaftlichen Produktionsflächen stattfindet, etwa in genossenschaftlichen Produktionsformen benachbarter landwirtschaftlicher Betriebe. Aber auch bei vorrangiger Nahrungsmittelerzeugung ist eine multifunktionale Nutzung der Produktionsfläche möglich, und zwar durch eine zweite Aussaat oder das Einbringen von Stecklingen für Energie- und Rohstoffpflanzen nach der Nahrungsmittelernte. Bei diesen muss in den meisten Fällen nicht auf eine Fruchtreife gewartet werden, und es muss sich dann auch nicht mehr um Nahrungsmittelpflanzen handeln. Ein solcher Fruchtwechsel ermöglicht eine »multikulturelle« landwirtschaftliche Produktion. Auch für die Verwertung landwirtschaftlicher Produkte als Industrierohstoffe bieten sich genossenschaftlich betriebene Bioraffinerien an. Die Landwirte können auf diesem Wege ihren Energie- und Düngemittelbedarf selbst erzeugen und den ersten Verarbeitungsschritt in der Vermarktung mit übernehmen. Sie können damit ihre Kosten senken und ihre Erträge erhöhen.

Dieser Wandel in der landwirtschaftlichen Produktion erfordert eine nach diesen Kriterien ausgerichtete Landwirtschaftspolitik. Sie darf nicht vor Produktionsbeschränkungen solcher Energie- und Rohstoffpflanzen zurückschrecken, die einen übermäßigen Wasserbedarf haben, wie es etwa bei Mais der Fall ist, oder davor, für die Produktion von Energie- und Rohstoffpflanzen den Fruchtwechsel und eine Mehrfachnutzung der Felder zur Auflage zu machen. Jeder Reststoff der Landwirtschaft kann entweder in die Landwirtschaft zurückgeführt oder zur Energieerzeugung genutzt werden – wobei die Erzeugung von Biogas die »Alleskönnerin« ist, weil jedwede Biomasse einem anaeroben Vergärungsprozess unterzogen werden kann und der »entgaste« Reststoff wiederum anderweitig verwertbar ist.

## B. Konversionen:
Die Umwidmung unproduktiver Wirtschaftszweige

Der Begriff der Konversion eines Wirtschaftszweigs entstammt der Diskussion über die Rüstungsindustrie. Um diese herum bildete sich in den großen Industrieländern der berüchtigte »militärisch-industrielle Komplex«. Die Rüstungsindustrie lebt fast ausschließlich von Staatsaufträgen. Sie ist hochtechnisiert und absorbiert nicht nur zahlreiche Fachkräfte, sondern auch große Anteile des Staatsbudgets. Viele Rüstungsgüter werden nicht in erster Linie aus Sicherheitsgründen produziert, sondern um die einmal entstandene Rüstungsindustrie über Wasser zu halten. Mit dem Hinweis auf die Erhaltung von Arbeitsplätzen werden Regierungen und Parlamente permanent zu neuen Aufträgen genötigt, wobei die produzierten Rüstungsgüter mit ihren immer ausgefeilteren Technologien laufend teurer werden. Bezeichnend dafür war die ironische Interpretation eines hoch umstrittenen Kampfflugzeugs, des sogenannten MRCA-Tornado in den 1980er Jahren. Die Abkürzung MRCA für »Multi Role Combat Aircraft« wurde von Insidern umgedeutet zu »Military Requirements Come Afterwards«; die militärische Relevanz war also höchstens zweitrangig. Dieser militärisch-industrielle Komplex, der vor allem in den USA, in Russland, Frankreich und Großbritannien sehr ausgeprägt ist, sich aber auch in Deutschland etabliert hat, wirkt gegenüber wirtschaftlichen Neuorientierungen als Bleigewicht. Er verhindert systematisch politische Abrüstungsbemühungen, absorbiert technologisches Wissen und treibt den technologischen Rüstungswettlauf an, wodurch er statt »Sicherheit« ständig neue Unsicherheit produziert. In neuen Großmächten wie China und Indien sind »militärisch-industrielle Komplexe« gerade im Entstehen.

Für Länder mit einer starken Rüstungsindustrie sind Strategien für deren Konversion hochaktuell. Solche Konversionen können nur gelingen, wenn sie auf Produkte ausgerichtet sind, für die ein hohes technologisches Profil erforderlich ist und für die es einen offensichtlichen, aber bisher vernachlässigten Bedarf gibt – mit anderen Worten: Produkte, mit denen sich bisher noch keine Industrie wirklich beschäftigt. Da die Schwerpunkte der Rüstungswirtschaft im Bereich maritimer und Luftfahrttechnologien liegen, kann ihre Konversion mit zwei hoch relevanten Zukunftsaufgaben verknüpft werden: dem Energiewechsel im Schiffs- und im Luftverkehr.

### Erneuerbare Energien für maritime Industrieprodukte

In der Diskussion über Energiealternativen ist die *Schifffahrt* bisher nahezu ein »mare incognitum«, obwohl der Energieeinsatz auf den Weltmeeren katastrophale Auswirkungen sowohl auf das Klima wie auf die Meeresökologie hat. Der Brennstoff für die Schifffahrt ist Schweröl, der schmutzigste Brennstoff überhaupt. Es wird aus dem Rückstand der Raffinerieprodukte gewonnen und ist extrem schwefelhaltig. Die Aktionskonferenz Nordsee sagt dazu: »An Land wären Schiffe Sondermüllverbrennungsanlagen.« Die Handelsschiffflotten verbrauchen durchschnittlich 1 Mio. t Schweröl am Tag und emittieren über 1 Mrd. t $CO_2$ in die Atmosphäre. Die Wirkungen auf die Meeresbiologie durch Leckagen oder Tankreinigungen auf hoher See wirken bis in die Nahrungskette hinein, sind nicht bezifferbar und »wirtschaftlich« durch nichts zu kompensieren. Ein politisches Programm für die Entwicklung emissionsfreier Schiffe, die mit erneuerbaren Energien betrieben werden, ist deshalb überfällig. Um es gleichzeitig zu einem Projekt der Rüstungskonversion zu machen, müssten die heute im Kriegsschiffbau tätigen Unternehmen damit beauftragt werden; die Anschubfinanzierung für die Entwicklung müsste durch die Umwidmung von Teilen des Rüstungshaushalts erfolgen.

Die Möglichkeiten, Schiffe mit erneuerbaren Energien zu betreiben, reichen bis zum energieautonomen Schiff; dies gilt sogar für große Container- und Passagierschiffe. Für Großcontainerschiffe ist erst jüngst der »Skysail« in Betrieb genommen worden: ein Frachter, der mit einem großen Lenkdrachen verbunden ist und vom Wind gezogen wird, wobei die Windkraft bei einem Schiff von 120.000 Bruttoregistertonnen bereits die Antriebsleistung ersetzen kann. Die Nutzung der Windenergie direkt an Bord der Schiffe ist eine weitere Variante, ebenso die Solarstromerzeugung an den Bordwänden.

Dieser Strom könnte für eine elektrolytische Wasserstofferzeugung an Bord eingesetzt werden, um mit diesem Wasserstoff Schiffsmotoren anzutreiben. Mithilfe von Windkraftanlagen in Hafenregionen, die über Elektrolyse Wasserstoff erzeugen, können Wasserstofftransporte mit ihren Energieverlusten vermieden werden. Mit einem Schiffsantrieb, der auch über Brennstoffzellen möglich ist, wie es seit vielen Jahren in U-Booten geschieht, gibt es praktische Anwendungsvorbilder. Passagierschiffe mit ihren hohen Passagierzahlen könnten mit einer Biogasanlage die anfallenden organischen Reststoffe für den Schiffsantrieb und den Energieverbrauch an Bord nutzen. Das Schiff als autonomes Kraftwerk! Andere Ansätze könnten sich ergeben aus Antriebstechniken, die Pflanzenöl einsetzen: Wenn solche Schiffe leck schlagen, wird nicht das Meer verschmutzt, nur Fische und andere Meeresbewohner erhalten mehr Nahrung!

Was – über solche Ansätze zur Konversion des Kriegsschiffbaus hinaus – für die maritime Schifffahrtsindustrie naheliegt, gilt auch für den Bau von Booten und Schiffen in Binnengewässern. Passagier- und Ausflugsschiffe könnten längst mit Elektromotoren betrieben werden, deren Strom aus auf dem Deck installierten Solarzellen kommt – wie es das Ausflugsschiff »Solon« in den Berliner Spreekanälen demonstriert. Längst können Fährschiffe und Motorboote mit Pflanzenölmotoren betrieben werden, aus Klima- und Wasserschutzgründen. Es bedürfte dazu keines öffentlichen Forschungs- und Entwicklungsprogramms, sondern allein des politischen Muts, keine Neuzulassungen mehr zu genehmigen, die noch fossile Brennstoffe einsetzen.

So kehrt die Schifffahrt wieder zu ihren ursprünglichen Energien zurück, die Jahrtausende lang solare waren – von der antiken Segelschifffahrt zur modernen Solarschifffahrt.

## Energiewechsel und Strukturwandel im Flugverkehr

Der zweite extrem vernachlässigte Ansatz ist der *Energiewechsel im Flugverkehr.* Der Flugtreibstoff Kerosin rangiert in der Emissionshierarchie vor den Schwerölen und hinter Diesel- und Benzinkraftstoffen. Die Emissionen besonders in Lufthöhen von über 8000 m haben jedoch eine deutlich klimaschädigendere Wirkung als die aus Fahrzeugen auf der Erde: Diese Emissionen werden nur langsam abgebaut, führen zu Eiskristallbildungen in der Atmosphäre und behindern sowohl die Solarstrahlung auf den Erdball wie die Wärmerückstrahlung von diesem. Luftfahrzeuge auf der Basis erneuerbarer Energien stellen eine große technologische Herausforderung dar und führen zu grundlegenden Systemänderungen in der Luftfahrt. Die wahrscheinliche und naheliegende Alternative zu fossilen Kraftstoffen im Luftverkehr sind Biokraftstoffe. Aber dabei muss die Entwicklung nicht stehenbleiben, besonders vor dem Hintergrund eines wachsenden internationalen Fracht- und Charterflugverkehrs.

Es ist deshalb nicht nachvollziehbar, warum die Luftschifftechnik von der Luft- und Raumfahrtindustrie und von Regierungen kaum beachtet wird. Eine vielversprechende Chance wurde in Deutschland vertan, sogar zu Zeiten der rot-grünen Koalition, als es um den sogenannten Cargo-Lifter ging – eine Privatinitiative, die trotz unklarer Renditeaussichten mit an der Börse gesammelten Anteilen finanziert wurde. Das Konzept des Cargo-Lifters ist, Frachtgüter an ihrem Produktionsort auf ein in der Luft parkendes Luftschiff zu laden und direkt am Zielort wieder abzuladen. Trotz der Langsamkeit des Luftschiffs erfolgt der Transport des Frachtguts immer noch schneller als über Land oder auf Schienen: Die längere Flugdauer im Vergleich zu herkömmlichen Frachtflugzeugen wird durch den umweglosen Ab- und Antransport ausgeglichen. Die größte Produktionshalle der Welt im brandenburgischen Brand südlich von Berlin war schon errichtet. Das Projekt wurde von der brandenburgischen Landesregierung gefördert. Dies und der auf dem Aktienmarkt gesammelte Betrag von etwa 300 Millionen EUR reichten jedoch nicht aus. Verglichen mit dem Milliardenaufwand für die Entwicklung neuer konventioneller Flugzeugmodelle war diese Summe eindeutig zu gering.

Luftschiffe haben nicht nur einen extrem niedrigen Energieverbrauch, so dass sie sogar mit elektrischem Antrieb funktionieren. Ihr entscheidender Systemvorteil ist, dass sie von baulichen Infrastrukturen weitgehend unabhängig sind. Neben dem Einsatz für Frachtflüge bieten sie auch dem Tourismus eine attraktive Alternative, besonders im Charterverkehr. Sie verdienen volle politische Aufmerksamkeit und Förderung nicht zuletzt als Konversionsprojekt der Luftfahrtindustrie.

### Kohleprodukte für industrielle Bedürfnisse

Eine Konversionsstrategie ist auch für die *Kohlewirtschaft* geboten. Die Vorstellung, sämtliche Kohlevorkommen für die Stromerzeugung aufbrauchen zu wollen, ist abenteuerlich. Kohle ist für die Strom- und Wärmeerzeugung verzichtbar, unverzichtbar bleibt sie jedoch für die Stahlindustrie und die vielfältigen Anwendungen von Kohlefasermaterialien, weshalb der in der Weltklimadebatte oft benutzte Begriff der »Free-Carbon-Economy« irreführend ist. Für die Herstellung von Roheisen braucht man Koks. Kohle wird in Kokswerken unter Luftabschluss auf über 1000 Grad Celsius erhitzt. Dabei entweichen die flüchtigen Bestandteile: Wasserstoff, Methan, Ammoniak und anderes, was die sogenannte »weiße Seite« der Verkokung darstellt. Die gasförmigen Bestandteile wurden früher als Kokereigas oder Stadtgas eingesetzt.

Die noch vorhandenen Kohlevorkommen müssen für die Stahlerzeugung vorgehalten werden, die weiterhin eine wichtige Rolle spielen wird. Stahl hat sich im Vergleich zu Beton als das stabilere und flexiblere Baumaterial herausgestellt, ist auch weniger energieintensiv und vor allem recycelbar. Die Haltbarkeit von Stahlbrücken im Vergleich zu Betonbrücken ist größer, die Folgekosten sind geringer. Weil der aus Kohle gewonnene Koks zur Stahlerzeugung nötig ist, war es ein Schildbürgerstreich, dass im Jahr 2000 die *modernste* große deutsche Kokerei in Dortmund geschlossen, im Jahre 2003 demontiert und nach China verschifft wurde.

Ein zweites Konversionsfeld für die Kohlewirtschaft bilden wie gesagt Materialien aus Kohlefasern, für die es vielerlei Anwendungen gibt. Verbundwerkstoffe aus Kohlenstofffasern sind so stabil wie metallische Materialien, aber erheblich leichter und weniger energieaufwendig in der Produktion. Sie werden zunehmend im Schiffs- und Automobilbau eingesetzt und leisten einen wichtigen Beitrag zur Minderung des jeweiligen Energiebedarfs. Die Rolle der Kohlewirtschaft muss auf ihren Beitrag für die Stahlindustrie und für die Herstellung von Kohlematerialien konzentriert werden, was vielleicht hilft, den Widerstand der Kohlewirtschaft gegenüber dem Energiewechsel zu mindern. Perspektivisch kann sie ihren Beitrag dazu leisten, zusammen mit der Stahlindustrie selbst zu erneuerbaren Energien zu konvertieren, weil es auch möglich ist, zur Stahlproduktion Wasserstoff einzusetzen, der mit Strom aus erneuerbaren Energien produziert wird.

Voraussetzung einer Wasserstoffbereitstellung ist jedoch, kostspielige und verlustreiche Infrastrukturen und Transporte zu vermeiden. Die Wasserstoffproduktion müsste demnach in Häfen stattfinden, um die Schiffe direkt betanken zu können. Der dafür bereitgestellte Wasserstoff könnte auch einen Teil des künftigen Speicherbedarfs für erneuerbare Energien übernehmen. Der Einstieg in diese Entwicklung beginnt mit einer Stromerzeugung aus erneuerbaren Energien oder mit dem Einsatz der Kokereigase in Kraft-Wärme-Kopplungs-Anlagen bzw. Reservekraftwerken für erneuerbare Energien. Ein nicht zu vernachlässigendes Element dafür ist auch das Grubengas in stillgelegten Bergwerken, das dafür einsetzbar ist, weshalb es sogar in das Erneuerbare-Energien-Gesetz aufgenommen wurden, obwohl es sich dabei nicht um eine erneuerbare Energie handelt.

### Die Konversion der Stromkonzerne

Eine Konversion ist auch für die *konventionelle Stromwirtschaft* denkbar. Sie steht vor der Entscheidung, ob sie die überkommene Energieversorgung künstlich verlängern oder den klar erkennbaren Weg einer hochflexiblen, dezentralisierten und rationalisierten Energiebereitstellung mitgestalten will. Letzteres bedeutet den freiwilligen Verzicht auf Anbietermonopole und natürlich auch Umsatzeinbußen, aber dafür keine vollständige Marktverdrängung und grundlegenden Akzeptanzverluste. Die zwingenden Gründe für den schnellen Wechsel zu erneuerbaren Energien können ja nicht bei allen Akteuren der herkömmlichen Energiewirtschaft auf taube Ohren stoßen.

Ein Ausweg, die strukturkonservative und unternehmensegoistische Position zu verlassen, wäre die selbst betriebene Dezentralisierung, in der sich die Stromkonzerne zu einer Holding selbstständig operierender Einzelunternehmen auf lokaler und regionaler Ebene wandeln. Ein Beispiel dafür gibt es bisher allerdings noch nicht. Der andere Ausweg liegt im allmählichen Ausstieg aus der Stromwirtschaft und im Einstieg in andere Tätigkeitsfelder. Ein Vorbild dazu bietet der frühere PREUSSAG-Konzern, der als staatliches Bergbau-, Kohle- und Stahlunternehmen begann und unter dem Namen TUI im Touristikgeschäft landete.

## C. Befreiung:

### Die Chance der Entwicklungsländer und eine »Desert-Economy«

Die desaströse Lage der Entwicklungsländer ist ohne das konventionelle Energieversorgungssystem nicht beschreibbar. Sie sind sein erstes großes Opfer. Ihre Energietragödie begann damit, dass die zentralisierte Struktur der Energieversorgung, wie sie sich in den Industriegesellschaften allmählich herausgebildet hatte, in die Entwicklungsländer implantiert wurde. Dieser bis heute nachwirkende energiesoziologische Sündenfall führte dazu, dass zwar die größeren Städte mit Strom aus großen Kraftwerken versorgt werden, nicht jedoch die ländlichen Räume, in denen teilweise über 90 Prozent der Menschen leben oder lebten. Für Überlandnetze reichte die Wirtschaftskraft nicht. Großstädte nach dem Vorbild der entwickelten Industrieländer einerseits und traditionelle Agrarstrukturen andererseits führten zu einem immer größeren sozialen Gefälle und einem historisch beispiellos schnellen Anwachsen der Städte mit ihren auswuchernden Slums.

Da die Entwicklungsländer dieselben Preise für importierte Energie bezahlen müssen wie die reichen Industrieländer, ihr Sozialprodukt pro Einwohner aber um den Faktor 10 bis 20 niedriger liegt, befinden sie sich in einem Teufelskreis. Sie müssen die moderne Kraftwerkstechnik importieren, obwohl sie den Großteil der Bevölkerung nicht mit versorgt. Sie müssen auch die Energie meist importieren, ohne die Kaufkraft dafür zu haben. Die Importkosten für Energie übersteigen in vielen Entwicklungsländern die gesamten Deviseneinnahmen; dennoch bleibt die Mehrzahl der Menschen von der Energieversorgung ausgeschlossen. Jede zusätzliche wirtschaftliche Aktivität, um aus der Notsituation herauszukommen, erfordert mehr Energieeinsatz und damit mehr Importe, mit dem Ergebnis, dass die potenziellen Erträge bereits von den Energiekosten aufgefressen werden. Als im Jahr 2007 die Ölpreise in die Höhe schossen, stiegen die Ölimportrechnungen der Entwicklungsländer innerhalb eines Jahres um etwa 100 Mrd. US-Dollar, also mehr, als die gesamte jährliche Entwicklungshilfe der Industriestaaten in Höhe von etwa 70 Mrd. US-Dollar ausmacht. Trotzdem reden Energieökonomen den Regierungen dieser Länder immer noch ein, der Wechsel von schon längst unbezahlbaren Importenergien zu heimischen erneuerbaren Energien bedeute für sie eine ökonomische Last.

Ihre Abhängigkeit von konventionellen Energien hindert diese Länder gleichzeitig daran, die für sie naheliegendste Entwicklung einzuschlagen: aus ihrer Rolle als Rohstofflieferanten von Agrarerzeugnissen und Mineralien zur Rohstoffverarbeitung überzugehen, um Halb- und Fertigprodukte exportieren zu können. Dazu muss einerseits die Landwirtschaft produktiver werden, und dies in einer soziologisch angepassten Weise – also nicht durch agrarische Großstrukturen, sondern über genossenschaftlich organisiertes Kleinbauerntum. Dies setzt eine schnell verfügbare Stromversorgung in den ländlichen Räumen voraus. Andererseits muss auch genug Energie für die Rohstoffverarbeitung zur Verfügung stehen, die nicht teuer importiert werden muss. Kurzum: Es geht um die Mobilisierung der eigenen erneuerbaren Energien.

Ein einziges Beispiel illustriert die Energiefalle der Entwicklungsländer: 50 Prozent der weltweiten Vorkommen an Bauxit, dem wichtigsten Rohstoff für die Aluminiumproduktion, liegen im afrikanischen Staat Guinea. Wegen Energiemangels können dort nur zwei Prozent der jährlichen Bauxit-Förderung verarbeitet werden. Die Entwicklungsländer befinden sich damit in einem denkwürdigen Dilemma. Einerseits gibt es hier für den Aufbau einer Energieversorgung mit erneuerbaren Energien ein vom herkömmlichen Energiesystem noch weitgehend unbesetztes Feld; andererseits hängen viele ihrer Entscheidungseliten immer noch und trotz allem dem falschen Vorbild einer zentralisierten Energieversorgung nach, obwohl diese für sie im Zuge der steigenden Kosten fossiler Energien immer unerreichbarer wird.

Auch wenn die meisten Entwicklungsländer die für den Einsatz erneuerbarer Energien erforderlichen Technologien zunächst importieren würden, hätten sie immer noch zwei entscheidende Vorteile: sie könnten Energieimporte zunehmend vermeiden und durch eine eigenständige Rohstoffverarbeitung ihre Wirtschaftskraft stärken. Damit wären sie in der Lage, eigene Investitionen in erneuerbare Energien zu starten, die Energieimporte ersetzen, ohne dafür von Entwicklungshilfe abhängig zu sein. Sie können ihren Spielraum erweitern, indem sie über ihre Staatsbanken Kredite für solche Investitionen bereitstellen, die den Import von Energie ersetzen. Dies wäre also eine Finanzierung eigenständiger Investitionen aus vermiedenen Devisenzahlungen. Außerdem haben sie es selbst in der Hand, die Entwicklungshilfeleistungen Dritter auf erneuerbare Energien zu lenken und über Genossenschaftsbanken eine breite Mikrokreditfinanzierung nach dem Vorbild der Grameen-Shakti-Bank in Bangladesh aufzubauen.

### »Desert-Economy«

Die Alternative zum Desertec-Projekt oder ähnlichen Versuchen, das solare Strahlungspotenzial in Wüstenregionen für die internationale Stromversorgung einzusetzen, ist dessen Nutzung in den Wüstenländern selbst. Mit Solar- und Windstrom lässt sich auch der wachsende Bedarf dieser Länder decken und ihre wirtschaftliche Entwicklung vorantreiben. Der eigene Zugang zu Energie hat für diese Länder einen volkswirtschaftlichen Stellenwert, der weit über den eines eventuellen Stromexports in ferne Verbrauchsländer hinausgeht – eine Perspektive, die aus den im 3. Kapitel genannten Gründen ohnehin mit zahlreichen Unsicherheiten befrachtet ist.

Für Wüstenländer, die über Erdöl- und Erdgasressourcen verfügen – wie der Irak, Kuweit, Saudi-Arabien, Abu Dhabi, Libyen, Katar oder Algerien – ist die Produktion erneuerbarer Energien für den Eigenbedarf wirtschaftlich noch relativ uninteressant. Für Marokko, Tunesien, Ägypten oder die Länder der Sahelzone dagegen ist die Nutzung erneuerbarer Energien bereits eine wirtschaftliche Überlebensfrage. Die Sahara-Ländern verfügen über viele mineralische Rohstoffe, die sie derzeit kaum selbst verarbeiten: Sand und Kaolin für die Silizium-, Glas- und Keramikproduktion; Barium für die Produktion von Vakuumröhren, Zündkerzen oder Kunststoffen; Blei für Akkumulatoren oder Strahlenschutzmaterialien; Calcium für Legierungen, Zement oder als Reduktionsmittel für seltene Erden (Vanadium, Thorium, Zirkonium, Yttrium); Fluor für die Aluminiumproduktion, Elektrolyseanlagen, Oberflächenbehandlungen, die Herstellung von Farben, Lacken oder Zahnpasta; Kobalt für Magneten, Stahllegierungen und für die Radiologie in der Medizintechnik oder als Pigmentmittel; Magnesium als Leichtmetall und für die Medizintechnik; Mangan für Stahllegierungen und Titan für Schiffs- und Medizintechnik; Phosphate für Dünge- und Waschmittel u.v.m. Diese Rohstoffvorkommen liegen großenteils in den gebirgigen Sahara-Gegenden wie dem Atlas und seinen Ausläufern, dem Hoggar (Südalgerien), Tibesti und Ennedi (Tschad) oder in Wüstensänden. Sie werden meist von internationalen Bergbaufirmen gefördert, nach Europa,

Nordamerika oder Asien transportiert und dort verarbeitet. Einer Verarbeitung im eigenen Land steht der Energiemangel der meisten Wüstenländer entgegen und ebenso der Wassermangel. Beide Mängel lassen sich mithilfe der Sonnen- und Windkraft überwinden, die auch Möglichkeiten zur Meerwasserentsalzung bieten und dadurch gleichzeitig die Versorgung mit Trinkwasser und Wasser zur Ausweitung der Landwirtschaft sichern können.

Die Stromerzeugung durch erneuerbare Energien bietet den Wüstenländern komparative Kostenvorteile. Diese erleichtern es ihnen, die Rohstoffverarbeitung in zunehmendem Maße selbst in die Hand zu nehmen, statt weiter Ressourcen in Industrieländer zu liefern, was ihre klassische Rolle seit der Kolonialzeit war und es bis heute geblieben ist. In dieser eigenen Energieversorgung liegt die volkswirtschaftliche Chance dieser Wüstenländer. Ein Beispiel: Marokko ist das stabilste Land Nordafrikas und relativ gut entwickelt, mit 34 Mio. Einwohnern und einer schnell wachsenden Bevölkerung. Aber es importiert gegenwärtig 96 Prozent seines Energiebedarfs – Erdöl, Erdgas, Kohle – und muss dafür mehr als ein Drittel seiner jährlichen Deviseneinnahmen aufwenden. Wenn die Europäische Union Marokko und die Wüstenstromländer insgesamt bei deren Energiewechsel unterstützt, trägt sie wesentlich zu deren Stabilisierung und Entwicklung bei und verhindert allein schon dadurch das Anschwellen von Flüchtlingsströmen.

## D. Vorbeugung:
### Die Zukunftschance der Energieexportländer

Lange Zeit waren es vor allem die in der OPEC zusammengeschlossenen Ölexportländer, die auf internationaler Ebene alle Bemühungen blockierten, das konventionelle Energiesystem aufzubrechen. Dies war bereits auf der Rio-Konferenz 1992 evident, als sie den Vorschlag ablehnten, in der »Agenda 21« die besondere Bedeutung erneuerbarer Energien für den Weltklimaschutz und eine nachhaltige

Wirtschaftsentwicklung hervorzuheben. Die OPEC-Länder fürchteten, eine Umorientierung auf erneuerbare Energien in den Industrieländern würde ihr Exportinteresse beeinträchtigen. Dies ging bis zu Forderungen, die Industrieländer sollten bei einem Wechsel zu erneuerbaren Energien den Öl exportierenden Ländern einen finanziellen Ausgleich leisten. Auf den Mitte der 1990er Jahre beginnenden Weltklimakonferenzen konnte man beobachten, dass von den transnationalen Erdölgesellschaften und den OPEC-Ländern bezahlte Anwälte einigen Regierungsvertretern während der laufenden Konferenzen Stichworte lieferten, die darauf zielten, Klimaschutzvereinbarungen zu verhindern.

Erst in jüngerer Zeit verbreitet sich in einigen dieser Länder die Einsicht, Vorsorge für die »Zeit danach« treffen zu müssen, in der die Energievorkommen erschöpft sein werden. Man versucht, dem Vorbild Norwegens zu folgen, das seit vielen Jahren einen Großteil seiner Einnahmen aus dem Export von Öl und Gas aus der Nordsee für die Zukunftsvorsorge zurücklegt. In den meisten Energieexportländern stützt sich die gesamte Volkswirtschaft auf solche Exporteinnahmen. Dies gilt nicht nur für die arabischen Öl- und Gasexporteure, sondern auch für Länder wie Russland, Venezuela, Mexiko oder auch Australien, das Kohle exportiert. Wenn sie ihre Wirtschaft nicht rechtzeitig auf eine andere Grundlage stellen, sind alle diese Länder spätestens mit dem Versiegen der Quellen in Absturzgefahr.

Doch die Interessen der Energieexportländer sind äußerst ambivalent. Ihr aktuelles wirtschaftliches Interesse motiviert sie dazu, den Energiewechsel so lange wie möglich aufzuschieben – ein Ziel, das sie mit den Energiekonzernen teilen. Bei einigen sind Regierungen und Energiekonzerne nicht einmal formal zu unterscheiden, weil die Erdöl- und Erdgasförderung von Staatsfirmen übernommen wurde. Auf der anderen Seite haben gerade diese Länder einen größeren finanziellen Spielraum für Investitionen in erneuerbare Energien. Einige denken dabei, unter dem Einfluss von Konzepten wie Desertec, an eine Fortsetzung ihrer Rolle als Energieexporteure mit erneuerbaren Energien, also in einer zentralisierten Struktur. Doch diese Konzepte und ihre Realisierungsmöglichkeiten sind, wie wir gesehen haben, sehr fragwürdig und widersprechen den besonderen Eigenschaften erneuerbarer Energien und ihrer Technologien.

Ob und in welcher Form die jetzigen Förderländer fossiler Energien den Wechsel zu erneuerbaren Energien mit vollziehen, ist schon deshalb eine zentrale Frage, weil sie sich aufgrund ihrer heutigen Einnahmesituation schwerlich mit einer Orientierung auf den Eigenbedarf zufrieden geben werden. Die wichtige Rolle in der internationalisierten Wirtschaft, in die sie durch Energieexporte gekommen sind, hat sich längst in ihren Anlageinvestitionen niedergeschlagen. Mit ihren Exporterlösen haben sich die Energieexportländer in den letzten Jahren massiv in die Wirtschaftsunternehmen der Importländer eingekauft: Länder wie die Vereinigten Arabischen Emirate, deren stärkster Pfeiler das Emirat Abu Dhabi ist, wo die meisten ihrer Energievorkommen liegen, aber auch Bahrain, Katar und Saudi-Arabien haben ihr Zukunftsinteresse an erneuerbaren Energien entdeckt, ebenso der kaukasische Erdöl- und Gasförderstaat Aserbeidschan, der nicht der OPEC angehört. Als Signal einer Neuorientierung der Energieexportländer richtet Abu Dhabi seit 2008 den World Future Energy Summit aus, der diesem Zweck dient.

Es gehört zur Ironie der Geschichte des 20. Jahrhunderts, dass sich hier ein weiterer fundamentaler Rollenwandel zwischen Energieexport- und Importländern anbahnt. Die genannten Länder waren anfangs überwiegend Kolonialgebiete, aus denen die Kolonialmächte ihre Ressourceninteressen bedienten. Nach ihrer Entlassung in die politische Unabhängigkeit blieb die wirtschaftliche Abhängigkeit von den internationalen Energiekonzernen und Abnehmerländern zunächst bestehen. Inzwischen haben sich die Rollen jedoch umgekehrt. Mit dem wachsenden Selbstbewusstsein der Förderstaaten, ihrem durch die OPEC-Gründung vollzogenen Schulterschluss und vor allem durch den wachsenden Energiebedarf der Importländer wurden letztere immer mehr von den Exportländern abhängig. Die Exportländer gehören, soweit sie mit ihren Einnahmen hausgehalten haben, mittlerweile zu den wenigen finanziell solventen Staaten, und die Regierungen der früheren Kolonialmächte machen ihnen regelmäßig ihre Aufwartung, wenn es um Rettungsaktionen oder um

Großaufträge für ihre Unternehmen geht. Wenn die Energieexportländer ihre neue Rolle in der Weltwirtschaft bewahren wollen, müssen sie diese Chance jetzt nutzen. Dies setzt jedoch voraus, dass sie die enormen Investitionsmöglichkeiten, die ihnen die Niedergangsphase des konventionellen Energiesystems beschert, dazu nutzen, ihre wirtschaftliche Zukunftsstrategie auf die Produktion Erneuerbarer-Energie-Techniken auszurichten – ohne die Erschöpfung aller noch vorhandenen konventionellen Energievorkommen abzuwarten.

# 6. »AGENDA 21« RELOADED: Weltföderale Initiativen zum Energiewechsel

Aus der Erfahrung des serienmäßigen Scheiterns der Weltklimakonferenzen sollte die Konsequenz gezogen werden, die bisherigen Versuche eines globalen Klimaschutzes einzustellen und einen grundlegenden Neuanfang zu wagen. Die beiden verschränkten Ansätze der Weltklimakonferenzen, Mindestverpflichtungen einerseits und Verrechnungen und Handel mit $CO_2$-Zertifikaten andererseits, wurden zum beherrschenden Thema der Weltenergiediskussion, obwohl die Fixierung allein auf das $CO_2$-Problem zu einseitig ist und den darüber hinaus gehenden wesentlichen Fragen der Energieversorgung nur sehr eingeschränkt gerecht werden kann. Diese Verengung sowie die gleichzeitige Verlagerung der für jede Volkswirtschaft entscheidenden Frage der Energieversorgung auf die weltweite Verhandlungsebene haben dazu geführt, dass darüber die wichtigen Impulse aus dem Blick gerieten, die von der hoffnungsträchtigen Weltkonferenz über Umwelt und Entwicklung in Rio de Janeiro und ihrer »Agenda 21« ausgingen.

Die »Agenda 21« benennt alle Problemfelder, die früher oder später mehr oder weniger alle betreffen und deshalb neue Handlungsmaximen erfordern und die alle direkt oder indirekt mit der Energieversorgung zusammenhängen: von der Klimaveränderung bis zur Zerstörung der Ozonschicht, von der Ausbreitung der Wüsten bis zur Bodenerosion, vom Waldsterben bis zur Wasserverseuchung, von den Gesundheitsgefahren durch Umweltzerstörung bis zum Verlust der Artenvielfalt, von biotechnologischen Risiken bis zu Abfalllasten, von giftigen Chemikalien bis zur Zerstörung der Meeresbiologie. Sie benennt auch die Konsequenzen, die sich daraus für die Lebensbedingungen der Menschen ergeben und ebenfalls von der Art der Energieversorgung nicht zu trennen sind: die sich ausbreitende Armut, den Verlust an Ernährungssicherheit, Umwelt- und Lebensqualität. Die Rio-Konferenz war der erste und spektakulärste Erdgipfel, sowohl für Regierungen wie für die Nichtregierungsorganisationen in ihrem »Global Forum«. Sie verabschiedete auch eine Rahmenkonvention zum Klimaschutz und formulierte elementare Prinzipien neuen politischen und wirtschaftlichen Handelns.

Versuche, daraus konkrete und vertraglich bindende Handlungspflichten abzuleiten und gemeinsame Aktionsprogramme zu starten, gelangen allerdings nicht. Was aber von diesem Erdgipfel in Stein gemeißelt bleibt, ist der Artikel 1 der Rio-Deklaration: »Die Menschen stehen im Mittelpunkt der Bemühungen um eine nachhaltige Entwicklung. Sie haben das Recht auf ein gesundes und produktives Leben im Einklang mit der Natur.« Diese *nachhaltige Entwicklung* müsse »so verwirklicht werden, dass den Entwicklungs- und Umweltbedürfnissen der heutigen und kommenden Generationen in gerechter Weise entsprochen wird«. Nachhaltigkeit wurde zum verantwortungsethischen Leitbegriff, der viele Menschen, die nicht auf neue Gesetze oder internationale Abkommen warten wollten, zu Initiativen motivierte. »Global denken, lokal handeln« wurde zu ihrer Handlungsmaxime. Aus vielen Aktionsquellen sollte ein breiter Entwicklungsstrom werden, der letztlich alle erfasst.[65]

Dieser partizipative und emanzipatorische Ansatz ist vorbildlich, um den »Geist von Rio« praktisch wirksam werden zu lassen. Die meisten erfolgreichen Umweltprojekte gehen auf derartige Initiativen zurück. Der andere, seit Jahren erfolglose Ansatz ist der eines globalen politischen Zentralismus. Er führte zu einer Serie von Weltkonferenzen auf Regierungsebene, mit Mega-Worten und Mini-Taten, auf denen vor allem deutlich wurde, wie stark die Regierungen in die Machtstrukturen retardierender Interessen eingebettet sind. Der Leitbegriff der Nachhaltigkeit wurde im Laufe der Jahre systematisch verwässert und sein Inhalt kompromittiert; darauf bezogene Politikansätze wurden bürokratisiert. Viele NGOs ließen sich wider besseres

Wissen in diesen Prozess integrieren. Nachhaltigkeit wurde zur Nachrangigkeit herabgestuft, weil sie hinter der Agenda der Marktliberalisierung zurücktreten musste. Die am wenigsten nachhaltigen Elemente der Weltzivilisation sind Atomenergie und fossile Energien. Die elementare Voraussetzung für Nachhaltigkeit ist der Wechsel zu erneuerbaren Energien.

Nach nunmehr fast zwei Jahrzehnten nicht zufällig erfolgloser Bemühungen ist es höchste Zeit, die »Agenda 21« wieder neu mit Leben zu erfüllen und sich wieder auf die partizipativen Wege zu besinnen, die die Gesellschaften einbeziehen und deshalb erfolgversprechend sind. Dies bedeutet: so viele Eigeninitiativen wie möglich und nur so viele zentrale Initiativen wie unbedingt nötig. Dies gilt auch für die internationale Politik: so viele eigene staatliche Initiativen wie möglich und globale Initiativen nur dann, wenn sie von einzelnen Staaten nicht allein getragen werden können. Es bedeutet, einen politischen Wettbewerb um den Energiewechsel voranzutreiben, der mit international harmonisierten Maßnahmen nicht zu vereinbaren ist. »Harmonisierbar« ist nur das naturgesetzlich vorgegebene Ziel, die Energieversorgung der Menschheit auf erneuerbare Energien umzustellen – aber nicht die Kompetenzen und die konkreten Ausgangsbedingungen dafür. Eine politische Weltordnung kann nur föderalistisch strukturiert sein.

Der Kerngedanke, wonach Weltprobleme, die alle betreffen, nur mit einem einheitlichen, vertraglich zu vereinbarenden Politikansatz überwunden werden könnten, leuchtet vordergründig ein, ist jedoch politisch weltfremd und demokratiewidrig. Welche desaströsen Folgen uniformierte wirtschaftliche Gestaltungskonzepte haben, zeigte sich an den untergegangenen Planwirtschaften des ehemaligen Ostblocks, und es zeigt sich aktuell an den verheerenden Auswirkungen der neoliberalen Dogmen, nach denen die Weltwirtschaft uniformiert wurde. Eine »föderalistische Weltordnung«, von der der Philosoph Otfried Höffe in seinem Buch »Demokratie im Zeitalter der Demokratisierung« spricht[66], ist nicht nur demokratischer und menschennäher, sondern auch näher an den jeweils zu bewältigenden konkreten Problemen. Sie ist flexibler und offener für neue Konzepte, die im Erfolgsfall zum Vorbild für andere werden. Niemand sollte mit eigenen Initiativen warten, bis andere zum Mitgehen bereit sind. In Fragen, die auf den Nägeln brennen, ist dies sogar unverantwortlich. Deshalb ist die Entscheidung zwischen unilateralen oder multilateralen Konzepten abwegig. Die dem Rio-Erdgipfel folgenden Weltkonferenzen waren auf multilaterale Konsenskonzepte fixiert und unterschätzten die Wirkungen unilateraler Bemühungen oder leugneten sie gar. Unilaterale Konzepte lösen demgegenüber im Erfolgsfall eine internationale Wellenbewegung aus und bewirken damit auch mehr als langwierige Verhandlungen über eine multilaterale Politikharmonisierung.

Der sogenannte Kopenhagen-Akkord, die Abschlusserklärung des Klimagipfels 2009, kreierte einen prinzipiell richtigen, vom amerikanischen Präsidenten Obama eingebrachten Ansatz: »pledge and review«. Gemeint ist damit, zwar für die einzelnen Länder zur Verminderung der $CO_2$-Emissionen quantitative Ziele zu setzen, sie jedoch als Zielmarken zu definieren, für deren Nichteinhaltung sich die jeweiligen Regierungen international moralisch rechtfertigen müssen. Dies verlagert die Verantwortung von der internationalen Vertragsebene wieder auf die einzelstaatliche Ebene. Dieser Grundgedanke sollte als Einstieg in eine längst gebotene Revision der bisher verfolgten Weltklimapolitik verstanden und produktiv gestaltet werden. Der Vorschlag Obamas zeigt überdies – durchaus beispielhaft – seinen tatsächlichen Spielraum gegenüber dem amerikanischen Senat. Er konnte nicht mehr versprechen, weil er nach allen Erfahrungen nicht mit dessen Zustimmung für eine verbindlichere vertragliche Verpflichtung rechnen kann. Dieselbe Erfahrung bestätigt sich bei allen Weltklimakonferenzen: Die Machtstrukturen der herkömmlichen Energieversorgung treten in den einzelnen Staaten umso störender zutage, je zentralisierter ein Lösungsansatz ist, was von vornherein zu einer Verwässerung der Zielfindung führt. Deshalb wird auch der Energiewechsel in den USA kaum von der Bundesebene kommen, sondern über Initiativen einer wachsenden Zahl von Städten und Einzelstaaten.

Für den Energiewechsel ist es unumgänglich, strukturkonservierende Einflüsse auszuschalten. Diese haben umso mehr Durchsetzungsmacht, je konsensabhängiger die Entscheidungsfindung ist. Dann bestimmen sie Tempo und Ziel. Je autonomer und damit unilateraler demgegenüber vorangeschritten wird, desto mehr bestimmen avantgardistische Kräfte das Tempo und setzen neue Maßstäbe. Dies belegt das unilateral auf den Weg gebrachte deutsche Erneuerbare-Energien-Gesetz. Es entstand unabhängig von den Weltklimakonferenzen, war dort niemals Verhandlungsgegenstand und hat zusammen mit seinen Nachfolgegesetzen in vielen Ländern mehr $CO_2$-Emissionen reduziert als das von den Weltklimakonferenzen initiierte Kyoto-Protokoll mit seinem Emissionshandelskonzept. Elinor Ostrom benennt das Erneuerbare-Energien-Gesetz als herausragendes Beispiel für einen internationalen Gestaltungswettbewerb um ein anerkanntes Ziel. Sie hält die Fixierung auf die globale Ebene auch in der Klimapolitik für einen falschen Ansatz. Der »Global Governance«-Ansatz, auf den viele geschworen haben und der als Ersatz für eine nicht vorhandene Weltregierung dienen sollte, ist weitgehend gescheitert: die Vorstellung, dass sich – wie Thomas Fischermann und Petra Pinzler in ihrem Beitrag »Die Illusion von der einen Welt« in der Wochenzeitung »Die Zeit« schreiben[67] – »Regierungen und Verwaltungen der Länder immer enger absprechen, unterstützt von global operierenden Konzernen, Nichtregierungsorganisationen, einer kosmopolitischen Schar von Akademikern und anderen Experten. Am Ende würde dann eine Mischung aus Selbstverpflichtungen, Verträgen, den richtigen Institutionen und vielen Konferenzen die Welt regieren.« Das tatsächliche Ergebnis dieses Versuchs sind jedoch eher politische Querschnittslähmungen.

Erst das frustrierende Ergebnis von Kopenhagen und die ebenso mageren wie zwiespältigen Resultate der in Wahrheit unflexiblen »flexiblen Instrumente« des internationalen $CO_2$-Zertifikate-Basars haben viele zum Nachdenken gebracht, die sich zu lange auf das multilaterale Verpflichtungs-und Umsetzungskonzept der Weltklimakonferenz eingelassen hatten. Die für die Klimapolitik der EU zuständige Kommissarin Connie Hedegaard gestand im Frühjahr 2010 offiziell ein, dass das EU-Emissionshandelssystem die ihm zugedachte Wirkung verfehlt und keine Innovationsimpulse für klimaschützende Investitionen ausgelöst hat.[68] Aber die EU-Kommissarin wagte noch keine Empfehlung, sich vom Emissionshandelskonzept zu verabschieden, das längst zu einer heiligen Kuh geworden ist.

Einen ähnlichen Sinneswandel vollzieht auch der deutsche Wissenschaftliche Beirat der Bundesregierung Globale Umweltveränderungen (WBGU), dem Hans-Joachim Schellnhuber, der Direktor des Potsdam-Instituts für Klimafolgenforschung (PIK), vorsitzt. In seinem »Politikpapier« über »Klimapolitik nach Kopenhagen« kritisiert der Beirat nunmehr das »entscheidungshemmende Konsensprinzip« und setzt auf eine »europaweite Einspeisevergütung für erneuerbare Energie«, auf das Ziel einer »europäischen Vollversorgung mit erneuerbaren Energien bis zum Jahr 2050«, die »Umsetzung einer Hightech-Strategie«, auf »Initiativen der Städte und Gemeinden in Klimaaktionsbündnissen sowie das Engagement von Unternehmen und zivilgesellschaftlichen Akteuren« und »subglobale Allianzen von Klimapionieren« mit »privilegierten Partnerschaften«, die als »selbstbewusster Motor eines neuen klimapolitischen Multilateralismus« fungieren können, um so zu einem »grünen Innovationswettlauf« zu kommen, mit »polyzentrischen« Initiativen. Dennoch hält der Beirat an dem »cap and trade«-Konzept mit zu vereinbarenden Obergrenzen nicht nur fest, sondern empfiehlt sogar dessen Ausweitung – obwohl er eingesteht, dass dies die »Komplexität des bestehenden Emissionshandels weiter erhöhen« wird. Es soll sogar auf »alle Unternehmen« erweitert werden und bis zur »Ausgestaltung von Monitoring- und Berichtssystemen für die Emissionsmessungen im Waldbereich« gehen.[69] Der WBGU verschließt sich damit der Einsicht, dass die heilige Kuh geschlachtet werden muss, und nimmt dafür sogar konzeptionelle Widersprüche in Kauf.

Das unwürdige Schachern um festgeschriebene Quoten ist inhaltlich absurd – spätestens seit der kaum noch bestrittenen Berechnung von Nicholas Stern, wonach die wirtschaftlichen Kosten unterlassenen

Klimaschutzes deutlich höher sind als die für $CO_2$-Vermeidung. Gemessen an dem dafür betriebenen politischen Aufwand sind die Erfolglosigkeit des Konzepts, seine Langatmigkeit sowie die minimale Wirkung selbst bei einem eventuellen Erfolg eklatant. Der internationale Emissionshandel ist zum Selbstzweck geworden. Wenn Regierungen dennoch unbedingt am Konzept des Emissionshandels festhalten wollen, könnten sie dies ja in ihrem eigenen Wirtschaftsraum tun, wo es einigermaßen transparent und missbrauchssicher umgesetzt werden kann. Als internationales Konzept wäre der Emissionshandel nur dann eine geringfügige Verbesserung des status quo, wenn sonst gar nichts passieren würde. Aber ein »Tunix«-Verhalten ist nicht mehr möglich. Es geht um entschieden mehr Aktivitäten für den globalen Energiewechsel, mit einem über den Klimaschutz hinausgehenden Aufgabenkatalog, der sich aus einem »reloading« der Agenda 21 ergibt und einen Schlussstrich unter Konzepte zieht, die seit 1992 von diesem Ziel abgelenkt haben.

### Eine Weltkonferenz für nachhaltige Entwicklung und Klimaschutz

$CO_2$-Vermeidung ist, wie die auf Weltklimakonferenzen favorisierten Konzepte zeigen, nicht in jedem Fall gleichbedeutend mit nachhaltiger Entwicklung und dem Wechsel zu erneuerbaren Energien. Aber jede Investition in erneuerbare Energien ist gleichbedeutend mit $CO_2$-Vermeidung – mit Ausnahme der Bioenergie, für die das nur unter bestimmten Voraussetzungen gilt. Da eine nachhaltige Wirtschaft wiederum ohne den Wechsel zu erneuerbaren Energien nicht denkbar ist, bedeutet das in der Konsequenz, die Weltklimakonferenz in eine *Weltkonferenz für nachhaltige Energieversorgung und Klimaschutz* zu überführen. Dies wäre gleichbedeutend mit einer konzeptionellen und politischen Konzentration auf erneuerbare Energien und die Erfordernisse eines technischen und natürlichen Klimaschutzes. Am sinnvollsten wäre eine solche Konferenz in Form einer *jährlichen Sondergeneralversammlung der UN* durchzuführen. Diese müsste sich nicht mehr mit dem mühseligen und langwierigen Aushandeln internationaler Verträge aufhalten; als repräsentatives Weltforum könnte sie die Wege zu einer nachhaltigen Energieversorgung endlich im angemessenen Rahmen erörtern: als gesamtpolitisches Hauptthema. Zugleich könnte sie die UN-Sonderorganisationen unmittelbar veranlassen, dem Ziel der nachhaltigen Energieversorgung endlich mehr Beachtung zu schenken – was bisher nur die UNEP, das Umweltsekretariat der UN, tut.

Auf »target and time«-Beschlüsse kann verzichtet werden, also auf obligatorische Quoten zur Emissionsmilderung und zur Einführung erneuerbarer Energien innerhalb festgelegter Fristen. Sobald es um internationale Verpflichtungen geht, die die volkswirtschaftlichen Strukturen eines Staates insgesamt betreffen und die darin eingenisteten strukturkonservativen Einflussmächte gefährden, setzt sich unweigerlich das lähmende Konsensgefeilsche fort. Entscheidender als quantitative »targets« sind Politikinstrumente, die zur selbsttragenden Entfaltung von Energiewechselinitiativen führen. Was durch den Verzicht auf Verpflichtungen verloren geht, bei denen ohnehin nur ein Minimum maximal erreichbar ist, wird an Problemorientierung und Zugkraft für neue Aktionen für alle gewonnen. Die wichtigste Struktur der Weltklimakonferenzen könnte so aufrechterhalten bleiben, nämlich das Weltklimasekretariat mit dem Intergovernmental Panel on Climate Change (IPCC), das mit seinen Berichten ein Weltbewusstsein der Klimagefahren geschaffen hat und wach hält. Wichtiger als krampfhaft ausgehandelte Quoten sind ungeschminkte Problemanalysen, die zu einem Zielbewusstsein führen; der freimütige Austausch von Erfahrungen und das Kultivieren ethischer Maßstäbe; die Gestaltung internationaler Rahmenbedingungen, die den Energiewechsel für alle erleichtern und Hemmnisse abbauen, die in etlichen internationalen Vertragswerken verborgen sind; die Verpflichtung globaler Regierungsorganisationen auf das Ziel einer nachhaltigen Energieversorgung; die Schaffung unbürokratischer und breit angelegter Investitionsinitiativen. Die Leitmotive sind: mehr direkte, horizontale internationale Kooperation statt eines globalen Regimes für alle; Hilfen zur Selbsthilfe und Eigenverantwortung; Priorität für schnelles Handeln statt langwieriger Verhandlungen, im unmittelbaren Eigeninteresse und aus Einsicht in das Gemeinwohl.

## A. 350 ppm: $CO_2$-Rückholaktionen für expandierende Land- und Forstwirtschaften

Die vieldiskutierte »Zwei-Grad-Leitplanke« der gerade noch tolerierbaren Erderwärmung, die das weitere Ansteigen des $CO_2$-Gehalts in der Atmosphäre von gegenwärtig 385 auf 450 ppm in Kauf nimmt, stellt eine Teilkapitulation dar. Das Ziel muss sein, wieder auf den klimastabilen Wert von 350 ppm zu kommen – den Messwert vor dem Beginn des nicht nachhaltigen fossilen Energiezeitalters. Der US-amerikanische Umweltaktivist Bill McKibben hat 2009 eine »350 ppm«-Initiative gegründet und bezeichnet dies als die »wichtigste Zahl des Planeten«, als »noch sichere Obergrenze von $CO_2$ in der Atmosphäre«. Die Initiative bezieht sich auf die Untersuchungen des Klimawissenschaftlers James Hansen von der »National Aeronautics and Space Administration« der USA, der zu dem Ergebnis kommt: »Wenn die Menschheit einen Planeten erhalten möchte, der dem ähnelt, auf dem sich unsere Zivilisation entwickelt hat und an den das gesamte Leben unseres Planeten optimal angepasst ist, dann muss der $CO_2$-Gehalt der Atmosphäre von den aktuellen 385 auf 350 ppm verringert werden.«[70]

Für das 350 ppm-Ziel reicht die Umstellung der Weltenergieversorgung auf erneuerbare Energie allein nicht aus, die nur das weitere Anwachsen des $CO_2$-Gehalts in der Atmosphäre verhindern kann. Um den $CO_2$-Gehalt wieder auf 350 ppm zu bringen, müssen in großem Maßstab die Naturkräfte mobilisiert werden, vor allem durch die Vermehrung von Wäldern und die Aufwertung von Böden als Kohlenstoffspeicher. In den Weltklimakonferenzen ist dies bisher nur mit dem REDD-Konzept versucht worden, das sich jedoch auf das Verhindern weiterer Wald- und sonstiger Vegetationsverluste beschränkt. REDD steht für »Reducing Emissions from Deforestation and Degradation«, also eine Reduzierung der Entwaldung und Bodenerosion. Die Verluste durch Brandrodung liegen bei 130.000 qkm pro Jahr und machen etwa 20 Prozent der jährlichen $CO_2$-Emissionen aus. Um diese Verluste auch nur zu halbieren, rechnet der WWF mit Kosten von jährlich 20 bis 33 Mrd. US-Dollar.[71] Auch dann wäre das Projekt die kostengünstigste Maßnahme zur Minderung der $CO_2$-Emissionen. Dennoch ist die Finanzierungsfrage ungeklärt. Die Vorschläge reichen von der Einbeziehung entsprechender Aufforstungen oder des Verhinderns von Brandrodungen in das Emissionshandelssystem bis zu einem Finanzierungsfonds, der von den Industrieländern gefüllt wird. Dafür wurde in Kopenhagen immerhin für den Zeitraum von 2010 bis 2012 ein Betrag von 30 Mrd. US-Dollar zugesagt.

Es darf jedoch nicht nur darum gehen, das Ansteigen der $CO_2$-Emissionen durch Anreize zum Vegetationsschutz zu beschränken. Das Übermaß an $CO_2$ in der Atmosphäre muss durch globale $CO_2$-Rückholaktionen abgebaut werden. Auch aus anderen Gründen sind die REDD-Vorschläge ungereimt: Warum sollen Regierungen dafür bezahlt werden, dass sie die Degradierung ihrer Vegetationsflächen – insbesondere der tropischen Regenwälder – verhindern, obwohl deren Erhaltung und nachhaltige wirtschaftliche Nutzung in ihrem eigenen Interesse liegten? Könnte diese Art der Finanzierung nicht sogar dazu führen, dass sie offiziell weitere Waldvernichtungen ankündigen, um dann gegen Bezahlung darauf zu verzichten? Und wie realistisch ist ein Konzept, das jährlich – wohl über längere Zeiträume – so viel kostet, wie in Kopenhagen mühsam für dieses Konzept insgesamt zusammengetragen wurde? Ausgehend von der Prämisse, dass die Abkehr von zerstörerischen hin zu nachhaltigen Strukturen eine neue wirtschaftliche Chance darstellt, und von dem »Geist von Rio«, dass es um kooperative und partizipatorische Konzepte geht, ist eine großangelegte globale Aufforstungsinitiative der tragfähigere Weg.

Aufforstungen können – abgesehen von Wüstengegenden – nahezu überall stattfinden. Selbst in Wüstenländern sind sie zumindest in Küstennähe möglich, in Verbindung mit Meerwasserentsalzung und der Anlage von Bewässerungssystemen. Derartige Begrünungsansätze zielen bei Aufforstungen auf eine Bindung der Erde und eine Revitalisierung des natürlichen Wasserhaushalts; auch für die Rekultivierung landwirtschaftlicher Produktionsweisen haben sie einen eigenen Stellenwert. Im Unterschied dazu – und auch im Unterschied zum Anbau kurzfristig genutzter Energiepflanzen – dienen $CO_2$-

Rückholaktionen durch Aufforstung dem Ziel langfristiger $CO_2$-Bindung. Ein Hektar aufgeforsteter Wald kann 300 t $CO_2$ pro Jahr absorbieren, zu Einmalkosten von etwa 400 EUR pro Hektar. Er wirft nach wenigen Pflanzenwuchsjahren forstwirtschaftliche Jahreserträge ab, die den Anpflanzungskosten entsprechen.

Zur $CO_2$-Bindung in Böden eignen sich mehrere Verfahren. Eine davon ist das hydrothermische Karbonisierungsverfahren zur schnellen Humusproduktion, das von Markus Antonietti, dem Leiter des Potsdamer Max-Planck-Instituts für Kolloid- und Grenzflächenforschung, entwickelt wurde.[72] Damit lässt sich der in der Natur über Hunderttausende von Jahren entstandene Kohlenstoff im Schnellverfahren produzieren. Pflanzenmaterial wird unter hohem Druck und Wärme – wie in einem Dampfkochtopf – in einer dafür entwickelten Anlage in Kohlenstoff umgewandelt. Dieser wird als Nährstoff auf die Böden gebracht und wirkt darin humusbildend. Dadurch wird $CO_2$ in Böden gebunden. Durchschnittlich 20 t eingebrachter Kohlenstoff pro Hektar landwirtschaftlicher Fläche bewirken eine Verdoppelung oder gar Verdreifachung der Bodenerträge. Eine solche Anlage kostet derzeit etwa 100.000 EUR, was dem Preis größerer landwirtschaftlicher Maschinen entspricht; bei Massenproduktion sind Kostensenkungen vorprogrammiert. Im Verhältnis zu den gestiegenen Erträgen und eingesparten Düngemitteln sind diese Anlagen hochproduktiv, zumal sie auch noch nutzbare Wärme produzieren. Eine weitere Möglichkeit zur $CO_2$-Bindung in Böden über Humusproduktion ist das »Terrapetra«-Verfahren: die Produktion von Humus aus Holzkohle, Pflanzenresten und Fäkalien. Beide Ansätze sind nur im regionalen Kontext realisierbar. Hans-Josef Fell hat für die Verknüpfung einer globalen Aufforstungsaktion mit dem Antonietti-Verfahren hydrothermischer Kohlenstoffproduktion (mit 8 Mio. weltweit verbreiteten Anlagen) eine Reduzierung des globalen $CO_2$-Gehalts auf 330 ppm bis 2030 ermittelt, wenn ab sofort nur noch erneuerbare Energien eingesetzt würden. [73] Da letzteres selbst bei einem rapiden Energiewechsel nicht erreichbar ist, sehr wohl aber im globalen Durchschnitt innerhalb eines Vierteljahrhunderts realisierbar wäre, ist die Zielmarke von 350 ppm keine ferne Utopie.

Sowohl Aufforstung wie großdimensionierte Humusproduktion, die beide nicht mit Monokulturen einhergehen müssen, dienen dem Klimaschutz wie auch der Stabilisierung des Wasserhaushalts. Sie können überall umgesetzt werden und brauchen viele Akteure. Sie führen auch ohne Subventionen zu neuen Marktperspektiven für Land- und Holzwirtschaft. Insbesondere fördern sie den Baustoff Holz, in dem das $CO_2$ langfristig gebunden ist und der den Baustoff Zement in breitem Umfang ersetzen könnte, was eine weitere $CO_2$-Minderung bedeutet. Beide Initiativen brauchen jedoch einen politischen Mobilisierungsanstoß: die Landwirtschaft durch Schulungs- und darauf bezogene Kreditprogramme, die Aufforstungsinitiativen durch die Bereitstellung von Flächen, mit Auflagen für regional angepasste Baumarten und Mischwaldanpflanzungen.

Dass Baumanpflanzungen nicht an Kosten scheitern müssen, beweist das historische Beispiel des Civilian Conservation Corps (CCC), das der amerikanische Präsident Roosevelt in den 1930er Jahren gründete. Mit der Leitung beauftragte er George C. Marshall, der in der Nachkriegszeit für das von den USA finanzierte European Recovery Program (den »Marshall-Plan«) verantwortlich war. Das CCC mobilisierte zwischen 1936 und 1941 junge Menschen für freiwillige Aufforstungsarbeiten (über die Jahre hinweg nahmen insgesamt 800.000 Personen teil), durch die sich der Waldbestand der USA in wenigen Jahren deutlich erhöhte. Das CCC wurde zum Vorbild für das von Präsident Kennedy 1961 gegründete Friedenskorps. Aktuelle Beispiele für gemeinschaftliche Aufforstungen gibt es in China, wo an Wochenenden Bürgermeister und Regierungsmitglieder mit zahlreichen Bürgern Aufforstungsaktionen unternehmen. Solche Aktionen können jedoch genauso von Kommunen und Schulen durchgeführt werden. Vorbildlich ist die Schülerinitiative »Baum für Baum«, die von der UNEP unterstützt wird und sich zum Ziel setzt, in jedem Land der Erde eine Million Bäume zu pflanzen, unter dem Motto: »Reden allein stoppt das Schmelzen der Gletscher nicht: Stop talking. Start planting.«[74]

Aufforstungen können aber auch eine produktive Friedensaufgabe für Armeeeinheiten sein, nicht zuletzt in Entwicklungsländern, wenn es um größere, siedlungsferne Aufforstungsarbeiten geht. Ein frühes Vorbild dafür war das Ingenieurkorps des französischen Kaisers Napoleon, das allerdings nicht für Aufforstungsarbeiten, sondern für den Bau von Schiffskanälen und Bewässerungsanlagen eingesetzt wurde.

### Nachhaltige politische Rahmenbedingungen

Wenn es um Klimaschutz mit natürlichen Mittel geht, sind politische Rahmensetzungen unerlässlich, die die Nachhaltigkeit gewährleisten. Wenn etwa die Nutzung von Bioenergie nicht synchronisiert ist mit Neuanpflanzungen in gleicher Größenordnung und einer ausgeglichenen $CO_2$-Bilanz, kann von Nachhaltigkeit keine Rede sein, ebenso wenig bei Anbaubedingungen, die zu Humusverlusten und zur Beschädigung des Grundwassers führen. Nachhaltigkeit als naturgesetzliches Kriterium muss vor jeder Marktordnung rangieren und auch jedem internationalen Vertrag übergeordnet sein. Sie muss als Leitprinzip von den einzelnen Ländern in ihren eigenen Rechtsräumen umgesetzt werden.

Die Geltung des Nachhaltigkeitsprinzips lässt sich auch im Rahmen des Welthandelsvertrags rechtfertigen. Voraussetzung ist die Einhaltung des Grundsatzes der Gegenseitigkeit, der bedeutet, dass eine solche Regelung nicht nur gegenüber Importen geltend gemacht werden darf, sondern auch für heimische Produkte gelten muss. So sollte der Versuch unternommen werden, die UNEP und die FAO als UN-Sonderorganisation für Landwirtschaft und Ernährung mit der Definition einer nachhaltigen Nutzung von Biomasse zu beauftragen und dafür einen »Code of Conduct« zu erstellen. Eine solche Handlungsempfehlung ist noch kein internationaler Vertrag, aber deshalb schneller zu erarbeiten, und kann zur Grundlage der Gesetzgebungspraxis in den einzelnen Staaten werden. Sobald größere Länder oder die EU einen solchen Codex übernehmen, entfaltet er eine internationale Breitenwirkung.

## B. »Nullzins« für Nullemission: Entwicklungsfinanzierung für erneuerbare Energien

Der vielleicht wirkungsvollste Impuls für eine internationale Investitionsoffensive für erneuerbare Energien wäre die Vergabe von »Nullzinskrediten« durch öffentliche Finanzinstitutionen. Damit könnten zwei Hürden, die solchen Investitionen im Wege stehen, überwunden werden: die der wirtschaftlich und ethisch untragbaren Preisprivilegierung konventioneller Energien, deren soziale Kosten von den Anbietern nicht bezahlt, sondern der Gesellschaft aufgebürdet werden; und zum anderen die Scheu vieler Investoren vor den Initialkosten, wobei sie die dauerhaft vermiedenen Brennstoffkosten meist nicht einkalkulieren. Ein Nullzins für Nullemission ist in diesem Sinne keine Subvention, sondern eine Prämie für die Vermeidung gesellschaftlichen Schadens. Deshalb können solche Kredite entweder von staatlichen Banken ausgereicht werden, denen dies durch politische Beschlüsse auferlegt wird, oder bei normalen Bankkrediten über die Finanzierung der Differenz zwischen Nullzins und Normalzins aus der Staatskasse.

Welche Wirkung dieses Instrument – entweder in Form eines tatsächlichen Nullzinses, in der Variante einer geringfügigen Bearbeitungsgebühr oder in Form eines Niedrigst-Zins-Kredits – entfalten kann, beweisen die Niedrigzinsprogramme des US-amerikanischen Marshall-Plans für europäische Länder nach dem Zweiten Weltkrieg, für die milliardenschwere Kreditportfolios bereitgestellt wurden. In Deutschland belegen es die Kreditprogramme der staatseigenen Kreditanstalt für Wiederaufbau, die an der Wende der 1980er Jahre mit einem Zukunftsinfrastrukturprogramm eine Welle von Umweltschutzinvestitionen auslöste. Damit wurde der Grundstein für eine umwelttechnische Industrie gelegt, die international herausragt und über eine Million neuer Arbeitsplätze entstehen ließ. Das deutsche 100.000-Dächer-Programm für Solarstromanlagen von 1999, das weltweit zum ersten Massenprogramm für die Photovoltaik-Technik wurde, startete mit einem Nullzins-Kredit mit einer sogenannten mezzaninen Komponente, die die erste Rückzahlungsrate erst im dritten Jahr auferlegte. Auch eine längere Kreditlaufzeit ist ein Merkmal solcher Kredite.

Mit Nullzinskrediten wird die Zinswirtschaft zumindest vorübergehend außer Kraft gesetzt. Zurückgezahlt wird nur der reale Kredit, was Investitionen für erneuerbare Energien wesentlich erleichtert, weil es die Rückzahlung des Kredits aus den eingesparten Brennstoffkosten ermöglicht. Ohne Belastung der Staatshaushalte könnten solche Kredite direkt von staatlichen Notenbanken – in Deutschland der Deutschen Bundesbank, in den Länder der EURO-Zone von der Europäischen Zentralbank (EZB) – vergeben werden. In ähnlicher Weise lieh die EZB 2008/09 in der Bankenkrise notleidenden Banken Geld in Zinshöhen zwischen 0,5 und 1,25 Prozent, wofür »systemische Gründe« zur Bankensanierung geltend gemacht wurden. Es war eine außergewöhnliche Maßnahme als Antwort auf eine außergewöhnliche Herausforderung. Die Beschleunigung des Energiewechsels ist die Antwort auf eine dramatische Situation, und die systemischen Gründe dafür sind nicht weniger substanziell. Ein Satz, der anlässlich der Bankenrettungsaktion geäußert wurde, bringt es auf den Punkt: »Wäre das Klima eine Bank, wäre es schon gerettet worden.«

Um eine internationale Initiative für Entwicklungsländer zu starten, die mit Nullzinskrediten in erneuerbare Energien investieren, wäre eine politische Vorgabe für die internationalen Entwicklungsbanken nötig: für die Weltbank, die Europäische Investitionsbank (EIB), die European Bank for Recovery and Development (EBRD) sowie für die Afrikanische, Asiatische und Amerikanische Entwicklungsbank. Die Initiative könnte mitgetragen werden vom Internationalen Währungsfonds (IWF), wenn es um die Bereitstellung großer Kreditportfolios geht, und diese könnten durch staatliche Entwicklungshilfebudgets aufgestockt werden. Ein internationaler Vertrag wäre hierfür nicht nötig. Eine gemeinsame Verabredung auf einem »G8«- oder »G20«-Gipfel oder Beschlüsse im Gouverneurrat der Banken würden schon ausreichen. Finanzielle Missbräuche wie beim Emissionshandel können vermieden werden, weil es bei diesen Krediten stets um konkret kalkulierte und neue Investitionen geht. In den Entwicklungsländern, wo es vor allem auf Mikrokredite für die ländlichen Regionen ankommt, die potenziell zwei Milliarden Menschen betreffen, sind die internationalen Entwicklungsbanken auf die Kooperation mit lokalen Kreditorganisationen angewiesen. Dies eröffnet vielfältige Partizipationsmöglichkeiten.

## C. Humanpotenzial:
### Internationale Ausbildungsoffensiven und die Rolle der IRENA

Das wichtigste und größte Potenzial für den Energiewechsel sind die Menschen selbst. Obwohl eine breite gesellschaftliche Bewegung dahin drängt, bedarf es zur praktischen Umsetzung einer Mobilisierung von Fachkompetenzen. Selbst wenn von heute auf morgen sämtliche Widerstände gegen erneuerbare Energien aufgegeben und überwunden, klare politische Prioritäten durchgesetzt und genug Investitionskapital bereitgestellt wären, stünden wir vor dem Problem, dass bisher nur eine verhältnismäßig kleine Anzahl von Fachleuten dafür ausgebildet ist. Die jahrzehntelange Geringschätzung erneuerbarer Energien ging auch mit deren Vernachlässigung auf allen Ebenen und in allen Fachgebieten der schulischen, beruflichen und akademischen Bildung einher. Ohne eine internationale Ausbildungsoffensive, die diese Lücke schließen hilft, ist ein schneller Energiewechsel nicht realisierbar. Bildung braucht Zeit, aber wir können und dürfen mit einem breit angelegten Energiewechsel nicht warten, bis eine neue Generation dafür ausgebildet ist. Das Interesse der jungen Generation für erneuerbare Energien ist schon heute größer als für jedes andere Wissens- oder Fachgebiet. Dies gilt besonders für diejenigen, die einen technischen oder naturwissenschaftlichen Beruf anstreben und darin einen eigenen Beitrag zur Lösung eines elementaren gesellschaftlichen Problems leisten wollen. Dass sich viele Menschen in kurzer Zeit in eine grundlegend neue Technologie einarbeiten können, ist jüngst und weltweit mit der Informationstechnologie unter Beweis gestellt worden.

Auf dem Gebiet der erneuerbaren Energien werden Handwerker, Ingenieure, Landwirte, Forstwirte, Physiker, Chemiker, Biologen, Architekten und solche Ökonomen gebraucht, die in ökologischen Bezügen und in sozialen Kostenkategorien denken können. In Deutschland ist – nach einer etwa zehnjährigen Anlaufzeit – ein Ruck durch die Universitäten gegangen, der jedoch mehr von den Studienwünschen der Studenten ausging als von den Wissenschaftsmanagern. Inzwischen gibt es praktisch an jeder deutschen Universität einen Master-Studiengang für erneuerbare Energien. Viele Handwerkskammern haben begonnen, ihre Mitglieder durch Fortbildungskurse auf erneuerbare Energien einzustellen; neue Ausbildungszentren sind entstanden. Dies alles geschah nicht von selbst, sondern ist das Resultat intensiver Kampagnenarbeit mit Tausenden von Informations- und Aufklärungsveranstaltungen.

Für den Energiewechsel im Wettlauf mit der Zeit ist die entscheidende Frage, wie die Lücke zwischen dem aktuellen Bedarf an Fachkräften und dem längeren Zeitbedarf für die Ausbildung einer neuen Generation von Fachkräften geschlossen werden kann. Die Kenntnisse werden jetzt gebraucht und nicht erst in zehn oder zwanzig Jahren! Die naheliegende praktische Lösung ist eine breit angelegte Berufsfortbildung und -weiterbildung. Sie muss auch denjenigen offenstehen, die bereits berufstätig sind und sich keine Ausbildungspause leisten können. Auf der regionalen Ebene von Berufsorganisationen im Bereich des Handwerks ist dies relativ leicht organisierbar.

### Eine internationale Postgraduierten-Universität für erneuerbare Energien

Ausbildung muss aber auch international organisiert werden. Für die akademische Ausbildung von Fachkräften ist der einzige praktikable Ansatz die Einrichtung einer »virtuellen Universität«: ein Postgraduiertenstudium mit einem elektronischen Lehrangebot, so dass jeder von seinem individuellen Wohnort aus ein Zusatzstudium der erneuerbaren Energien absolvieren kann, ohne dafür aus seinem Beruf ausscheiden zu müssen. Viele der heute 30- bis 50-jährigen Ingenieure, Architekten oder Chemiker stehen dem Energiewechsel aufgeschlossen gegenüber, waren aber während ihrer Ausbildung kaum mit den einschlägigen Technologien befasst. Ein solches international und in allen Sprachen angebotenes Postgraduiertenstudium mit E-Learning-Möglichkeit in Form einer internationalen »Open University for Renewable Energy« (OPURE) empfehlen EUROSOLAR und der Weltrat für Erneuerbare Energien seit Jahren. Es ist bisher noch nicht realisiert worden, obwohl es bereits einmal kurz vor der Realisierung stand. In meiner Rede auf dem »World Solar Summit« der UNESCO im Juni 1993 in Paris habe ich die Einrichtung einer Internationalen Universität für Erneuerbare Energien vorgeschlagen. Der Vorschlag wurde zu einem Hauptpunkt der von EUROSOLAR und dem 2001 gegründeten Weltrat für Erneuerbare Energien im Jahr 2004 vorgelegten »*World Renewable Energy Agenda*«.[75] Die seinerzeitige deutsche Bundesministerin für Bildung und Wissenschaft, Edelgard Bulmahn, griff diesen Vorschlag auf und machte ihn zum zentralen Thema des von ihrem Ministerium durchgeführten »International Science Forum on Renewable Energy«, das Teil der »Renewables 2004«-Konferenz war, zu der die deutsche Bundesregierung die Regierungen des UN-Systems im Juni 2004 eingeladen hatte. Im Dezember 2004 begrüßte der Deutsche Bundestag diesen Vorschlag in einer Resolution und forderte die Bundesregierung auf, »die Gründung einer offenen Universität für Erneuerbare Energien (›Open University for Renewable Energy‹ – OPURE) voranzutreiben und dafür internationale Partner zu gewinnen«. Im Frühjahr 2005 kam es zu einem »Memorandum of Understanding« zwischen der UNESCO, EUROSOLAR und dem ISET-Institut für diese OPURE. Doch nach der deutschen Bundestagswahl im September 2005, die zu einem Ministerwechsel im Bundesministerium für Bildung und Wissenschaft führte, versandete diese Initiative.

Sie ist heute dringlicher denn je, weil durch die in der Zwischenzeit in vielen Ländern vermehrten Initiativen für erneuerbare Energien der Mangel an qualifizierten Fachleuten immer offenkundiger wird. Durch eine Zusatzausbildung für Menschen mit technischer und naturwissenschaftlicher Vorbildung, die bereits Berufserfahrung besitzen, könnten in kurzer Zeit zahlreiche Menschen mit den technologischen und ökonomischen Eigenarten und Voraussetzungen erneuerbarer Energien und ihren Anwendungsmöglichkeiten vertraut gemacht werden; auf diese Weise könnte ein internationaler Ausbildungsstandard entstehen.

Das OPURE-Konzept ist praxisnah, hat vielfältige stimulierende Effekte und bildet eine Grundvoraussetzung dafür, die Produktion von Erneuerbare-Energie-Technologien auch in Entwicklungsländern anzuschieben. Es kostet entschieden weniger und bewirkt entschieden mehr als allein der Kontroll- und Zertifizierungsapparat, der international und auf nationalen Ebenen für die Durchführung des Emissionshandels aufgebaut wurde. Es erfordert jedoch, dass die politische Aufmerksamkeit endlich auch international auf die praxisnahen Schwerpunkte gerichtet und Zielklarheit geschaffen wird. Dann kann auch schneller entschieden werden, und sei es durch eine »coalition of the willings«, die eine solche Initiative ergreift und sinnvollerweise die UNESCO damit beauftragt und sie dafür ausstattet. Dies gäbe zugleich einer der großen UN-Sonderorganisationen eine neue Zukunftsaufgabe, als Beitrag zu einer Reform des UN-Systems.

## Quo vadis IRENA?

Die Wege zu einer internationalen Regierungsorganisation sind lang. Das galt auch für die International Renewable Energy Agency (IRENA), die im Januar 2009 nach langjährigen Bemühungen gegründet wurde und nach der Entscheidung über den Sitz und die Leitung im Juli 2009 ihre Arbeit aufnahm. Diese Agentur geht auf eine Initiative von EUROSOLAR zurück, die auf einem 1990 veröffentlichten Memorandum basierte. Zwar gibt es internationale Regierungsorganisationen für Energiefragen, wie die Internationale Atomenergie-Agentur (IAEA) und EURATOM, die beide seit 1957 existieren, oder die 1974 gegründete Internationale Energie-Agentur (IEA). Diese sind aber entweder ausschließlich auf die internationale Förderung der Atomenergie ausgerichtet oder auf alle Energien – wie die IEA, die die erneuerbaren Energien systematisch kleingeredet hat. Deshalb war es notwendig, für erneuerbare Energien eine eigene internationale Agentur zu schaffen. Die Gründung zur IRENA hängt eng mit meinem Engagement zusammen, ohne das sie nicht entstanden wäre. Deshalb wäre es legitim, meine Einschätzung der bisherigen Resultate als befangen zu bewerten. Als Beispiel für die Notwendigkeit einer solchen Organisation und die dagegen gerichteten Widerstände und damit verbundenen Probleme möchte ich den Entstehungsprozess der IRENA und ihre aktuelle Entwicklung dennoch rekapitulieren.

Der Weg zur IRENA war lang und holprig, und zunächst hielt kaum jemand die Idee für realistisch oder realisierbar.[76] Der Beginn der Initiative verlief vielversprechend. Sie wurde vom UN-Hauptquartier aufgegriffen, wo ich sie im Frühjahr 1990 vorgestellt hatte, und von Anfang an von dem seinerzeit mit Energiefragen beauftragten führenden UN-Beamten unterstützt, dem ehemaligen mauretanischen Außenminister Ahmedou Ould Abdallah. Der seinerzeitige UN-Generalsekretär Perez de Cuellar wurde dafür gewonnen, der daraufhin die United Nations Solar Energy Group on Environment and Development (UNSEGED) einsetzte. Diese erarbeitete mit Blick auf die Rio-Konferenz Vorschläge zur internationalen Förderung der erneuerbaren Energien und schlug die Errichtung der IRENA vor. Doch im Vorbereitungs-Komitee der Rio-Konferenz wurde dies abgelehnt – sowohl von den meisten Industrieländern wie von den OPEC-Ländern. Die Idee schien zunächst gestorben zu sein. Es wurde offenkundig, dass sie nur noch außerhalb des konsensabhängigen UN-Systems realisiert werden konnte. Da nirgendwo geschrieben steht, dass eine Internationale Organisation eine UN-Organisation sein muss, ging es fortan darum, eine Regierung dafür zu gewinnen, die Idee aufzugreifen und eine Gruppe weiterer Staaten zur Mitwirkung zu motivieren. Nach verschiedenen Anläufen gelang es nach mehr als zehn Jahren intensiver Bemühungen, einen ersten politischen Beschluss dafür durchzusetzen: 2002 wurde im Koalitionsprogramm der von der SPD und den Grünen gestellten deutschen Bundesregierung vereinbart, dass diese die internationale Initiative ergreifen sollte. Die Bundesregierung war jedoch zunächst nicht bereit, den Beschluss tatsächlich umzusetzen.

Im Gegenteil: Auf der von ihr organisierten »Renewables 2004«, die ursprünglich als Motivierungskonferenz für die IRENA gedacht war, wurde die Idee gezielt aus den Diskussionen ausgeklammert. Man befürchtete, dass viele Länder an der »Renewables 2004« gar nicht erst teilnehmen würden, wenn die IRENA dort zum Thema gemacht würde. So blieb es dem parallel stattfindenden Internationalen Parlamentarier-Forum für Erneuerbare Energien überlassen, die Etablierung der IRENA zu fordern.[77] Selbst internationale Umweltorganisationen wie Greenpeace oder der WWF sprachen sich gegen eine solche Initiative aus, aus unerklärten Gründen. Erst die erneut von mir betriebene Initiative zur Aufnahme der IRENA in das Regierungsprogramm der nächsten deutschen Bundesregierung – der im Herbst 2005 gebildeten Großen Koalition aus CDU/CSU und SPD – führte dazu, dass der Prozess tatsächlich praktisch eingeleitet wurde. Drei dafür berufene Sonderbotschafter und ich führten 2007/2008 offizielle Gespräche mit über fünfzig Regierungen, um diese zu einer Mitwirkung zu bewegen. Als im Januar 2009 schließlich die Gründungskonferenz stattfand, unterzeichneten 75 Mitgliedsländer die Beitrittserklärung. Im Juni 2009 erfolgte in Sharm El Sheikh in Ägypten die Entscheidung über den Sitz der IRENA und die Wahl der Generaldirektorin. Zwischen den von ihren Regierungen vorgeschlagenen Städten – Abu Dhabi, Bonn und Wien – fiel die Entscheidung zugunsten von Abu Dhabi, der Hauptstadt der Vereinigten Arabischen Emirate. Zu diesem Zeitpunkt hatte die IRENA bereits 135 Mitgliedsländer. Zur Generaldirektorin wurde die von der französischen Regierung vorgeschlagene Hélène Pelosse gewählt. Ich selbst stand nicht zur Wahl, obwohl viele das erwartet hatten und ich als langjähriger Wegbereiter der IRENA für diese Aufgabe als favorisiert galt. Viele bekannte internationale Protagonisten der erneuerbaren Energien hatten sich dafür eingesetzt, von Robert F. Kennedy jr. bis zu Amory Lovins, Bianca Jagger, David Suzuki, Jakob von Uexkuell oder Ernst-Ulrich von Weizsäcker. Aber die deutsche Regierung hatte mich – mit meinem Einverständnis – nicht nominiert, um nicht ihre Bemühung zu konterkarieren, den Sitz der IRENA für Bonn zu gewinnen.

Mittlerweile, mehr als ein Jahr nach dem Arbeitsbeginn der IRENA, haben 147 Länder ihre Mitgliedschaft erklärt, und über 25 Parlamente hatten im Juli 2010 den Vertrag bereits ratifiziert, so dass die

Organisation nunmehr auch völkerrechtlich konstituiert ist. Unerfreulich ist jedoch, dass diese Agentur schon jetzt an Beschlüsse gefesselt ist, die auf der Regierungskonferenz der Mitgliedsstaaten in Sharm El Sheikh gefasst wurden. Dies gilt insbesondere für die Frage ihrer Finanzierung aus Beiträgen der Mitgliedsstaaten. Statt eines feststehenden Betrags proportional zur Wirtschaftskraft und Einwohnerzahl der einzelnen Mitgliedsländer, dem sogenannten UN-Schlüssel, wurde ein Anfangsbudget von nur 25 Mio. US-Dollar festgelegt, wodurch die jeweiligen Mitgliedsbeiträge der Staaten mit wachsender Mitgliederzahl anteilmäßig sinken. Mehr Mitgliedsländer bedeuten aber mehr Aufgaben und erfordern ein höheres Budget für die IRENA, was durch diesen unseligen Beschluss verhindert wurde. Die Kernaufgabe der IRENA, Regierungen der Mitgliedsstaaten bei ihrer Politik auf dem Gebiet der erneuerbaren Energien zu beraten, kann damit in keiner Weise wahrgenommen werden. Das erste Jahresbudget der IRENA wurde von dem von Mitgliedsregierungen besetzten, aufsichtsführenden »Administrative Committee« im Januar 2010 sogar auf nur 13 Mio. Dollar festgelegt – eine Größenordnung, die für 147 Mitgliedsländer kümmerlich ist und nicht ausreicht, um die vorgesehenen Aufgaben zu beginnen. Aber selbst diese Summe stand nicht tatsächlich zur Verfügung, weil die meisten Mitgliedsregierungen ihre zunächst – bis zum völkerrechtlichen Inkrafttreten des Vertrags – »freiwilligen« Beiträge nicht bezahlt hatten und sich selbst danach noch mit ihren Beitragszahlungen zurückhalten. Am mangelnden Budget leidet also bereits die Aufbauarbeit, schon weil deshalb nur sehr wenig Personal eingestellt werden kann.

Unverkennbar fehlt es trotz der erfolgten Gründung an der Einsicht in die Notwendigkeit einer leistungsfähigen Agentur. Einige Regierungen sind erst beigetreten, als ihre Gründung nicht mehr zu verhindern war. Obwohl es einmalig ist, dass eine Internationale Regierungsorganisation bereits bei ihrer Gründung so viele Mitgliedsstaaten vereint (die IRENA hat schon heute mehr Mitgliedsländer als die IAEA), steht sie mit ihrem geringen Personalbestand und operativen Spielraum auf tönernen Füßen. Das Missverhältnis zwischen der Zahl der Mitgliedsländer und der minimalen Finanzausstattung ist untragbar. Das operative Budget der IRENA entspricht dem Budget eines einzigen mittelgroßen Entwicklungshilfeprojekts und liegt deutlich unter dem Mitgliedsbeitrag in Höhe von 29 Mio. EUR, den allein Deutschland jährlich an die Internationale Atomenergie-Agentur überweist. Wenn sich das in kürzester Frist nicht grundlegend ändert, wird eine große Chance verspielt, aus der IRENA ein internationales Instrument zur Unterstützung politischer Strategien zum Energiewechsel zu machen.

Wenn wir die Entstehung der IRENA mit der Genesis der 1957 gegründeten internationalen Atomenergie-Agentur vergleichen, so sind die Unterschiede ebenso augenfällig wie paradox: Die Atomenergie-Agentur wurde in kurzer Zeit aus dem Boden gestampft und konnte auf die breite und enthusiastische Unterstützung aller Regierungen und des UN-Systems sowie eine von vornherein großzügige finanzielle Ausstattung zählen. Ihre Gründung atmete den Geist des seinerzeit als verheißungsvoll empfundenen neuen Zeitalters: des Atomzeitalters. Die IRENA hingegen musste ein halbes Jahrhundert später mühselig gegen die Widerstände etablierter internationaler Regierungsorganisationen durchgesetzt werden, auch gegen Widerstände im UN-System selbst und seitens der Weltbank – und sogar diejenige Regierung, die auf internationaler Ebene die formellen Schritte zur Gründung einleitete, musste zunächst lange zum »Jagen getragen« werden. Von besonderem Enthusiasmus seitens der Regierungen ist wenig zu spüren, als ginge es bei den erneuerbaren Energien um eine Nebensächlichkeit – und nicht um den Eintritt ins Solarzeitalter, das allein erfüllen kann, was man sich vom Atomzeitalter allzu leichtfertig und voreilig versprach. Dies zeigt, wie weit die Bekenntnisse zu erneuerbaren Energien noch von der Erkenntnis entfernt sind, dass für ihre Durchsetzung mindestens ebenso viel politische Tatkraft erforderlich ist, wie für die Atomenergie seit Jahrzehnten aufgeboten wird.

Wenn vor der greifbaren Perspektive des Solarzeitalters versagt wird, kann es nicht am »Gegenstand« liegen, sondern am politischen Kleinmut und an kurzsichtigen Interessen. Vielleicht liegt es auch daran, dass sich die internationale Politikfähigkeit, die einst die

Atomenergie vorantrieb – und dies sogar politisch systemübergreifend zwischen »Ost« und »West« –, durch ein Übermaß an globalen Konferenzen, die immer mehr zu Verschiebebahnhöfen geworden sind, aufgebraucht hat.

## D. Die Abwicklung des Atomzeitalters: Ausstieg aus der Atomenergie durch weltweites Atomwaffenverbot

Die »friedliche Nutzung« der Atomenergie machte Karriere, weil sie als Alternative zur Atomrüstung und zu Atomkriegen galt. Aber in Wahrheit ist die Atomwaffenrüstung zum letzten Rettungsanker der Atomenergie geworden. Über Atomwaffen zu verfügen gilt in der Weltpolitik immer noch als »First Class-Ticket«. Dass die fünf ständigen Mitglieder des UN-Sicherheitsrats Atommächte sind, gilt als expliziter Weltmachtnachweis. Doch aus den fünf offiziellen Atommächten – und einer inoffiziellen Atommacht (Israel) – im Zeitenwendejahr 1990 sind inzwischen schon neun geworden: Pakistan und Indien sind spätestens seit den spektakulären Atombombentests im Jahr 1990 ebenso hinzugestoßen wie das skurrile Nordkorea. Der Irak wollte in die Liga der Atommächte aufsteigen, musste diesen Ehrgeiz aber bereits nach dem Golfkrieg 1991 aufgeben. Iran bereitet sich möglicherweise darauf vor. Technisch jederzeit möglich wäre eine atomare Rüstung für die Ukraine und für Kasachstan, beides Nachfolgestaaten der Sowjetunion. Vor der Beendigung des Apartheid-Regimes hatte sich schon einmal die Republik Südafrika darauf eingestellt. Vielleicht kommen beide irgendwann auf ihre Pläne zurück, weil der Besitz von Atomwaffen den politischen Rang eines Staates in der politischen Weltordnung eindeutig erhöht, auch wenn ihr Einsatz nicht beabsichtigt ist. Andere Länder – wie Nordkorea oder auch vielleicht demnächst Myanmar – wollen die Atombombe als Faustpfand dafür, dass die Staatengemeinschaft rücksichtsvoll mit ihnen umgeht und im Zweifelsfall vor ihren Menschenrechtsverletzungen die Augen zudrückt. Jedenfalls nimmt die Motivation für eine atomare Bewaffnung zu. Neun Atomwaffenmächte jetzt – und vielleicht schon zwölf bis fünfzehn im Jahr 2020?

Eine offenbar vorhandene oder angestrebte atomare Aufrüstung ist nicht zu trennen von der Frage der Atomenergie. Kein Staat, der Atomwaffen besitzt und behalten will, und keiner, der heimlich eine Atomrüstung anstrebt oder sich – ohne Wissen der eigenen Bevölkerung – die Option dafür offenhalten will, wird auf eigene Atomkraftwerke verzichten wollen. Wer Atombomben hat oder haben will, muss auch über Atomkraftwerke und einen Grundstock an atomtechnischer Industrie verfügen. Die Atomtechnik ist in allen Atomwaffenstaaten eine »Double-Use-Technik«. Atomare Rüstung ohne eigenes atomtechnologisches Potenzial ist nicht denkbar, und ein solches Potenzial nur für die Atomrüstung zu unterhalten ist kaum bezahlbar. Deswegen wird es Versuche zur »Renaissance der Atomenergie« geben, solange es die Atomrüstung gibt. Aber keine Regierung wird eingestehen, dass sie an Atomkraftwerken festhält, um sich die Option offen zu halten, Atommacht zu bleiben. Zusammen mit den Atomenergieorganisationen suchen die Atomwaffenstaaten stattdessen krampfhaft nach Argumenten, warum erneuerbare Energien allein für die Energieversorgung nicht ausreichen. So kommt es, dass exzellente atomwissenschaftliche Kenntnisse gepaart sein können mit Argumenten niedrigsten intellektuellen Niveaus gegenüber erneuerbaren Energien. Die Atomenergienutzung zu beenden bedeutet deshalb, die Abrüstung der Atomwaffen realisieren zu müssen. Andernfalls wird es immer wieder groß angelegte und einflussreiche Versuche zur Beschränkung der erneuerbaren Energien geben. Regierungen, die sich zum Ziel einer Vollversorgung mit erneuerbaren Energien bekennen und dafür einsetzen, müssen sich auch zum Ziel der vollständigen Atomwaffenabrüstung bekennen. Alles andere wäre inkonsequent oder blind gegenüber den tatsächlichen Konstellationen.

Die Hauptverantwortung für die fortgesetzte atomare Bewaffnung tragen die fünf etablierten Atommächte. Sie sind es, die seit Jahren gegen den 1970 in Kraft getretenen Vertrag über die Nichtverbreitung von Atomwaffen verstoßen. Dieser hat drei Kernartikel: In

Artikel IV verpflichten sich alle Mitgliedstaaten zu einem »weitestmöglichen Austausch von Ausrüstungen, Material und wissenschaftlicher und technologischer Information zur friedlichen Nutzung der Atomenergie«. Das war der Geist der 1950er bis 1970er Jahre, als die Atomenergie noch als *die* Zukunftsenergie galt. In Artikel II verpflichten sich alle Staaten, die noch keine Atomwaffen haben, auch künftig keine Atombewaffnung anzustreben und Atomwaffen »weder herzustellen noch sonstwie zu erwerben und keine Unterstützung zur Herstellung von Atomwaffen oder sonstigen Atomsprengköpfen zu suchen oder anzunehmen«. Und in Artikel VI verpflichten sich die Atomwaffenmächte zu Verhandlungen über eine vollständige und kontrollierte atomare Abrüstung.

In den 1970er und 1980er Jahren sah man international noch nachsichtig darüber hinweg, dass diese Verpflichtung nicht wirklich beachtet wurde. Die Welt wartete auf atomare Abrüstungsverhandlungen zwischen »Ost« und »West«. Mit dem Ende des Ost-West-Konflikts und der Auflösung des Warschauer Pakts schien endlich die Gelegenheit für eine weltweit kontrollierte und vollständige Atomabrüstung gekommen. Aber der »Westen« schlug diese Chance in den Wind. Die NATO hielt an ihrer Atomstrategie fest – gegen die »neuen Gefahren aus dem Süden«, obwohl es dort noch gar keine Atomwaffen gab – und eröffnete damit indirekt die nächste, erweiterte Runde atomarer Bewaffnung. Die Empörung gegen die Atombombenversuche Indiens und Pakistans 1998 – die deren offiziellen Eintritt in den Club der Atommächte besiegelten – war scheinheilig, denn genauso empörend war und ist das Festhalten der Kritiker an ihrer eigenen Atombewaffnung. Die internationalen Aktionen gegen den Iran wegen dessen Atomwaffenplänen sind unglaubwürdig und ohne moralische Autorität, solange die Atommächte selbst an Atomwaffen festhalten und damit eindeutig international vertragsbrüchig sind.

Im September 1968, als über den Nichtverbreitungsvertrag verhandelt wurde, kam es in Genf zu einer Konferenz der »Nicht-Kernwaffenstaaten«. Diese setzte den Artikel VI durch, ohne den der Vertrag nicht zustande gekommen wäre.[78] Heute müssten sich alle Nicht-Atomwaffenstaaten – die »have not states« – erneut zusammenschließen, um gemeinsam Druck auf die Atomwaffenstaaten auszuüben, endlich Artikel VI über eine vollständige weltweite Atomwaffenabrüstung zu erfüllen. Nur wenn dies geschieht, gibt es eine ausreichende weltpolitische Legitimation, massiv gegen jegliche atomare Rüstung eines Staates einzuschreiten. Diese Erkenntnis teilen inzwischen selbst prominente US-amerikanische Protagonisten der atomaren Abschreckungspolitik wie die beiden ehemaligen Außenminister George Shultz und Henry Kissinger, die 2008 in einem spektakulären Artikel im »Wallstreet Journal« – zusammen mit dem ehemaligen US-Verteidigungsminister William Perry und dem ehemaligen Vorsitzenden des Verteidigungsausschusses des US-Senats Sam Nunn – eine weltweite vollständige Atomwaffenabrüstung forderten, mit Blick auf den neuen Fall Iran. Der neue US-Präsident Barack Obama forderte dasselbe in seiner ebenfalls spektakulären Rede im April 2009 in Prag. Aber wo bleibt die massive internationale Unterstützung dieser Initiative? Wo bleiben die Initiativen der europäischen Atomwaffenstaaten Frankreich und Großbritannien, und warum setzen sich die Nicht-Atomwaffenstaaten nicht gemeinsam dafür ein? Erst mit der vollständigen Atomwaffenabrüstung kann das Kapitel Atomenergie geschlossen und das Atomzeitalter beendet werden, das *die* globale Fehlentwicklung der zweiten Hälfte des 20. Jahrhunderts war und dem Durchbruch zum Solarzeitalter entgegensteht.

### Die Entsorgung von der Atomenergie

Wie groß diese Fehlentwicklung war, ergibt sich aus der Hinterlassenschaft in Form des Atommülls für einen historisch beispiellosen Zeitraum. Ethnologen sprechen von einer nunmehr zehntausend Jahre währenden Zivilisationsgeschichte, denen hunderttausend Jahre strahlender Atommüll gegenüberstehen, entstanden innerhalb von nur fünfundsechzig Jahren. Dies allein macht die Atomenergie zivilisationsethisch indiskutabel, selbst wenn der Atommüll unter die Erde verfrachtet wird, wo er nicht auf Dauer sicher gelagert werden kann, weil es sich dabei um alles andere als um »tote Materie« handelt. Ihn unter die Erde zu bringen, heißt nur ihn »aus den Augen, aus dem Sinn« zu bringen, bis seine Radioaktivität die Menschen ereilt und sie vor unlösbare Probleme stellt. Deshalb gehört zur Abwicklung der »friedlichen Nutzung« der Atomenergie die Frage, ob es überhaupt verantwortbar ist, den Atommüll einer scheinbaren »Endlagerung« zuzuführen. Die vom US-amerikanischen Präsidenten Carter 1979 initiierte INFCE-Konferenz (INFCE stand für »International Nuclear Fuel Cycle Evaluation«) beschäftigte sich mit dieser Frage ebenso wie die – ebenfalls 1979 – vom Deutschen Bundestag eingesetzte Enquete-Kommission über die Zukunft der Atomenergie unter dem Vorsitz des SPD-Abgeordneten Reinhard Ueberhorst.

Erörtert wurden dabei auch Konzepte der Errichtung einer oder mehrerer »exterritorialer« Entsorgungsinseln im offenen Meer, etwa im Pazifischen Ozean, die ausschließlich der Endlagerung des Atommülls dienen sollen; aber auch das Konzept einer sogenannten »Engineered Storage« in Form überirdischer, laufend überwachter Lager, so dass das Material zugänglich bleibt für eine Behandlung oder für die Verbringung in ein Endlager zu einem späteren Zeitpunkt.[79] Was heute »Zwischenlager« genannt wird, würde eventuell zum Endlager – und dies möglichst in der Region der Atomkraftwerke selbst. Regierungen, die an der Atomenergie festhalten wollen, müssten dann den peinlichen Widerspruch überwinden, selbst Atomkraftwerke zu betreiben, den Atommüll jedoch anderen aufbürden zu wollen. Dazu gehört der Vorschlag einer »Transuran«-Forschung, wie ihn vor allem der Physik-Nobelpreisträger Carlo Rubbia vertritt. Er zielt damit auf eine Transmutation von Atommüll, wobei langlebige radioaktive Isotope in kurzlebige umgewandelt werden und damit in überschaubarer Zeit ihre radioaktive Strahlung verlieren – um die Reste dann endzulagern. Ob dieses Verfahren, das etwa mit Teilchen-Beschleunigern arbeiten muss, funktionieren könnte, wissen wir nicht. Das festzustellen wird Jahrzehnte dauern.

In jedem Fall wäre es in hohem Maße energieaufwendig: Es müsste wahrscheinlich mehr Energie dafür eingesetzt werden, als die Atomkraftwerke zuvor produziert haben. Das wäre eine Bringschuld gegenüber den nächsten Generationen, die nur bei einer vollständigen Umstellung auf erneuerbare Energien geleistet werden könnte. Es handelt sich um die einzige Atomforschung, die noch legitim ist.

Durchsetzbar ist sie nur in Verbindung mit der definitiven Entscheidung, die Atomkraftwerke stillzulegen. Es wäre jedoch das einzige verantwortbare Entsorgungskonzept. Das Atommüllerbe zeigt, wie vermessen der Versuch eines »Atomzeitalters« war.

Hochqualifizierte Atomphysiker, Chemiker und Ingenieure müssen die Aufgabe der langfristigen Abwicklung der Atomenergie übernehmen. Sie müssen auch hoch dafür bezahlt werden, ihr Berufsleben dieser Vergangenheitsbewältigung zu widmen; und selbst dann werden sich nur Menschen mit einem ausgeprägten umweltethischen Verantwortungsbewusstsein zu einer solchen Aufgabe bereit finden. Das zivilisationsgeschichtliche Dilemma, in das uns das prometheische Großexperiment der Atomenergie geführt hat, zeigt vor allem eines: Die Atommüllmengen dürfen nicht weiter wachsen, die Atomenergienutzung muss eingestellt werden, und die Atomwaffen als letzter Beweggrund für den Betrieb von Atomkraftwerken müssen kontrolliert abgerüstet werden. Wann, wenn nicht jetzt?

# 7. WERTENTSCHEIDUNG: Gesellschaftsethik statt Energieökonomismus

Im Juli 2010 erklärte die UN-Generalversammlung den Zugang zu sauberem Wasser zu einem Menschenrecht. Direkt von einzelnen Menschen einklagbar ist dieses zweifellos elementare Recht mit diesem Beschluss noch nicht. Wäre oder wird das der Fall, hätte es weitreichende Konsequenzen, bis hin zum Verbot von Produktionsweisen, die die Gewässer verseuchen und damit die Gesundheit der Menschen unmittelbar gefährden. Menschenrechte repräsentieren ethische Prinzipien, deren Beachtung nicht davon abhängig gemacht werden darf, ob sie sich »rechnen« oder die »Wettbewerbsfähigkeit« gefährden.

Der aktuelle Beschluss der UN-Generalversammlung zum Menschenrecht auf sauberes Wasser ist ein Ergebnis zunehmender Bemühungen, Menschenrechte zu konkretisieren und möglichst sogar einklagbar zu machen, die über allgemeine Freiheits- und Gleichheitsrechte hinausgehen und soziale Rechte wie die Erhaltung der natürlichen Lebensgrundlagen einbeziehen.

Mit der sozialen Weltkrise, die von der ökologischen nicht zu trennen ist, weitet sich die Dimension der Menschenrechte aus. Die Bestimmung von Art. 2 des deutschen Grundgesetzes, wonach jeder Mensch das Recht auf »körperliche Unversehrtheit« hat, wurde lange in erster Linie als physisches Gewaltverbot gegenüber Menschen und Schutz vor körperlicher Beschädigung verstanden. Aber die körperliche Unversehrtheit ist auch im deutschen Verfassungsraum in viel größerem Maße durch Umweltvergiftung beeinträchtigt. Im Art. 1 der französischen Umweltcharta von 2004, die als Teil der Verfassung gilt, heißt es: »Jeder hat das Recht, in einer ausgewogenen und für die Gesundheit unbedenklichen Umwelt zu leben.« In der Grundrechtecharta der Europäischen Union, die Bestandteil des EU-Vertrags ist, heißt es in Art. 37: »Ein hohes Umweltschutzniveau und die Verbesserung der Umweltqualität müssen in die Politiken der Union einbezogen und nach dem Grundsatz der nachhaltigen Entwicklung sichergestellt werden.« Solange am konventionellen Energiesystem festgehalten wird, ist die Realisierung dieser Grundrechte in der Lebenswirklichkeit jedoch ebenso wenig möglich wie die Umsetzung des aktuell deklarierten Menschenrechts auf sauberes Wasser oder das bereits diskutierte, aber noch nicht offiziell deklarierte Menschenrecht auf saubere Atemluft, verfügbare Energie oder auf tatsächlich nachhaltige – also generationenübergreifende – Wirtschaftsweisen. Realisierbar sind alle diese Rechte nur durch den Wechsel zu erneuerbaren Energien, der deshalb eine menschenrechtlich begründbare politische Handlungspflicht ist.[80]

Weil dieser Wechsel technisch realisierbar ist, gibt es keine ethische Rechtfertigung mehr, ihn aufzuschieben. Nicht einmal wirtschaftliche Einwände sind noch stichhaltig. Claudia Kemfert, die die Abteilung für Energie und Umwelt am Deutschen Institut für Wirtschaftsforschung (DIW) leitet, berechnete allein für Deutschland bis zum Jahr 2015 Kosten von 50 Mrd. EUR zur Behebung von Klimaschäden, 10 Mrd. EUR für beginnende Anpassungsinvestitionen und steigende fossile Energiekosten in Höhe von 40 Mrd. EUR. Bis zum Jahr 2025 würden sich diese Kosten auf 290 Mrd. EUR erhöhen.[81] Ein im Juli 2010 von der UN veröffentlichter Bericht über die von den dreitausend größten Unternehmen der Welt verursachten Umweltschäden kommt zu dem auch unter volkswirtschaftlichen Gesichtspunkten dramatischen Ergebnis, dass diese Unternehmen durch Missbrauch natürlicher Ressourcen – vor allem durch Klimagase, andere Abgase und die Verseuchung von Gewässern – jährlich Schäden in Höhe von zwei Billionen US-Dollar verursachen. Eine Ausdehnung dieser Schadensermittlung auf alle Wirtschaftsaktivitäten und auf alle von der fossilen und atomaren Energieversorgung verursachten Schäden ergäbe noch weit größere Kosten und Fehllenkungen wirtschaftlicher Ressourcen: von den Menschen, die im Kohle- oder Uranbergbau sterben oder an Leukämie erkranken, weil sie im Umfeld eines Atomkraftwerks leben, über die offenen und versteckten Subventionen für atomare und fossile Energien, die jährlich Hunderte von Milliarden Dollar ausmachen, bis zu den politischen und militärischen Kosten für die »internationale Energiesicherheit«, die Amory Lovins und seine Mitautoren in »Winning the Oil Endgame« allein für die USA in Größenordnungen von jährlich dreistelligen Milliardenbeträgen ermittelt haben. [82]

## Das Ende der Ausreden

Dies alles geschieht immer noch, trotz der hier vorgestellten gesamtwirtschaftlichen Kalkulationen, wonach der Energiewechsel nicht mehr – tendenziell sogar weniger – kosten würde als das Festhalten an der überkommenen Energieversorgung. Neben den gesellschaftlichen sind auch die volkswirtschaftlichen Vorteile des Wechsels zu erneuerbaren Energien nicht mehr seriös bestreitbar. Im Gegenteil: Die heutigen Investitionen in erneuerbare Energien sind die Bedingung für dauerhaft gesicherte, umweltschonende, billige und ausreichende Energie für alle Menschen und für die gesamte weitere Zukunft. Es ist die historische Verantwortung der jetzt aktiven Generation, diesen Energiewechsel schon für die nächste Generation zu vollziehen. Es gibt keine Ausreden mehr. Alle Schwierigkeiten auf diesem Weg sind leichter zu bewältigen als die Folgen des Weitermachens. Es ist ein großer sozialpsychologischer Irrtum anzunehmen, dass eingetretene Katastrophen die Kraft für den Energiewechsel verstärken und die Möglichkeit dazu verbessern. Große Kraftanstrengungen setzen eine Gesellschaft voraus, die dafür noch stabil genug ist und in der kein Notstand herrscht.

Warum dieser Prozess nicht der konventionellen Energiewirtschaft überlassen werden darf, ist in diesem Buch ausführlich dargelegt worden. Sie hat als einzige ein Interesse an seiner Verlangsamung und an einem technologisch einseitigen und suboptimalen Einsatz erneuerbarer Energien: einem Einsatz, der einer konzernwirtschaftlichen Ratio statt gesamtwirtschaftlichen und gesellschaftlichen Interessen folgt. Präziser als durch die Begriffe Zentralisierung versus Dezentralisierung ist der Energiewechsel beschreibbar als der Übergang von einer im größeren Verbund und damit in wechselseitiger Abhängigkeit organisierten Energieversorgung zu einer autonomen und vielfältig modularisierten: individuell, lokal, regional in jeweils kleineren bis zu größeren Maßstäben. Es geht also nicht ausschließlich um den Gegensatz zwischen Klein- und Großanlagen, denn wo ein entsprechend großer Energiebedarf besteht, können auch Großanlagen eine modulare bzw. inselmäßig betriebene Energieversorgung (für große Unternehmen, Kommunen oder Regionen) leisten.

Zwar ist auch mit erneuerbaren Energien ein Versorgungssystem mit vielen dezentralen Produktionsstätten denkbar, die in einem großräumigen internationalisierten Verbund vernetzt und aufeinander abgestimmt sind. Aber es besteht kein von dem natürlichen Potenzial erneuerbarer Energien vorbestimmter Zwang dazu, wie es bei den konventionellen Energien der Fall ist. Außer den von der Struktur der konventionellen Energieversorgung geprägten Denkgewohnheiten spricht nichts dafür, diesen Weg zu gehen. Es wäre der Versuch, auf langen und unüberschaubaren Wegen – und dabei letztlich doch in Abhängigkeit – zu organisieren, was auf kurzen und überschaubaren Wegen – in unabhängiger Weise – realisierbar ist. Das Spannungsverhältnis zwischen autonom realisierter und vielfältiger Produktion und Nutzung einerseits und durchorganisierter Abhängigkeit andererseits prägt also nicht nur den Konflikt zwischen erneuerbaren und konventionellen Energien, sondern auch die Diskussion über die Gestaltung und Strukturierung einer künftigen Energieversorgung, die nur noch erneuerbare Energien verwendet. Welches Leitbild im Vordergrund steht und die politischen Vorentscheidungen dafür beeinflusst, entscheidet auch über Beschleunigung oder Verlangsamung des Energiewechsels. Es ist empirisch belegt, dass das Beschleunigungspotenzial in modularen Strukturen liegt.

Die Vorstellung, dass ein zentrales internationales Netzmanagement in Verbindung mit einer Stromhandelsbörse die Nachfrage und damit die Produktionsmengen und Preise regelt – und dies nicht nur für wenige Großproduzenten, sondern für zahllose vernetzte Produzenten –, klingt nur theoretisch überzeugend. Eine solche Energiebereitstellung würde aus Unabhängigem und Transparentem wieder Abhängiges und Untransparentes machen. Aus scheinbar höchster wirtschaftlicher Rationalität würde in der Summe praktisch Unerträgliches. Das Computerzeitalter widerspricht in seiner Anwenderkultur nicht zufällig dieser Scheinratio. Unvorstellbar ist, dass eine Kapazitätsplanung von Hunderten von Millionen Laptops funktionieren könnte oder auch nur akzeptiert würde. Auch der Masseneinsatz von Laptops stellt eine kaum zählbare Überkapazität dar, die bei ökonomistischer Betrachtung höchst unwirtschaftlich ist. Dafür ist er umso kreativer und lebensnäher. Es sind nicht nur betriebswirtschaftliche Motive, die darüber entscheiden, ob eine autonom handhabbare Dienstleistungstechnologie zum Durchbruch kommt. Eine der informationstechnologischen Revolution ähnliche Entwicklung bahnt sich mit erneuerbaren Energien an.

### Wertesynthese

Erneuerbare Energien in zunehmend autonomer und demokratisch gestaltbarer Bereitstellung ermöglichen ungeahnte Wertesynthesen:

- zwischen Individualismus und Gemeinwohl, dem klassischen Grundthema der Philosophie, weil ihre autonome Nutzung die individuelle Freiheit erweitert und andere Menschen nicht belastet;
- zwischen ideellen und materiellen Werten, weil es möglich wird, die materiellen Interessen der Menschen ohne gesellschaftliche und Naturschäden zu befriedigen und zu einer ökologischen Ökonomie zu kommen.

Die wachsende Popularität erneuerbarer Energien, die auf der Erkenntnis oder auch nur der Ahnung dieser Möglichkeiten beruht, ist auch damit erklärbar. Die Menschen haben deren elementares Potenzial erkannt, mehr als es den meisten Regierungen bewusst ist und als es die überkommene Energiewirtschaft wahrnehmen will. Dies belegen Umfrageergebnisse aus dem bereits genannten UN-Report. 80 Prozent der Konsumenten legen Wert auf ökologische Produktionsweisen und würden Maßnahmen zur Marktbeschränkung befürworten, weil sie sich nicht nur – wie das neoliberale Menschenbild unterstellt – von den Motiven eines kurzsichtigen »homo oeconomicus« leiten lassen. Eine andere Umfrage über die konkrete Einstellung der Menschen in Deutschland zu erneuerbaren Energien ist noch aussagekräftiger: Danach sind 75 Prozent der Menschen für den vollständigen Wechsel zu erneuerbaren Energien, 48 Prozent halten ihn bereits für möglich. 74 Prozent wollen das gegenwärtige Förderniveau beibehalten, 61 Prozent sprechen sich für Bürgerkraftwerke aus, und 58 Prozent würden sich daran beteiligen. 82 Prozent der Befragten wollen die externen Kosten beim Vergleich der Energiepreise berücksichtigt wissen; 88 Prozent, dass diese in der Energierechnung angegeben werden. 76 Prozent meinen, sie müssten von den Betreibern getragen werden. Aber nur 19 Prozent sind mit dem Engagement der Landes- und Kommunalpolitiker für erneuerbare Energien zufrieden, und 91 Prozent fordern deren stärkeres Engagement.[83]

Die gesellschaftliche Bewegung zu erneuerbaren Energien gründet auf vielerlei Motiven, die trotz sonst unterschiedlicher Werte, Interessen oder politischer Orientierungen zusammen gesehen werden müssen, obwohl ein einzelner Grund schon zur Mitwirkung ausreicht: globaler Klimaschutz, unmittelbare Lebensqualität, technologische Innovation, neue ökonomische Perspektiven, Selbstbestimmung und Demokratisierung der Lebensverhältnisse. Eines dieser Motive allein begründet jedoch keine Bewegung. Sie entsteht durch das, was ich die Sozio-Logik erneuerbarer Energien nenne.

Es ist deshalb eine extrem kurzsichtige, zukunftsvergessende Sichtweise, sich auf eine rein ökonomistische Energiediskussion einzulassen, die die Debatte auf aktuelle Preisvergleiche reduziert. Maßgebend für den Energiewechsel sind die *gesellschaftliche Bedeutung und Sicht der erneuerbaren Energien* – und nicht opportunistische politische Energiekonsensbestrebungen, nicht die Sichtweise der überkommenen Energiewirtschaft und auch nicht allein die der aufstrebenden Branche für Erneuerbare-Energie-Techniken, die sich zunehmend und unvermeidlich im Zuge ihrer Entfaltung in Einzelinteressen aufsplittert, im Bemühen, »normale« Unternehmen zu sein. Selbstverständlich ist es für diese Unternehmen und ihre Mitarbeiter ein grundlegender ethischer Unterschied, Erneuerbare-Energie-Techniken statt Atomenergie- oder fossile Energie-Techniken zu produzieren. Aber betriebswirtschaftlich kalkulieren müssen sie wie alle anderen Unternehmen auch. Eine Diskussion über erneuerbare Energien, die nur als Branchendiskussion der »Solarwirtschaft« im Verhältnis zur überkommenen Energiewirtschaft geführt wird, landet in einer nur energieökonomistischen Betrachtung, hinter der die gesellschaftlichen Werte der erneuerbaren Energien aus dem Blick geraten.

Energieökonomistisch sind alle Kampagnen gegen erneuerbare Energien angelegt, die von der konventionellen Energiewirtschaft mithilfe der von ihr beauftragten energiewissenschaftlichen Institute immer wieder angezettelt werden, um von ihren eigenen Problemen und den wesentlichen Fragen abzulenken. Im September 2010 startete der deutsche Verband der Energie- und Wasserwirtschaft eine Kampagne gegen das Erneuerbare-Energien-Gesetz. »Kohle ist bald alle« wurde plakatiert, gemünzt nicht auf den Rohstoff Kohle, sondern auf die aktuellen Mehrkosten für die Breiteneinführung der Solartechnologie in Bürgerhänden. Man fragte: »Wie viel Solarförderung ist genug? Wie viel ist zu viel? Wann und wie gelingt die Marktintegration? Brauchen wir Alternativen zur Alternativenergie? Und welche Antworten? Deutschland ist reif für die Energiedebatte.« Weitere Kampagnensätze: »In Deutschland wird es nur dunkel, wenn Sie es wollen. In den USA wird es 144 Minuten im Jahr dunkel, ob Sie es wollen oder nicht.« »Energie ist nicht schwarzweiß.« Diese Sätze sollen nahelegen: ›Lieber alle Atomenergie- und Klimarisiken und deren Folgen in Kauf nehmen als ein paar Minuten unterstellten Stromausfall durch erneuerbare Energien! Der Anteil erneuerbarer Energien wird zu groß, und deren Einführung muss sich nach uns richten! Die Alternative zu Alternativenergien ist das, was wir tun! Deutschland ist reif dafür, die Expansion erneuerbarer Energien aufzuhalten! Die »Kohle« – das Geld – wollen wir!‹

Derartige Kampagnen sind angesichts von durchschnittlich 20 Mrd. EUR jährlicher Gewinne der vier deutschen Stromkonzerne und der von ihnen verursachten sozialen Kosten unverfroren. Sie unterscheiden künstlich zwischen Energieverbrauchern und Bürgern, obwohl ausnahmslos jeder Energieverbraucher ein Bürger ist, der über seine Steuern und Versicherungsbeiträge alle sozialen Kosten bezahlen muss, die nicht in der Energierechnung erscheinen. Kampagnen dieser Art zielen auf die öffentliche Delegitimierung erneuerbarer Energien und die Rückgewinnung der Deutungshoheit in der Energiediskussion. Erfolgreich können sie nur sein, wenn es ihnen gelingt, die Diskussion über erneuerbare Energien auf aktuelle Preise zu reduzieren. Sie zielen auf eine Verlangsamung des Energiewechsels und darauf, dass dieser in ihre Hände gelegt wird, und damit auf eine Deaktivierung der gesellschaftlichen Bewegung zu erneuerbaren Energien.

Diese Bewegung lebt davon, dass es keinen Rückschlag gibt, der zu Motivbrüchen führt. Ein zweiter Anlauf ist immer schwieriger als der erste. Die Entwicklung in Deutschland seit den 1990er Jahren, befeuert vor allem vom Erneuerbare-Energien-Gesetz, wurde international zum Auslöser und Inspirator des Aufbruchs zu erneuerbaren Energien. Deshalb hat der Konflikt darüber eine weltweite Bedeutung. Käme es hier zum vorläufigen Rückschlag, kann dieser der internationalen Bewegung zu erneuerbaren Energien einen Dämpfer versetzen.

## Systementscheidung

Deutschland ist aufgrund des bereits erreichten Beschleunigungstempos die Arena des strukturellen Konflikts, weil hier die Systementscheidung schon ansteht. Auch in der Regierungszeit der rotgrünen Koalition, in der der Aufbruch zu erneuerbaren Energien begann, wurde diese Entscheidung vermieden. Man förderte beide Energiesysteme gleichzeitig und stärkte deren jeweilige Kräfte – so dass nun zwei Züge auf demselben Gleis aufeinander z<u rasen. Auf der einen Seite stehen das Erneuerbare-Energien-Gesetz, ein stark ausgebautes Marktanreizprogramm für erneuerbare Energien, ein Kraft-Wärme-Kopplungsgesetz, ein energetisches Altbausanierungsprogramm, eine mager gebliebene Ökosteuer und das Gesetz über den schrittweisen Ausstieg aus der Atomenergie. Auf der anderen Seite wurde jahrelang die Einrichtung einer Regulierungsbehörde im Rahmen der gesetzlich verfügten Liberalisierung des Strom- und Gasmarkts verschleppt, der energiewirtschaftliche Konzentrationspro-

zess gefördert und ein Emissionshandelsgesetz gestrickt, das die Gewinnspannen der Energiekonzerne um viele Milliarden erhöhte. Für das Atomenergie-Ausstiegsgesetz wurde ein politischer Preis gezahlt, der »Konsens« genannt wurde – eine Art »Friedenspflicht«, in deren Gefolge die wirtschaftlichen Privilegien der Atomenergieproduzenten unangetastet blieben. Er beinhaltet auch steuerfreie Rückstellungen, die Befreiung von einer Atombrennstoffsteuer und von einer Haftpflichtversicherung, was jährliche finanzielle Privilegien in Höhe von etwa 6 Mrd. EUR ergibt. Das bisherige praktische Ergebnis des Atomenergie-Ausstiegsgesetzes ist, dass die Stromkonzerne die milliardenschweren Vorteile des politischen Preises für den »Ausstiegskonsens« in den Konzentrationsprozess gesteckt haben und nunmehr darauf setzen, dass die neue Bundesregierung ihnen durch eine Verlängerung der Laufzeiten der Atomkraftwerke die Gegenleistung – das Abschalten der Atomkraftwerke – erspart.

Der »Energiepolitische Appell«, der im August 2010 in allen deutschen Tageszeitungen in Form ganzseitiger Anzeigen veröffentlicht wurde, spiegelt dieses Denken der konventionellen Energiewirtschaft wider – in einer Sprache, die den ebenso maßlosen wie unhaltbaren Anspruch auf Alleinvertretung und »Allkompetenz« in allen Energiefragen verrät und aus einer Kette von scheinbar selbstverständlichen Suggestivsätzen besteht.

So konnten wir lesen: »Herausforderung annehmen: Die Zukunft gehört den Erneuerbaren«, aber letzteres sogleich mit der Einschränkung »und $CO_2$-freien Energien«, womit die Atomenergie und CCS-Kraftwerke als »Zukunftsenergien« in das Lager der erneuerbaren Energien eingeschmuggelt werden sollen. Auch die Produktionsstandorte der erneuerbaren Energien werden bereits festgelegt: »Windkraft kommt aus der Nord- und Ostsee, Sonnenenergie aus Südeuropa und vielleicht irgendwann aus der Sahara.« Dezentral und überall: Das darf nicht sein!

Im weiteren Text hieß es: »Der Ausbau der Erneuerbaren erfordert gewaltige Investitionen. Die finanziellen Mittel hierfür müssen von den Energieversorgern erwirtschaftet werden« – als würden relevante Investitionen in erneuerbare Energien nur von ihnen getätigt. Die von der Bundesregierung ins Spiel gebrachte atomare Brennstoffsteuer würde angeblich – ebenso wie die Ökosteuer – »Zukunftsinvestitionen verhindern«. Der weitere Einsatz billiger atomarer und fossiler Energien dagegen würde schneller zu erneuerbaren Energien führen, weil die Stromkonzerne sich mit ihren atomaren und fossilen Energiegewinnen ohnehin ganz auf erneuerbare Energien konzentrieren wollten.

Weiter hieß es: »Viele der neuen Energien werden weit entfernt von den Verbraucherzentren im Westen und Süden Deutschlands produziert.« Deshalb müssten »neue leistungsfähige und intelligente Stromnetze ebenso wie Energiespeicher mit Nachdruck entwickelt und aufgebaut werden«, wofür »weniger Bürokratie und schnellere Genehmigungen« nötig seien. Dies ist indirekt ein Votum für das Supergrid, denn mit keinem Wort wird erwähnt, dass die meisten erneuerbaren Energien in den Verbraucherregionen selbst produziert werden können und hierfür ein Bürokratieabbau und schnellere Genehmigungen überfällig sind – und dass dies der schnellere und kosteneffizientere Weg ist.

Und schließlich hieß es: »Die regenerative Energiewende ist nicht von heute auf morgen zu bewerkstelligen. Erneuerbare brauchen starke und flexible Partner. Dazu gehören modernste Kohlekraftwerke. Dazu gehört auch die Kernenergie … Ein vorzeitiger Ausstieg würde Kapital in Milliardenhöhe vernichten – zu Lasten der Umwelt, der Volkswirtschaft und der Menschen in unserem Land.« Die sozialen und ökologischen Kosten atomarer und fossiler Energien sind für die Verfasser des »Energiepolitischen Appells« nicht erwähnenswert. Sie folgen dem Motto, das die Weltzivilisation bereits in einen existenziellen Teufelskreis getrieben hat: mehr umweltschädigendes Wachstum zu fördern und damit genug Mittel in die Hand zu bekommen, Wachstumsschäden wieder zu beseitigen. Eine abstruse Logik!

Wer neue Technologien, die eine wirtschaftliche Erneuerung auslösen, aufs Wartegleis schieben will, solange die alten Technologien noch operationsfähig sind, verhindert ebendiese wirtschaftliche Erneuerung. Joseph Schumpeter, einer der großen Wirtschaftsweisen des 20. Jahrhunderts, spricht von der Notwendigkeit »schöpferischer

Zerstörung« , um wirtschaftlichen Innovationen den Weg zu bahnen. Die etablierte Energiewirtschaft darf sich offenbar von diesem Erfordernis dispensieren – wenn es nach denjenigen ginge, die den von den vier deutschen Stromkonzernen verfassten »Energiepolitischen Appell« unterschrieben haben. Die Liste reicht vom Chef der Deutschen Bank, bis zu den Vorstandsvorsitzenden von BASF, Bayer und Thyssen-Krupp. Ihnen fällt nicht einmal auf, was die Bestandsschutzforderung der Stromkonzerne bedeuten würde, wenn man sie auf andere Wirtschaftssektoren überträgt: Dann müsste eine Regierung die Auslastung aller vorhandenen Produktionsstätten aller Unternehmen sichern und Konkurrenten vom Markt fernhalten, damit kein Investitionskapital vernichtet wird. Hier wird eine absurde Vorstellung aus einer planwirtschaftlichen Modelltheorie bemüht, um im Namen von Wirtschaft und Gesellschaft unabhängige Investitionen in erneuerbare Energien aufzuschieben und die Gesellschaft in ihrem Bedürfnis nach sauberer Energie auf die Zukunft zu vertrösten.

Der Energiewechsel ist unausweichlich, wegen der Erschöpfung der atomaren und fossilen Energiequellen – also ihren inhärenten Grenzen – und wegen der noch früher spürbaren externen Kosten. Unausweichlich für den schnellen Energiewechsel ist aber auch der Systemwechsel. Dieser ist von den Technologien der erneuerbaren Energien vorprogrammiert. Doch er kann willkürlich behindert werden, mit der Folge eines verlangsamten und verspäteten Energiewechsels, der in den Händen weniger liegt. Zu lange schon wurde der Anspruch der Großträger der überkommenen Energiewirtschaft auf das Handlungs- und Kompetenzprimat in der Energieversorgung akzeptiert, die gern im Namen »der Wirtschaft« auftreten und sich selbst ein politisches Mandat zusprechen. Die geistige und praktische Emanzipation der Gesellschaft, ihrer technikproduzierenden Wirtschaft und politischen Institutionen vom überkommenen Energiesystem ist deshalb die Voraussetzung für den schnellen Energiewechsel. Erst dann kann die sich vollziehende technologische Emanzipation von den konventionellen Energiestrukturen zu ihrer vollen Entfaltung kommen. Es hat zivilisationsgeschichtliche Bedeutung, dass sich dieser Wechsel jetzt vollzieht und erlebbar wird, und nicht eine Generation von Menschen und eine konventionelle Kraftwerksgeneration später.

Der aktuell zu realisierende Systemwechsel gehört deshalb zu dem »ethischen Imperativ«, von dem der Philosoph Peter Sloterdijk in »Du musst dein Leben ändern« schreibt, dass mit »ihm nicht zu spaßen« sei: »Die Zauberlehrlinge der planetarischen Gestaltung haben die Erfahrung machen müssen, dass das Unberechenbare der strategischen Kalkulation um eine ganze Dimension voraus ist.« Deshalb gebe es auch »kein Recht darauf, nur solchen Problemen zu begegnen, deren Lösung man mit den Bordmitteln bewältigt«.[84] Der schnelle Wechsel zu 100 Prozent erneuerbaren Energien wird deshalb aus der Multiplizierung vielfältig motivierter Akteure erwachsen, die nicht der Systemlogik des überkommenden Energieregimes unterworfen sind. Die wichtigste politische Maxime ist, diesen Handlungsräume zu öffnen und sie beständig zu erweitern. Dazu sind zwei systemische Weichenstellungen vordringlich:

Die eine ist, die gesellschaftlichen und volkswirtschaftlichen Vorteile erneuerbarer Energien in einzelwirtschaftliche Anreize zu übersetzen, wie es mit dem Erneuerbare-Energien-Gesetz eingeleitet wurde. Eine Emissionssteuer wäre der die gesamte Energieversorgung umfassende Ansatz dafür, zusammen mit dem grundsätzlichen Marktvorrang für erneuerbare Energien. Die andere ist, den durchgängigen Vorrang erneuerbarer Energien in der Bauleitplanung durchzusetzen, um anachronistische bürokratische Hindernisse aus dem Weg zu räumen. Alles andere besorgt die Gesellschaft mit ihren wirtschaftlichen Kräften dann fast von allein, insbesondere auf kommunaler Ebene und mit der sich industriell entfaltenden Technologie. Dazu bedarf es keines mit den Energiekonzernen abgestimmten »energiepolitischen Gesamtkonzepts« mit Atomenergie- und Kohlekraftwerkskompromissen, sondern politischer Entscheidungen, die Freiräume für zahllose Energiewechselinvestitionen schaffen. Auf der politischen Ebene entscheidet sich, ob der Energiewechsel, den die Gesellschaft vollzieht, beschleunigt wird. Der *energethische Imperativ* bedeutet: ultimative Beschleunigung.

# ANMERKUNGEN

1 www.unendlich-viel-energie.de, 19.2.2010
2 Toralf Staud: Grün, grün, grün ist alles, was wir kaufen. Lügen, bis das Image stimmt. Köln 2009
3 Wilhelm Ostwald: Der energetische Imperativ. Leipzig 1912, S. 81ff
4 Marcel Perrot: La houille d'or. Paris 1962
5 Erik Hau: Windkraftanlagen. Heidelberg 1989, S. 22ff
6 Wolfgang Palz: Power for the World. The Emergence of Electricity from the Sun. Singapur 2010
7 Klaus Fuhrmann: Ohne Sonne geht gar nichts. Warum konventionelle Energiequellen nur marginal die Energiebedürfnisse befriedigen. Solarzeitalter 2/2001, S. 36
8 Weitere Belege von Fehleinschätzungen finden sich in: Agentur für Erneuerbare Energien: Vorhersage und Wirklichkeit. Kurzgutachten. Mai 2009
9 DEWI: Status der Windenergienutzung in Deutschland, Stand 31.12.2009
10 Diese Szenarien sind synoptisch in meinem Buch »Energieautonomie« (München 2005) auf den Seiten 60/61 dargestellt.
11 European Climate Foundation: Roadmap 2050: A practical guide to a prosperous low carbon Europe. Brüssel 2010
12 Sachverständigenrat für Umweltfragen (SRU): 100% erneuerbare Energien bis 2050. Mai 2010
13 ForschungsVerbund Erneuerbare Energien: »Energiekonzept 2050«. Eine Vision für ein nachhaltiges Energiekonzept auf Basis von Energieeffizienz und 100% erneuerbaren Energien. Juni 2010
14 Umweltbundesamt: Energieziel 2050: 100% Strom aus erneuerbarer Energie (Verfasser: Thomas Klaus, Carla Vollmer, Kathrin Werner, Harry Lehmann, Klaus Müschen). Juli 2010

15 Peter Droege (Hg.): 100% Renewable Energy, Energy Autonomy in Action. London 2009

16 Michael Stöhr u. a.: Auf dem Weg zur 100%-Region. Handbuch für eine nachhaltige Energieversorgung in Regionen. München 2006

17 Mark Z. Jacobson / Mark A. Delucchi: A Plan for a Sustainable Future. How to get all energy from wind, water and solar power by 2030. In: Scientific American, November 2009

18 Greenpeace: energy (r)evolution. A Sustainable World Energy Outlook. 2010

19 Al Gore: Wir haben die Wahl. Ein Plan zur Lösung der Klimakrise. München 2009

20 Lester Brown: Plan B 2.0. New York 2006, S. 254ff

21 Tamra Gilbertson/Oscar Reyes: Globaler Emissionshandel. Wie Luftverschmutzer belohnt werden. Frankfurt 2010

22 Elmar Altvater/Achim Brunnengräber: Mit dem Markt gegen die Klimakatastrophe?, in dem von diesen herausgegebenen Buch: Ablasshandel gegen Klimawandel?. Hamburg 2008, S. 10f

23 Manuel Bogner: RWE's wundersame Klimaprojekte. In: zeozwei, Nr. 2/2010, S. 36ff

24 Ermittelt aus den Studien von Uwe Leprich: Stromwatch2. Saarbrücken 2009, und von Bernd Wenzel/Joachim Nitsch: Langfristszenarien und Strategie für den Ausbau erneuerbarer Energien in Deutschland. Berlin, Juni 2010

25 »Ökonomisch höchst ineffizient«: Interview des Nachrichtenmagazins »Der Spiegel«, Nr. 50/2009, S. 60

26 Karin Holm-Müller: Plädoyer für eine instrumentelle Flankierung des Emissionshandels im Elektrizitätssektor. Sachverständigenrat für Umweltfragen (CSR). Juni 2010

27 Sachverständigenrat für Umweltfragen (SRU): Weichenstellungen für eine nachhaltige Stromversorgung. Mai 2009

28 Gottfried Rössle: Das Maren-Modell. Hof 1989

29 Öko-Institut e.V.: Analyse des Bedrohungspotenzials »gezielter Flugzeugabsturz« am Beispiel der Anlage Biblis A. Darmstadt 2007

30 Wolfgang Stieler: Sanfter Brüter. Technology Review, Oktober 2009

31 Physiker fordern Neubau von Atomkraftwerken. Spiegel online, 17.3.2010

32 Mycle Schneider u.a.: Der Welt-Statusreport Atomenergie 2009. Paris/ Berlin, August 2009
33 Citigroup Global Markets: New Nuclear – The Economics Say No. 9.11.2009
34 Versuchsballon zum Klimaschutz: WWF begrüßt weitere Erforschung von Kohlendioxidabtrennung und Speicherung. www.wwf.de
35 Ulf Bossel: Carbon Capture and Storage. Aber wohin mit dem $CO_2$?. In: Solarzeitalter 3/2009, S. 20ff
36 Vattenfall: Innovations- und Klimaschutztechnologien Carbon, Capture and Storage. Februar 2009, S. 22
37 Reinhard Wolff: Norwegen landet doch nicht auf dem Mond. In: wirklimaretter.de
38 IEA: Energy Technology, Roadmap Carbon Capture and Storage. Paris 2009
39 David Hawkins / George Peridas: No Time Like the Present. NRDC Brief, März 2007
40 Siehe Anmerkung 37
41 Die Anzeigen sind dokumentiert in: Deutscher-Braunkohlen-Industrie-Verein: Die Braunkohle. Was liegt näher?, 2010
42 Vattenfall: Innovations- und Klimaschutztechnologien Carbon, Capture and Storage. Februar 2009, S. 20
43 Marco Bülow: Wir Abnicker. Über Macht und Ohnmacht der Volksvertreter. Berlin 2010, S. 155ff
44 Johannes Frenzel: Algen sollen Braunkohle-Treibhausgas fressen. Associated Press, 22.7.2010
45 Nina Scheer: Welthandelsfreiheit vor Umweltschutz?. Bochum 2008
46 Olav Hohmeyer: Vergleich externer Kosten der Stromerzeugung in Bezug auf das Erneuerbare-Energien-Gesetz. Gutachten für das Umweltbundesamt. 2001
47 Gert Apfelstedt: Vorrangregelung für Ökostrom unterm Damoklesschwert. In: Zeitschrift für Neues Energierecht (ZNER), Nr. 1 (1997), S. 3ff
48 Hanne May: Attraktion mit langer Tradition. Wie Windräder, Naturschutz und Touristen Freundschaft schließen. In: Franz Alt / Hermann Scheer: Wind des Wandels. Bochum 2007, S.139ff
49 Agentur für Erneuerbare Energien: Projekte in Kommunen. Berlin 2008, S. 9

50 Fritz Vorholz: Die Strom-Offensive. DIE ZEIT, 29.4.2010
51 deENet (Hg.): 100% erneuerbare Energie Region. Kassel 2009
52 Eddie O'Connor: »Wir können sofort anfangen«. Neue Energie Nr. 3/2009, S. 33
53 Energie und Management. Juni 2010, S. 31
54 Hendrik Paulitz: Für eine kriegs-präventive dezentrale Energiewirtschaft in Bürgerhand. Solarzeitalter 2/2010, S. 3ff
55 Hartmut Rosa: Beschleunigung. Die Veränderung der Zeitstrukturen in der Moderne. Frankfurt 2005, S. 428ff
56 Helmut Tributsch: Erde, wohin gehst du? Solare Bionik-Strategie: Energie-Zukunft nach dem Vorbild der Natur. Aachen 2009
57 Amory B. Lovins: Small is Profitable. Rocky Mountains Institute. Boulder, Snowmess, Colorado 2003
58 EUROSOLAR: IRES, www.eurosolar.org (1.7.2010)
59 Thomas Dinwoodie: Price Cross-Over Photovoltaics vs. Traditional Generation. Sun Power Corporation Systems 2008
60 Timon Gremmels: Raumordnungspolitik als Schlüssel zum Ausbau erneuerbarer Energien. In: Solarzeitalter 2/2010, S. 16ff
61 Martin Unfried: Die Energieallee A7 – größer denken, offensiver kommunizieren. In: Solarzeitalter, Nr. 2/2010, S. 21ff
62 Elinor Ostrom: Governing the Commons. Cambridge 1990
63 Fabio Longo: Neue örtliche Energieversorgung als kommunale Aufgabe. Baden-Baden 2010, S. 173, 348f
64 Hermann Scheer: Mehr Tempo für Elektromobilität. www.eurosolar.org (1.7.2010)
65 Ulrich Grober: Die Entdeckung der Nachhaltigkeit. München 2010, S. 264f
66 Ottfried Höffe: Demokratie im Zeitalter der Globalisierung. München 1999, S. 427
67 Thomas Fischermann/Petra Pinzler: Die Illusion von der einen Welt. DIE ZEIT, 31.12.2009
68 Eric Bruse: EU-Klimapolitik: Brüssel zieht Emissionshandel in Zweifel. Handelsblatt, 20.5.2010
69 WBGU: Klimapolitik nach Kopenhagen. Mai 2010
70 Zu den wissenschaftlichen Hintergründen für 350ppm siehe www.350ppm.org (1.7.2010)

71 WWF Discussion Paper: Policy approaches and positive incentives for reducing emission from deforestation and forest degradation (REDD). August 2008
72 L. Frenz: Amazoniens schwarze Sensation. In: GEO: Das neue Bild der Erde. Nr. 3/2009
73 Hans-Josef Fell: Corporate Finance and Climate Protection: A Beneficial Alliance. Ms 2010
74 Felix und Freunde: Baum für Baum. Jetzt retten Kinder die Welt. München 2009
75 www.eurosolar.org
76 EUROSOLAR und WCRE: The Long Road to IRENA. From the Idea to the Foundation of the International Renewable Energy. Bochum 2009
77 Deutscher Bundestag: International Parliamentary Forum on Renewable Energies. Conference Report. Berlin 2004, S. 240ff
78 Die Konferenz der Nichtkernwaffenstaaten in Genf: Europa-Archiv, Folge 21/1968
79 Hermann Scheer/Reinhard Ueberhorst: Wider eine irrationale Entsorgungspolitik. In: Solarzeitalter 3/2007
80 Nina Scheer: Vorrang für erneuerbare Energien? Chancen und Barrieren, politische und ethische Bewertung. In: Amos international. Gesellschaft gerecht gestalten. Sozialinstitut Kommune Dortmund. 1/2010, S. 21ff
81 Claudia Kemfert: Die andere Klima-Zukunft. Hamburg 2008, S. 72f
82 Amory B. Lovins u. a.: Winning the Oil Endgame. Rocky Mountains Institute. Snowmess, Colorado 2004
83 www.unendlich-viel-energie.de (1.7.2010)
84 Peter Sloterdijk: Du mußt dein Leben ändern. Über Anthropotechnik. Frankfurt a. M. 2009, S. 699ff

Umschlag: Michel Keller, München
Typografie + Satz: www.frese-werkstatt.de
Druck + Bindung: Pustet, Regensburg
ISBN 978-3-88897-753-4
1 2 3 4 5 6 • 15 14 13 12